WEST-KANADA

VISTA POINT VERLAG

In der vorderen Umschlagklappe finden Sie eine Übersichtskarte von West-Kanada mit den eingezeichneten Routenvorschlägen.

I Kaleidoskop West-Kanada

Von der Prärie bis zum Pazifik präsentiert sich der Westen Kanadas als einzigartige Kombination beeindruckender Landschaften. Ganz und gar unbescheiden trumpft das Land auf: mit den grandiosen Rocky Mountains und der Weite der Prärie, über deren baumlosen Feldern und Grasflächen sich ein unendlicher Himmel wölbt; mit allein durch ihre schiere Größe beeindruckenden Wäldern; mächtigen Flüssen, die Breschen in scheinbar unbezwingbare Gebirgsketten geschlagen haben, und Badlands deren bizarre, von der Erosion in Tausenden von Jahren geformten *hoodoos* eher zur Vorstellung von einem fremden, unerforschten Planeten passen als zum Bild, das man sich von Kanada macht; mit dem einzigartigen Regenwald-Dschungel am Westhang der eisgepanzerten Küstenberge und den Stränden und Riffen der Pazifikküste.

Aber natürlich besteht Kanadas Westen nicht nur aus Natur. Faszinierende Städte wie das nostalgische Victoria, die tief in der Geschichte verwurzelte Kapitale British Columbias, Albertas Hauptstadt »Mega-Mall«-Edmonton, Calgary, »Manhattan in der Prärie« und Cowboy-und-Öl-Metropole, und Kanadas »Perle am Pazifik«, die kosmopolitische, panpazifisch orientierte Metropole Vancouver, setzen urbane Kontrapunkte, bieten großstädtisches Flair, kulturelle und architektonische Höhepunkte.

Zwei Drittel der Einwohner Albertas wohnen in und um Calgary und Edmonton, knapp 60 Prozent der Bevölkerung von British Columbia leben im Einzugsbereich von Vancouver und Victoria. Die Mehrzahl der übrigen Kanadier konzentriert sich auf den wenige hundert Kilometer breiten Gürtel nördlich der Grenze zu den USA. Wo sich die ohnehin spärliche Bevölkerung so ungleich verteilt, bleibt viel Freiraum. Raum für die Natur: Im fast menschenleeren Inneren und Norden des Landes gibt es riesige Wälder, in denen Bären, Elche und Biber ungestört leben, Flüsse und Seen voller Fische sowie schroffe Bergregionen, in die nur selten ein wildniserfahrener Besucher vordringt. Raum auch für »gezähmte«, leicht zugängliche Natur in den Parks, wo fürsorgliche Verwaltungen mit Straßen und gut ausgeschilderten Wanderwegen dem Besucher ein problemloses Erleben der monumentalen Landschaft und (fast) unberührten Natur ermöglichen.

Neben den bekannten und berühmten Nationalparks gibt es reichlich Provinzparks, die sowohl landschaftlich wie historisch Bemerkenswertes bewahren als auch beliebte Urlaubsziele, Bergtäler, Strände, Seen und Wandergebiete vor der Erschließung oder Inbesitznahme durch Bergbau und Forstindustrie schützen. Weit ist der

Bogen der Provinzparks gespannt: von den indianischen Felsritzungen im Writing-On-Stone bis zu Wasserfällen und Urwald in der Bergwildnis des Tweedsmuir, von den Dinosaurierknochen in den Badlands bis zu den Baumriesen der Cathedral Grove, von den Schwertwalen der Robson Bight bis zu den Relikten des Goldrauschs in Barkerville, vom sonnigen Strand des Kalamalka Lake zur Eis- und Felspyramide des Mount Robson.

Eine riesige Region und ein großes, teilweise unüberschaubares Angebot an Attraktionen. Sicher, von den weitläufigen, international berühmten Nationalparks hat jeder schon gehört, und die Städte sind auch nicht unbekannt. Aber welche Routen sollte man wählen? Wo lohnt ein Umweg? Welche der mehr oder weniger bekannten Sehenswürdigkeiten am Wege lohnen den Besuch? Welche Wanderwege sind die schönsten, und wo wartet ein unvergessliches Panorama? Dieses Buch stellt Ihnen vier Städte und sechs Routen durch das Land vor, die sich ganz oder in Teilen zu kürzeren oder längeren Rundreisen kombinieren lassen. Dabei können Sie wählen, ob Sie Ihre Reise in Calgary oder Vancouver beginnen.

Postkartenpanorama am Highway 99: der Duffey Lake

II Wege durch den Westen
Hinweise zu den Routen

Durch die bekannteste aller Regionen Kanadas führt die **Route 1**, die mit landschaftlichen Glanzpunkten wie den Nationalparks Banff, Yoho und Jasper in den Rocky Mountains aufwartet.

Den »Wilden Westen« Kanadas, das Land der Ranches, Mounties und Indianer, durchquert die **Route 2**. Sie bietet unterwegs landschaftliche Leckerbissen wie den Waterton Lakes National Park, Geschichtliches wie Fort Walsh oder Prähistorisches wie die Fossilienfundstätten in den Badlands am Red Deer River.

Der Yellowhead Highway zwischen Talbot Lake und Jasper Lake zu Füßen des Roche Miette

Eine Rundreise durch den Süden von British Columbia beschreibt die **Route 3**. Der erste Reiseabschnitt folgt dem Trans-Canada Highway nach Osten zu den Nationalparks Yoho und Banff, wo es Anschluss an die Routen 1 und 2 gibt. Am Weg liegen die Coast Mountains, Seen, die Blumenwiesen des Mount Revelstoke und das spektakuläre Bergpanorama des Glacier National Park. Die zweite Hälfte führt durch die weitgehend intakte Natur und eindrucksvolle Landschaft des Kootenay Country zurück nach Westen zu den Seen, Weingärten und Obstplantagen des sonnenverwöhnten Okanagan. Die Route durchquert dann die stillen Wälder des Manning Provincial Park, bevor sie am Unterlauf des Fraser River die Autobahn nach Vancouver erreicht.

Route 4 folgt dem Weg der Prospektoren nordwärts zur Goldgräberstadt Barkerville in den Cariboo-Bergen, dringt dann weiter nach Norden vor und besucht ein ehemaliges Pelzhändler-Fort in der Weite der Wälder, ein traditionelles Dorf der Westküstenindianer, eine abgelegene ehemalige Bergwerkssiedlung zwischen Bergen, Gletscher und Meer und den Hafen Prince Rupert.

Route 5 folgt den Wegen der ersten Siedler, besucht die Wasserfälle in den Cariboo-Bergen, durchquert das Land der Ranches, die trocken-warme Savanne auf dem Chilkotin Plateau, in dem es heute noch mehr Pferde als Autos gibt, und windet sich dann in spektakulären Serpentinen durch den immergrünen Regenwald der Küstenberge hinab zum Indianerdorf und Fährhafen Bella Coola am Ende eines tief eingeschnittenen Pazifikfjords. Beide Routen enden mit einer Fährfahrt nach Port Hardy auf Vancouver Island. Hier lässt sich **Route 6** anschließen.

Vancouver Island, die lang gestreckte Insel vor dem Festland Kanadas, ist das Reisegebiet, durch das die sechste Route führt. Unterwegs gibt es die Schwertwale der Johnstone Strait, die Baumriesen der Cathedral Grove und die Küstenlandschaft des Pacific Rim National Park zu sehen. Am Weg liegen Campbell River, das Mekka der Lachsangler, das malerische Dörfchen Tofino am Pazifik und natürlich Victoria, die für ihre Gärten, Eleganz und englische Tradition gerühmte Hauptstadt der Provinz British Columbia.

Die vorgeschlagenen sechs Reiserouten führen in mehreren Schleifen durch West-Kanada. Tagesprogramme zu den Städten und die Aufteilung der Routen in einzelne Tage bieten Ihnen zeitliche Orientierungshilfen für Ihre individuelle Urlaubsplanung. Jede Route ist mit mindestens einer der anderen Routen kombinierbar, an die dann wiederum eine weitere Route oder ein Abschnitt angeschlossen werden kann.

Die Möglichkeiten sind vielfältig und geradezu ideal für Reisende ohne Zeitzwang. Für alle anderen, die mit ihren knapp bemessenen Urlaubstagen haushalten müssen, zeigt der Routenplan auf Seite 286 die zeitliche Abfolge und die Kombinationsmöglichkeiten der Routen dieses Reiseführers und erlaubt die schnelle Ermittlung des minimalen (!) Zeitbedarfs und der zu fahrenden Kilometer. Als erste, grobe Planung markieren Sie Ihre gewünschte Route und zählen dann jeweils die Kilometerangaben und die Zahl der Tage je Teilroute zusammen. Neben der Mindestdauer der Fahrt erhalten Sie so die Mindestzahl der zu fahrenden Kilometer, können die Kosten für die Fahrzeugmiete abschätzen und entscheiden, ob ein unter Umständen angebotener Pauschaltarif ohne Berechnung der gefahrenen Kilometer sinnvoll ist oder nicht. Bedenken Sie dabei aber, dass die Kilometerzähler der Fahrzeuge in der Regel nicht geeicht sind und bis zu mehr als zehn Prozent abweichen können.

Planen Sie auch kleine Reserven für schlechtes Wetter, Ruhetage und unvorhergesehene Aufenthalte ein. Zeitangaben und Tageseinteilung im Routenplan auf den blauen Infoseiten sollen nicht gängeln, sondern eine Orientierungshilfe für Ihre eigene, ganz spezielle Reiseplanung sein. Sie informieren darüber, wie weit es zum nächsten Ziel ist und wie viel Zeit man bei zügiger Fahrt im Durchschnitt für eine bestimmte Strecke braucht.

Der Routenverlauf und die Tagespläne der beschriebenen Routen sind so gewählt, dass sie möglichst vielfältige Eindrücke bieten und Erfahrungen vermitteln, auf die man bei der Planung weiterer Reisen in die Region aufbauen kann.

Auf keinen Fall sollen die Zeitangaben bei den Tagesrouten dazu verleiten, mit der Uhr in der Hand die Tage »abzuspulen«. Ihr Sinn ist es, einen Orientierungsrahmen entsprechend den möglichen Reisegeschwindigkeiten zu geben. Straßenzustand und Verkehrsaufkommen sind so unterschiedlich, dass es für den Ortsunkundigen meist

Die langen Rückenflossen sind ein Kennzeichen der Schwertwale

schwierig ist, Fahrzeiten halbwegs richtig zu schätzen. Die vorgeschlagenen Tageseinteilungen können Sie nach Lust und Laune erweitern. Lassen Sie sich, sofern möglich, ruhig Zeit, und schieben Sie zusätzliche Tage ein. Zu diesem Zweck finden Sie bei den Tagesplänen zahlreiche Hinweise auf mögliche Extratouren, Umwege, Abkürzungen und auf zusätzliche interessante Unternehmungen.

Schwarzbären gibt es auch mit braunem Fell

Die laut Routenplan täglich zurückzulegenden Strecken sind zwar insgesamt machbar, erfordern aber bei 1:1 Übernahme eine Zeitdisziplin, die schnell in Urlaubsstress ausarten kann. Dem Problem, einerseits keine Highlights verpassen zu wollen, andererseits aber auch mal genüsslich am Ufer eines stillen Sees in der Sonne zu sitzen oder in aller Ruhe durch eine Stadt zu bummeln, kann man eben nur mit ausreichend Zeit begegnen. Schließlich liegen Reiz und Erlebnis einer Reise auch in den kleinen Schlenkern und Extratouren, im Kontakt mit den Bewohnern des Landes und ihren Hinweisen auf Verborgenes am Rande.

Wer in der Lage ist, ein oder zwei Schlechtwettertage – auch die gibt es – auszusitzen, wird seine Reise sicherlich mehr genießen als zum Beispiel der Reisende, dessen unerbittlich enger Zeitplan ihn dazu zwingt, den Icefields Parkway zu fahren, wenn Wolken die Berge verhüllen. Auch die Fahrt mit der Fähre von Bella Coola nach Port Hardy gewinnt sehr durch eingeschobene Hafentage entlang der Route, die mit Kajaktouren, Wanderungen oder Fischen ausgefüllt werden können.

Mein Rat: Lassen Sie lieber einen Teil der Routen weg, als auf Erholung zu verzichten. Durch Kombination von Teilrouten und das Ausnutzen der genannten Querverbindungen sowie Abkürzungen lässt sich problemlos ein kleinerer, individuellen Bedürfnissen und begrenzter Zeit angepasster Reiseplan zusammenstellen. Eine erste Orientierungshilfe hierbei bietet die Übersichtskarte in der vorderen Umschlagklappe.

Die Hauptsaison reicht von Mitte Juni bis August. Offiziell beginnt die Reisezeit zwar mit dem vorletzten Montag im Mai, aber die ersten Wochen lässt man es in den Urlaubsgebieten recht langsam angehen. Mit dem ersten Montag im September endet die Saison, die Öffnungszeiten von Museen und Attraktionen reduzieren sich dann schlagartig. Je nach Region bringen September und Anfang Oktober aber auch noch angenehmes Reisewetter. Dabei gibt es durchaus regionale Unterschiede. Im Mai und Anfang Juni strahlt an der Pazifikküste die Sonne besonders oft vom sonst bisweilen wolkenverhangenen Himmel, während die Bergseen der Rockies noch eisbedeckt und die Wanderwege der höheren Regionen noch unter Schnee verborgen sind. Im Herbst kehren sich die Verhältnisse um. Während es im Weststau der Küstenberge oft tagelang regnet, leuchten die Wälder im Inneren und in den Rockies im brillanten Rot und Gelb des Herbstlaubs. Die beste Reisezeit für die Prärie sind Frühling und Herbst, im Sommer können die Temperaturen auf 35 Grad und mehr steigen.

III Chronik

Abriss der Geschichte West-Kanadas

35000 v. Chr. Nomadische Jägervölker wandern über die Landbrücke der Beringstraße von Asien nach Nordamerika. Der älteste Hinweis auf eine menschliche Besiedelung ist ein rund 27 000 Jahre alter bearbeiteter Karibuknochen, gefunden bei Old Crow, einem Indianerdorf im Norden des Yukon. Die Besiedelung erfolgte in mehreren Wellen. Den Athabaska-Indianern folgen die mongolischen Eskimo. Zuletzt, etwa 1000 v. Chr., wandern die Thule ein, die als Vorfahren der heutigen Eskimo gelten. Ihre Sprache unterscheidet sich grundlegend von den Sprachen der Indianervölker.

1497 Giovanni Caboto entdeckt unter englischer Flagge segelnd die reichen Fischgründe bei Neufundland. Diese Reise von »John Cabot« begründet die englischen Ansprüche auf das Gebiet.

1534 Jaques Cartier besucht Neufundland und den St.-Lawrence-Golf. Während weiterer Reisen in den folgenden Jahren dringt er bis in die Gegend des heutigen Montréal vor. Er hört den Begriff *kanata*, der in der Sprache der Irokesen Dorf oder Ansiedelung bedeutet, aus dem später der Landesname »Kanada« entsteht.

Ein typisches Dorf der Westküsten-Indianer im 19. Jahrhundert

Prince Rupert, Gründer der »Hudson's Bay Company«

1579 Sir Francis Drake besucht die Westküste Nordamerikas und erreicht bei seiner Entdeckungsfahrt laut einiger Berichte sogar Vancouver Island.

1592 Juan de Fuca segelt im Dienst der spanischen Krone in die Gewässer südlich von Vancouver Island.

1610 Henry Hudson segelt mit der »Discovery« in den Nordosten Kanadas und überwintert dort in einer Bucht, die später seinen Namen tragen wird.

1670 Als Antwort auf die französische Expansion gründen am 2. Mai Prince Rupert, ein Vetter des englischen Königs Charles II., und 17 Londoner Kaufleute eine Gesellschaft, die später als »Hudson's Bay Company« eines der größten Handelsimperien der Welt wird. »The Governor and Company of Adventurers Trading into Hudson's Bay« erhalten die Handelsrechte und de facto Hoheitsrechte für das gesamte Land im Einzugsbereich der Gewässer, die in die Hudson Bay münden, das rund vier Millionen Quadratkilometer umfasst. Besonderes Interesse gilt den Biberpelzen, denn aus den Haaren des Unterfells werden die in Europa so begehrten, seidig glänzenden Zylinderhüte gefertigt. Die Pelzhändler der Hudson's Bay Company sind die ersten Europäer, die West-Kanada auf dem Landweg erreichen. Zur Zeit der größten Ausdehnung umfasst das Handelsgebiet ein Zwölftel der Erdoberfläche.

1731–42 Pierre Gaultier de Varennes, Sieur de la Vérendrye erforscht Manitoba und Saskatchewan und etabliert Handelsposten. Seine Söhne François und Louis-Joseph dringen bis zu den Rocky Mountains vor.

1741 Der Däne Vitus Bering, im Auftrage des russischen Zaren auf Entdeckungsreise, erreicht Sitka. Die Felle der auf dieser Reise erlegten Seeotter sind der Anlass für die russische Kolonisierung der Küste Alaskas und West-Kanadas.

1778 Auf der Suche nach der Nordwest-Passage beginnt James Cook im Auftrag der britischen Krone mit der systematischen Erforschung der Westküste zwischen dem Nootka Sound und dem Cook Inlet, an dem heute Anchorage liegt, und kartographiert diese. Er nimmt Vancouver Island für die Krone in Besitz.

1783 Im Frieden von Paris wird nach dem Ende des amerikanischen Unabhängigkeitskrieges die Grenze zwischen Kanada und den USA festgelegt. Im selben Jahr bekommt die Hudson's Bay Company Konkurrenz: In Montréal wird die »North West Company« von unabhängigen Pelzhändlern gegründet.

1789 Der Schotte Alexander Mackenzie sucht für die »North West Company« einen Weg von Fort Chipwyan zum Pazifik, erreicht aber die Beaufort Sea im Polarmeer. Sein *river of disappointment* wird später nach ihm benannt.

1792 George Vancouver setzt die Kartierung und Erforschung der Nordwestküste fort.

1793 Der zweite Versuch Alexander Mackenzies, auf dem Landweg zum Pazifik zu gelangen, glückt. Bei Bella Coola erreicht er das Meer an der Stelle, an der nur zwei Wochen zuvor Kapitän Vancouver gelandet war. Seine Route erweist sich aber als zu schwierig für den Pelzhandel.

George Vancouver erforschte die Westküste bis hinauf nach Alaska

1795 William Tomison gründet Fort Edmonton als Pelzhandelsposten der Hudson's Bay Company. Später entsteht hier die Stadt Edmonton.

1807 David Thompson überquert von Rocky Mountains House kommend als einer der ersten Europäer die Rocky Mountains über den Howse Pass. 1811 etabliert er eine feste Pelz-Handelsroute von Fort Edmonton über den Athabasca Pass in der Nähe von Jasper.

1808 Simon Fraser befährt im Dienste der North West Company den Fluss, der heute seinen Namen trägt, bis zum Pazifik. Die North West Company baut in Konkurrenz zur Hudson's Bay Company im heutigen British Columbia ein Pelzhandelsimperium auf.

1818 Großbritannien und die USA einigen sich auf den 49. Breitengrad als Grenze ihrer Territorien im Westen des Kontinents. Das Südende von Vancouver Island, das über den 49. Breitengrad hinausragt, bleibt bei Kanada.

1821 Die beiden großen Pelzhandelsgesellschaften fusionieren. Die moderne Hudson's Bay Company entsteht.

1843–60 Victoria, die Hauptstadt von British Columbia ab 1868, wird als Pelzhandelsstützpunkt auf Vancouver Island gegründet. Ottawa wird 1857 die Hauptstadt Kanadas. John Palliser verlässt Großbritannien mit dem Auftrag, herauszufinden, ob die Prärie im Westen als Ackerland nutzbar sei und ob eine Straße

Zu Fuß an die Westküste: Alexander Mackenzies Grafitto bei Bella Coola

von Ontario zum Pazifik gebaut werden könne. Auf der nahezu vier Jahre dauernden Reise erforscht die Expedition die Prärie und die östlichen Rockies. Den von ihnen entdeckten Wegen folgen die heutigen Straßen an den Übergängen Kicking Horse Pass und Vermilion Pass über den Hauptkamm der Rocky Mountains.

Das Siegel der Hudson's Bay Company

Eine Lieferung von 800 Unzen Gold an die Münze in San Francisco lockt 1858 Goldsucher nach British Columbia. Großbritannien erklärt British Columbia zur Kronkolonie, um die territoriale Herrschaft sichern und auf den Goldfeldern für Recht und Ordnung sorgen zu können. Goldfunde in den Cariboo Mountains lösen 1860 den zweiten Goldrausch aus. Um die Versorgung sicherzustellen, wird 1861 mit dem Bau der Cariboo Waggon Road begonnen. Sie ist lange Zeit die einzige Überlandstraße West-Kanadas.

Förderte die Besiedlung des Westens: die Eisenbahn

1867 Mit dem »British North America Act« wird aus den Ostprovinzen Québec, Ontario, Nova Scotia und New Brunswick das Dominion of Canada gebildet. Es ist die Keimzelle des heutigen Bundesstaates, dem sich nach und nach die einzelnen Provinzen und Territorien anschließen.

1869 Für 300 000 englische Pfund erwirbt Kanada das Territorium der Hudson's Bay Company.

1871 British Columbia schließt sich dem Bundesstaat Kanada an. Bedingung ist der Bau einer transkontinentalen Eisenbahnlinie binnen zehn Jahren, die den Anschluss an den Osten garantiert.

1873–75 Im Westen treiben Whisky-Händler ihr Unwesen. Es kommt zu vereinzelten Kämpfen zwischen Indianern und Weißen und im Alkoholrausch vereinzelt zu Massakern. Das kanadische Parlament verabschiedet am 23. Mai ein Gesetz zur Gründung der »North West Mounted Police«, die in den dünn besiedelten Gebieten des Westens für Recht und Ordnung sorgen soll.

Am Zusammenfluss von Bow und Elbow River baut die North West Mounted Police 1873 ein Fort, aus dem sich nach und nach die Stadt Calgary entwickelt.

1881–87 Baubeginn für die Eisenbahnlinie von Winnipeg zum Pazifik, die 1887 Vancouver erreicht.

Im Tal des Red Deer River, unweit der heutigen Stadt Drumheller, entdeckt Joseph B. Tyrrell 1884 Dinosaurierknochen. Das Gebiet erweist sich als eine der wichtigsten Fundstellen der Welt.

Am 7. November 1885 ist der erste transkontinentale Schienenstrang fertig gestellt. Am westlichen Ende der Bahnlinie entsteht eine neue Stadt: Vancouver. Siedler strömen nach Westen. Rund um die von Bahnarbeitern entdeckten heißen Quellen wird 1887 Banff als der erste Nationalpark Kanadas eingerichtet.

1896 Am 17. August finden Tagish Charlie, Skookum Jim und George Washington Carmack Gold in einem Bach, nicht weit von der Mündung des Klondike in den Yukon River. Es dauert noch ein Jahr, bis die Nachricht von den Schätzen im Tal des Bonanza Creek in den deflationsgeplagten Süden gelangt. Dann beginnt der größte Gold Rush der Geschichte, der den geographischen und wirtschaftlichen Anstoß zur Erschließung des Nordwestens gibt.

um 1900 Kanada wirbt in Europa um Auswanderungswillige, die bereit sind, die Prärie zu besiedeln. Bis 1911 wächst die Bevölkerung des Westens auf über 750 000. Deutsche, Ukrainer, russische Juden und Skandinavier stellen das Hauptkontingent der Einwanderer.

1903–06 Roald Amundsen segelt mit seiner kleinen Schaluppe »Gjöa« als Erster durch die Nordwest-Passage.

1905 Die Provinz Alberta entsteht. Edmonton wird Hauptstadt. Alberta und Saskatchewan treten dem Bundesstaat bei.

1914 Kanada tritt an der Seite Englands in den Ersten Weltkrieg ein.

1917 Das Frauenwahlrecht wird – für die Wahlen zum Bundesparlament – eingeführt.

1931 Mit dem »Statut von Westminster« wird Kanada ein unabhängiger Staat.

1939 Kanada tritt an der Seite Großbritanniens in den Zweiten Weltkrieg ein.

1945 Kanada ist Gründungsmitglied der Vereinten Nationen.

1947 Ölfunde bei Leduc, südlich von Edmonton, lösen einen enormen wirtschaftlichen Aufschwung in Alberta aus.

1962 Am Rogers Pass im Glacier-Nationalpark wird die letzte Lücke in Kanadas erster transkontinentaler Überlandstraße, dem Trans-Canada Highway, geschlossen.

1965 Kanada erhält eine neue Flagge: das weiße Ahornblatt auf rotem Grund.

1969 Der *Official Languages Act* stellt die englische und französische Sprache gleich und macht aus Kanada ein zweisprachiges Land.

1976 Die separatistische »Parti Quebecois« gewinnt die Provinzwahlen. Ein Jahr später wird Französisch zur einzigen offiziellen Sprache in Québec erklärt.

1980 60 Prozent der Provinzbevölkerung sprechen sich beim Unabhängigkeitsreferendum für den Verbleib Québecs im Bundesstaat Kanada aus.

1982 Im *Constitution Act* wird Kanadas völlige Unabhängigkeit von Großbritannien garantiert.

1987 Mit dem *Meech Lake Accord* soll eine kulturelle und sprachliche Sonderstellung Québecs in der Verfassung verankert werden. Das Projekt scheitert am Einspruch eines Parlamentariers indianischer Herkunft, der damit gegen die mangelnde Einbindung der Ureinwohner Kanadas in den politischen Prozess protestiert.

1992 In einer Volksbefragung entscheidet sich die Bevölkerung der Northwest Territories für eine Aufteilung des Gebiets. Bis spätestens 1999 soll das »Nunavut Territory« mit eigener Regierung und beschränkter Selbstbestimmung eingerichtet werden.

Die Kanadier entscheiden sich in einer Volksabstimmung gegen einen Sonderstatus für Québec.

1993 Kanada ratifiziert das »North American Free Trade Agreement« (NAFTA), ein Freihandelsabkommen zwischen Mexiko, den USA und Kanada.

Die Separatisten in Québec gewinnen bei den Bundeswahlen zwei Drittel der Mandate in der Provinz. In den westlichen Provinzen erringen die Gegner einer Sonderregelung für Québec einen ähnlich hohen Wahlsieg. Die Gegensätze verschärfen sich.

1995 50,6 Prozent der Wähler in Québec stimmen für den Verbleib im Bundesstaat.

1999 Am 1. April entsteht Nunavut. Das etwa 1,9 Millionen Quadratkilometer umfassende autonome Territorium in der Arktis hat nur 25 000 Einwohner. 85 Prozent sind Inuit (Eskimo). Finanziell hängt Nunavut am »Tropf« von Ottawa.

2003 Die Separatisten verlieren die Wahlen in Québec, damit ist die Gefahr des Austritts aus der Union vorläufig gebannt.

Das Schnitzen von Figuren aus Speckstein hat bei den Inuit eine lange Tradition

IV VANCOUVER, CALGARY, EDMONTON

1. Tag – Programm: Vancouver, B.C.

Vormittag

Spaziergang auf der **Robson Street** von der Ecke Denman St. stadteinwärts zum Robson Square mit **Court House** und **Vancouver Art Gallery**. Weiter bis zum Library Square und dann links über die Homer St. zur Georgia St. An der Howe St. rechts bergab zum **Canada Place**. Über die Cordova St. bis zur Seymour St. und auf dieser einen Block nach rechts zum Eingang des **Harbour Centre** (Hastings & Richards Sts.): Fahrt zur Aussichtsplattform.

Nachmittag

An der Rückseite des Harbour Centre beginnt auf der Water St. der Bummel durch den Stadtteil **Gastown**. Danach gibt es für den Rest des Tages mehrere Optionen:

Entweder:

Mit dem Taxi (!) weiter zum **Chinesischen Tor** (China Gate) in der West Pender St. und Besuch im **Dr. Sun Yat-Sen Classical Chinese Garden** und Park hinter dem China Gate. Auf der Pender St. drei Blocks nach Osten zur Gore Ave. Zum Abschluss wahlweise mit dem Taxi zur **Science World** oder nach **Granville Island**. Von Science World kann man mit dem SkyTrain (Haltestelle Main Station) zum SeaBus Terminal neben dem Canada Place zurückfahren. Wichtig: Die Gegend links und rechts der Carrall St. ist Junkie-Land. Hier sollten Sie besser nicht zu Fuß gehen, auch wenn es von der Water zur West Pender St. nicht sehr weit ist!

1. Tag – Programm: Vancouver, B.C.

Oder: Auf der Water St. zurück zum SeaBus Terminal und Fahrt nach **North Vancouver** zum Bummel am Lonsdale Quay mit Blick über die Skyline und danach Fahrt auf den **Grouse Mountain**.

1. Tag – Informationen: Vancouver, B.C.

Sightseeing: Keine Lust zum Laufen oder Autofahren? Für $ 24 können Sie heute und morgen alle genannten Ziele außer Grouse Mountain, Queen Elizabeth Park und Museum of Anthropology mit dem roten »Gray Line Double Decker Bus« erreichen. Mit dem zwei Tage gültigen Ticket können Sie beliebig oft ein- und aussteigen, ✆ 1-800-667-0882, www.grayline.com). Ein ähnliches Angebot gibt es von »Vancouver Trolley« (✆ 604-801-5515 oder 1-888-451-5581, www.vancouvertrolley.com, $ 28), die auch den Queen Elizabeth Park anfahren; hier ist die Nutzung des Tickets allerdings auf eine volle Runde entlang der Fahrtstrecke beschränkt.

Vancouver Visitor Info Centre
Im Waterfront Centre, Plaza Level
200 Burrard St., Vancouver, B.C. V6C 3L6
✆ (604) 683-2000, Fax (604) 682-6839
www.tourismvancouver.com

www.greatestescapes.com
Internet-Reisemagazin mit einem großen Anteil von Informationen für Vancouver (z. B. Hotel- und Restaurantkritiken, Spaziergang durch Chinatown usw.). *Travel links* verbinden zu interessanten Homepages anderer Regionen.

Fairmont Hotel Vancouver
900 W. Georgia St.
Vancouver, B.C. V6C 2W6
✆ (604) 684-3131 oder 1-800-257-7544
Fax (604) 662-1929, www.fairmont.com
Historisches Grandhotel in bester Lage in Downtown mit allen Annehmlichkeiten; mehrere Restaurants, Pool. $$$$

Die Auflösung der $-Zeichen finden Sie auf S. 285 und S. 292 sowie in der hinteren Umschlagklappe.

Pan Pacific Vancouver Hotel
300-999 Canada Place
Vancouver, B.C. V6C 3B5
✆ (604) 662-8111 oder 1-800-663-1515 (Kanada), Fax (604) 685-8690
www.panpacific-hotel.com
Luxushotel am Hafen nahe der Water St. mit herrlichem Blick auf Burrard Inlet und Innenstadt. Das **Five Sails Restaurant** im Hotel *(upper lobby level)* zählt zu den besten der Stadt ($$$$). $$$–$$$$

Fairmont Waterfront Centre Hotel
900 Canada Place Way
Vancouver, B.C. V6C 3L5
✆ (604) 691-1991 oder 1-800-257-7544
Fax (604) 691-1999, www.fairmont.com
Komforthotel; ein Teil der Zimmer mit Aussicht auf den Hafen. $$$$

Pacific Palisades Hotel
1277 Robson St.
Vancouver, B.C. V6E 1C4
✆ (604) 688-0461 oder 1-800-663-1815
Fax (604) 688-4374
www.pacificpalisadeshotel.com
Von den Zimmern in den oberen Stockwerken hat man eine grandiose Aussicht. $$$$

Parkhill Hotel
1160 Davie St.
Vancouver, B.C. V6E 1N1
✆ (604) 685-1311 oder 1-800-663-1525
Fax (604) 681-0208
www.parkhillhotel.com

Modernes Hotel im West End der Innenstadt mit Blick auf die English Bay. Nehmen Sie ein Zimmer in den oberen Stockwerken! $$$$

The Sutton Place Hotel
845 Burrard St.
Vancouver, B.C. V6Z 2K6
✆ (604) 682-5511 oder 1-800-961-7555
Fax (604) 682-5513, www.suttonplace.com
Sehr angenehmes Hotel im europäischen Stil, wenige Minuten Fußweg zu den Attraktionen von Downtown Vancouver. $$$$

Sylvia Hotel
1154 Gilford St., Vancouver, B.C. V6G 2P6
✆ (604) 681-9321, Fax (604) 682-3551
www.sylviahotel.com
Gemütliches historisches Hotel, völlig von Efeu überwachsen, in ruhiger Wohnlage am sandigen Ufer der English Bay und nahe der Innenstadt; einfache, saubere Ausstattung. Leisten Sie sich eine (preiswerte) Suite mit herrlichem Blick über die Bucht. $$–$$$

Beautiful Bed & Breakfast
428 W. 40th Ave.
Vancouver, B.C. V5Y 2R4
✆ (604) 327-1102, Fax (604) 327-2299
Sehr schönes, antik eingerichtetes Haus in der Nähe des Queen Elizabeth Park. $$$–$$$$

Lynn Canyon House B & B
3333 Robinson Rd.
North Vancouver, B.C. V7J 3P7
✆/Fax (604) 986-4741
www.bbcanada.com/790.html
Sehr gutes B & B mit viel Komfort in ruhiger Wohngegend. $$$–$$$$

European Bed & Breakfast
648 E. Keith Rd.
North Vancouver, B.C. V71 1W5
✆ (604) 988-1792, Fax (604) 988-1782
www.vancouverpension.com
Von deutschem Ehepaar betriebene Pension in der Nähe von Grouse Mountain und Capilano Suspension Bridge. $$–$$$

Capilano R.V. Park
295 Tomahawk Ave.
North Vancouver, B.C. V7P 1C5
✆ (604) 987-4722, Fax (604) 987-2015
www.capitolanorvpark.com
Laut, aber in guter Lage; nächster Campingplatz zur Innenstadt, unter der Nordrampe der Lions Gate Bridge.

Burnaby Cariboo RV Park
8765 Cariboo Place
Burnaby, B.C. V3N 4T2
✆ (604) 420-1722, Fax (604) 420-4782
www.bcrvpark.com
Weitläufiger, privat betriebener Campingplatz im Osten Vancouvers; mit Hallenbad.

O'Doul's Restaurant & Bar
1300 Robson St.
✆ (604) 661-1400
www.odoulsrestaurant.com
Straßencafé (ab 7 Uhr) mit großem Frühstücksmenü und geschmackvoll eingerichtetem Restaurant (bis 22 Uhr); interessante Speisekarte und – natürlich – guter Irish Coffee. $–$$$

The Bread Garden
1040 Denman St.
✆ (604) 685-2996
Angenehme Self-Service-Cafeteria mit vielen Brotsorten; auch *health food* und Vegetarisches; Terrasse. Gut zum Frühstücken. $–$$

Coco Rico Cafe
1290 Robson & Jervis Sts.
✆ (604) 687-0424
Kaffee in vielen Variationen, Croissants usw. $–$$

Robson Square
An die über mehrere Etagen verteilten Geschäfte, Restaurants, offenen Terrassen und eine Schlittschuhbahn schließt im

1. Tag – Informationen: Vancouver, B.C.

Süden die geometrische Glasarchitektur des neuen Gerichtsgebäudes (Court House) an.

Vancouver Art Gallery
750 Hornby St.
Vancouver, B.C. V6Z 2H7
✆ (604) 662-4719
www.vanartgallery.bc.ca
Tägl. 10–17.30, Do bis 21 Uhr, im Winter Mo geschl., Eintritt $ 12.50/8
Oft wechselnde Ausstellungen. Ein Raum der ständigen Ausstellung ist Emily Carr (1871–1945), der bekanntesten Künstlerin von British Columbia, gewidmet.

Library Square
Die interessante Architektur der Vancouver Library wird je nach Einstellung des Betrachters als schön und elegant oder als protzige Scheußlichkeit empfunden. Von Mai–Sept. Mo–Sa 10–18 Uhr werden Führungen durch das Gebäude angeboten.

Pacific Centre
Georgia & Granville Sts.
Rund 200 verschiedene Geschäfte und Kaufhaus »Eatons«.

The Bay
Georgia & Granville Sts.
✆ (604) 681-6211
Das Flaggschiff-Kaufhaus der ehrwürdigen »Hudson's Bay Company«.

Heritage Canada
356 Water St., ✆ (604) 669-6375
Indianische Kunst, Schnitzereien und Totempfähle – schön, aber teuer.

Harbour Centre Tower
555 W. Hastings St.
✆ (604) 669-2220
www.vancouverlookout.com
Panorama-Aussicht vom **Vancouver Lookout** im obersten Stockwerk (im Sommer 8.30–22.30, sonst 9–21 Uhr, $ 9/7) und dem »Top of Vancouver«-Drehrestaurant. Man kann von einer touristischen Attraktion keine große Küche erwarten, aber das Panorama ist beeindruckend. $$–$$$

Tsui Han Village
1193 Granville St., ✆ (604) 683-6868
Immer volles Chinalokal mit freundlicher Bedienung, besonders gute Krabben, und am Becken kann man sich seinen Fisch selbst aussuchen. $$

Gastown
Das revitalisierte alte Herz der Stadt ist heute eine Ansammlung von Boutiquen und Restaurants. An der Ecke Cambie & Water Sts. steht die vom städtischen Dampfnetz betriebene Steam Clock.

Water Street Café
300 Water St.
✆ (604) 689-2832, Mo geschl.
Bemerkenswerte kanadisch-italienisch-französische Kreationen in einem umtriebigen Bistro. $$–$$$

Chinatown
Das Viertel um Hastings & Pender Sts. bietet neben einer unübersehbaren Anzahl von Geschäften voller Reiseandenken und Kitsch Restaurants mit z. T. hervorragender chinesischer Küche. Sehenswert ist der **Dr. Sun Yat-Sen Classical Chinese Garden**, ein Garten im Stil der Ming-Dynastie (578 Carrall St., Zugang auch vom Chinesischen Tor in der Pender St., geöffnet 10–16.30 Uhr). Der kostenlos zugängliche Dr. Sun Yat-Sen Park liegt direkt nebenan. Architektonisch interessante Gebäude sind das **Kuomintang-Gebäude** (529 Gore Ave.) und **Wongs Benevolent Society** (121–125 E. Pender St.).

Mings
147 E. Pender St., ✆ (604) 683-4722
Großes Chinalokal, täglich gutes Dim Sum zu Mittag. $–$$

1. Tag – Informationen: Vancouver, B.C.

Science World
1455 Québec St., Vancouver, B.C. V6A 327
✆ (604) 443-7443, www.scienceworld.bc.ca
Sommer tägl. 10–18 Uhr, Eintritt $ 12.75/ 8.50
Naturwissenschaftliches Museum zum Anfassen. Im kugelförmigen Glasbau, einem Relikt der EXPO, gibt es auch ein Omnimax-Kino mit einer beeindruckenden 17-stöckigen Leinwand.

SkyTrain
✆ (604) 953-3333, www.translink.bc.ca
Vancouvers Stadtbahn verfügt über zwei Linien: Die **Expo Line** führt von der Waterfront zur King George Station, die **Millennium Line** von der Waterfront über Columbia zum Commercial Drive, beide haben vier Untergrundstationen Downtown. Der Fahrpreis für die innerstädtische Zone beträgt $ 2, ein Tagespass kostet $ 8.

Granville Island
Unter der Granville St. Bridge, am Eingang zum False Creek
✆ (604) 666-6477
www.granvilleisland.com
Tägl. 9–18 Uhr, im Winter Mo geschl.
Altes Lagerhausviertel mit einer bunten Mischung aus Geschäften, Restaurants und Cafés. Schöner Blick auf Downtown, die Burrard St. Bridge und den Yachthafen. Im **Granville Island Public Market** befinden sich Stände mit fangfrischem und geräuchertem Lachs, Krabben, Obst, Nüssen, Fleisch usw.

False Creek Ferries
Die Fähren sind besonders zu den Spitzenverkehrszeiten eine bequeme Alternative zur Fahrt mit dem Auto und zur Parkplatzsuche auf Granville Island.

Die Granville Island Ferries verkehren 7–21, im Sommer bis 22 Uhr vom Aquatic Centre am Nordende der Burrard St. Bridge (Downtown) und von Stamps Landing zum Anleger beim »Pier 32 Restaurant« auf Granville Island. Am Wochenende wird auch das Maritime Museum angefahren. Der Aquabus pendelt zwischen dem Südende der Hornby St. und Granville Island.

Grouse Mountain Seilbahn
Nancy Greene Way, am Ende der Capilano Rd. (oder vom Lonsdale Quay mit Bus 246 und umsteigen in Bus 232)
✆ (604) 984-0661, tägl. 9–22 Uhr
www.grousemountain.com
An der Bergstation auf 1 100 m gibt es Wanderwege und einen Sessellift ganz hinauf auf den Gipfel. Beim Dinner im **Observatory** (✆ 604-998-4403, tägl. 17–22 Uhr) hat man einen spektakulären Blick auf Vancouver und den Sonnenuntergang. Reservieren! $$$

Für den Abend:

Le Crocodile
100-909 Burrard St.
✆ (604) 669-4298, So geschl.
Sehr gutes und entsprechend oft ausgebuchtes Edel-Bistro mit hauptsächlich elsässisch-französischer Küche. $$$

The Cannery Seafood House
2205 Commissioner St. (am Ende des Victoria Dr.)
✆ (604) 254-9606 oder 1-877-254-9606
www.cannery seafood.com
Sehr beliebtes Fischrestaurant im Hafenviertel mit Blick über North Vancouver; gute Weinkarte. $$–$$$

Bacchus
845 Hornby St., in der Lobby des Wedgewood Hotel, ✆ (604) 689-7777
Elegantes Restaurant mit ausgezeichneter, innovativer Küche. $$$–$$$$

Diva at the Met
645 Howe St. (im Metropolitan Hotel)
✆ (604) 602-7788
www.metropolitan.com/diva/
Kulinarische Spitzenleistungen und eine ausgezeichnete Weinkarte. $$$

2. Tag – Programm: Vancouver, B.C.

Vormittag	Cambie Street nach Süden zum **Queen Elizabeth Park**; Spaziergang und Besuch des **Bloedel Conservatory**. Weiterfahrt über die 41st Ave. rechts, bis diese in den Maritime Dr. übergeht zum **Museum of Anthropology** (Besichtigung). Rückfahrt über den N.W. Marine Drive, dann über die Point Grey Rd. und die Cornwall Ave. zum **Vancouver Maritime Museum** und/oder ins **Vancouver Museum**.
Nachmittag	Über Pacific und Denman Sts. zum **Stanley Park**. Hier zu Fuß, mit dem Mietfahrrad oder auch mit dem Auto entlang dem Stanley Park Drive zu den Hauptattraktionen des Parks.

Doll and Penny's
1167 Davie St.
✆ (604) 685-3417
Szenecafé gegenüber dem Parkhill Hotel mit angenehmem Ambiente zum Frühstück. $–$$

Queen Elizabeth Park
Zwischen Cambie & Ontario Sts. (in Höhe der 33rd Ave.)
Gute Aussicht auf die Skyline und die Berge. Im Park liegt das **Bloedel Floral Conservatory** (✆ 604-872-5513, Mai–Sept. 10–20, sonst 10–17 Uhr). Das Gewächshaus, unter dessen Kuppel exotische Pflanzen aus Wüste und Regenwald gedeihen, wird von über 50 Vogelarten aus aller Welt bevölkert.

Museum of Anthropology
6393 N.W. Marine Dr.
✆ (604) 822-3825, www.moa.ubc.ca
Im Sommer tägl. 10–17, Di bis 21 Uhr, Eintritt $ 9/7, Di 17–21 Uhr frei
Weltberühmtes Museum mit Exponaten zu Kunst und Kultur der Indianer der Nordwestküste. Totempfähle und Skulpturen in der »Great Hall« sowie ein rekonstruiertes Indianerhaus. Der Entwurf des Gebäudes stammt von Arthur Erickson.

Vancouver Maritime Museum
1905 Ogden Ave.
✆ (604) 257-8300, www.vmm.bc.ca
Im Sommer tägl. 10–17 Uhr, sonst Mo geschl., Eintritt $ 8/5.50
Modelle und Fotos zur Seefahrtsgeschichte und die »St. Roch«, das R.C.M.P.-Patrouillenboot, das als erstes Schiff die Nordwest-Passage von Westen nach Osten und zurück durchfuhr. Vor dem Museum liegen im »Heritage Harbour« wunderschöne alte Schiffe.

Vancouver Museum
1100 Chestnut St.
✆ (604) 736-4431
www.vanmuseum.bc.ca
Im Sommer tägl. 10–17, Do bis 21 Uhr, Eintritt $ 10/6
Großes Museum zur Stadtgeschichte; mit Planetarium.

Bridges
1696 Duranleau St., Granville Island
✆ (604) 687-4400
Bistro mit Terrasse am Ufer des False Creek. Aussicht auf die Skyline. Leichte Mittagskost, die Terrasse ist ein beliebter Treff zum Drink bei Sonnenuntergang. Dinner im ausgezeichneten Seafood-Restaurant im 1. Stock. $–$$$

Fahrradverleih für den Stanley Park
In der Denman St., zwischen Robson & Georgia Sts., gibt es zwei Verleihfirmen: Spokes (✆ 604-688-5141) und Bayshore Bicycle Rental (✆ 604-688-2453).

Gleich um die Ecke in der Robson St. gibt es Stanley Park Cycle (✆ 604-608-1908) und Alley Cat (✆ 604-684-5117), in der Georgia St. Stanley Park Rentals (✆ 604-688-5141, 604-681-5581). Bei Bayshore und Alley Cat gibt es außer Fahrrädern auch Inlineskates.

Stanley Park Shuttle
Kostenloser Busdienst zu den 14 Anlaufpunkten im Stanley Park. Mitte Juni–Ende Sept. tägl. 10–18.30 Uhr alle 15 Minuten.

Stanley Park
Im Ostteil des Parks steht eine Gruppe interessanter Totempfähle; von hier reicht der Blick weit über die Coal-Harbour-Bucht auf die Innenstadt. Nächster Aussichtspunkt ist **Brockton Point** mit einem kleinen Leuchtturm am Eingang zum Hafen.

Es folgt die Galionsfigur der »S. S. Empress of Japan«, eines kanadischen Pazifikseglers. Vom **Prospect Point** an der **Lions Gate Bridge** schweift der Blick über die First Narrows zur Mündung des Capilano River.

Vancouver Aquarium
Im Stanley Park

✆ (604) 659-3474, www.vanaqua.org
Im Sommer tägl. 9.30–19, sonst 10–17.30 Uhr; Eintritt $ 16.50/12.50
Themen sind die Unterwasserwelt des Nordpazifiks, die Wanderung der Lachse sowie die Fauna im Amazonas-Delta und im Nordpolarmeer. Auch Shows mit Schwertwalen. Kinder lieben besonders die putzigen Seeotter.

The Teahouse Restaurant
7501 Stanley Park Dr., am Ferguson Point
✆ (604) 669-3281 oder 1-800-280-9893
www.sequoiasrestaurant.com
Wild, Lamm, Meeresfrüchte; die *specials* sind meist die beste Wahl. Gute Weinkarte. Angenehmes Ambiente, die schönsten Tische sind im *conservatory*. $$$

Salmon House Coho Room
2229 Folkstone Way, West Vancouver
✆ (604) 926-3212
www.salmonhouse.com
Beeindruckende Lage mit großartiger Aussicht und trotzdem guter Küche. Lachs, Prawns, Austern und eine interessante Weinkarte. $$$

Star Anise
1485 W. 12th Ave.
✆ (604) 737-1485, www.staranise.ca
Innovative Pazifikküche mit asiatischen Anklängen. $$$

Raincity Grill
1193 Denman St.
✆ (604) 685-7337
Nordwestküsten-Küche, 125 verschiedene Weine im glasweisen Ausschank; von einem Teil der Tische schöner Blick über die English Bay. $$$

Monk McQueens
601 Stamps Landing
✆ (604) 877-1351
www.monkmcqueens.com
Schöner Blick auf den False Creek. Einfache Gerichte im Erdgeschoss ($–$$) und gehobene Küche im 1. Stock. $$$

Steamworks Brewing Co.
375 Water St.
✆ (604) 689-2739, www.steamworks.com
Kleinbrauerei mit deftiger Kost. Von der Bar Blick über den Hafen. $–$$

Nachtleben:

Die Szene verändert sich ständig. Einen aktuellen Überblick findet man in den kostenlos in Visitor Bureaus und Hotels verteilten Guides wie »Vancouver Guideline« und »Visitors Choice« oder dem für $ 6 an den Zeitungskiosken erhältlichen City Guide des Vancouver Magazine.

Soft Rock Cafe
1925 W. 4th Ave.
✆ (604) 736-8480
Musik und Cappuccino.

Bimini
2010 W. 4th Ave., ✆ (604) 738-2714
Live-Musik – von Pianoklängen bis zu Rock-Musik.

The Yale
1300 Granville St.
✆ (604) 681-9253
Ab 20.30 Uhr Rythm 'n' Blues.

Yaletown Brewing Co.
1111 Mainland St., ✆ (604) 681-2739
www.yaletownbrewing.com
Tägl. So–Mi 11.30–23, Do–Sa bis 24 Uhr
Beliebte Szenekneipe, in der auch gutes Essen serviert wird.

Babalu
654 Nelson St., ✆ (604) 605-4343
Art-déco-Einrichtung, Di–Do Live-Musik, Wochenende Disco. Beliebt bei Zigarren-Rauchern.

Bar None
1222 Hamilton St.
Szenebar im alten Lagerviertel »Yaletown« mit Pool-Tischen und großer Bierauswahl.

Zusatztage: Vancouver, B.C.

Extratage in Vancouver:

Empfehlenswerte Unternehmungen für zusätzliche Tage in Vancouver sind:

In North Vancouver

- Shopping im **Lonsdale Quay Market**, Ergebnis der Stadtsanierung direkt neben dem SeaBus Terminal, www.lonsdalequay.com, tägl. 9.30–18.30, Fr bis 21 Uhr, Restaurants länger.

- Besuch der **Capilano Canyon Suspension Bridge** (Capilano Rd., © 604-984-7474, Juni–Sept. 8–21, sonst 9–17 Uhr; ohne Auto: mit dem SeaBus zum Lonsdale Quay und Bus 236 (im Sommer, sonst Bus 246 und umsteigen in Bus 232). Die 140 m lange Fußgänger-Hängebrücke führt über die tiefe Schlucht des Capilano Canyon in den nahe gelegenen Capilano River Provincial Park. Hat man die Touristenfalle am Eingang überwunden, kann man jenseits der Brücke sehr schön im Wald spazieren gehen. Etwas weiter an der Capilano Road entlang liegt der **Capilano River Regional Park** mit Totempfählen, einem Wanderweg unten im Canyon und einer Lachszucht *(salmon hatchery)*.

- Seilbahnfahrt auf den **Grouse Mountain** (Informationen s. S. 25), den Aussichtsbalkon von Vancouver.

- Fahrt zu den Aussichtspunkten im **Cypress Provincial Park** via Lions Gate Bridge und Hwy. 1 West. Von der Zufahrtsstraße, besonders vom Highview Lookout hat man einen wunderbaren Blick auf Vancouver und Umland oder zum **Mt. Seymour Provincial Park**. Vom Deep Cove Lookout und vom Ski Centre gibt es bei klarem Wetter gute Ausblicke auf Vancouver, die Indian-Arm-Bucht, die Simon-Fraser-Universität und den Mt. Baker im US Bundesstaat Washington.

Museen: Vancouver Art Gallery (s. S. 24), **Science World** (s. S. 25), **Museum of Anthropology**, **Vancouver Maritime Museum**, **Vancouver Museum** (s. S. 27).

Ausflug: Ein Besuch im restaurierten Hudson's Bay **Fort Langley**, 56 km östlich von Vancouver am Hwy. 1, © (604) 888-4424, www.fortlangley.com, im Sommer tägl. 10–17 sonst bis 16.30 Uhr, Eintritt $ 5.75/3. Das restaurierte Hudson's Bay Fort, eine Anlage mit Pelzlagerhaus, Schmiede und kostümierten »Bewohnern«, vermittelt eine Vorstellung vom Leben vor 150 Jahren in einem isolierten Pelzhandelsposten. Das Fort gehört zu den National Historic Sites of Canada.

Vancouver
Perle des Pazifik

Von den drei Großstädten West-Kanadas ist Vancouver mit Sicherheit die beeindruckendste. Lässig und jugendlich, mit einer unvergleichlichen Ausstrahlung und Lebensfreude präsentiert sie sich als perfekte Kombination des heiteren Westküsten-Lebensgefühls mit europäischer Kulturtradition. Beeindruckend sind Lage und Stadtbild: Auf einer Halbinsel zwischen Fluss und Fjord, vor der spektakulären Kulisse der oft schneegekrönten Gipfel der Coast Mountains, schimmert eine Skyline aus Stahl und Glas. Gepflegte Vororte erstrecken sich vom Fuß der Berge bis weit hinein ins Tal des Fraser River.

Meer, Berge und das Wetter, das sich zwischen beiden zusammenbraut, bestimmen das Klima in Vancouver. Der warme Kuro-Shiwo-Strom, pazifischer Vetter unseres Golfstroms, sorgt dafür, dass die Temperatur im Winter selten

Vancouvers Skyline spiegelt sich im Wasser des Coal Harbour

unter den Gefrierpunkt absinkt. Die Berge fangen die feuchtigkeitsbeladene Seebrise ein und erzeugen Vancouvers wolken- und regenreiches *Perma gray*-Wetter. Aber: So schlecht wie sein Ruf ist das Wetter in Vancouver gar nicht. 160 Regentage im Jahr bedeuten ja auch 205 Tage ohne Regen. Und ein Regenguss an den grünen Hängen von North Vancouver kann durchaus auch vom trockenen Pflaster in Downtown Vancouver und von Sonnenschein in den südlichen Vororten begleitet sein. Die *Vancouverites* lassen sich vom Wetter sowieso nicht abhalten, ihre Parks und Promenaden zu genießen.

Sie leben nach dem Grundsatz, dass es kein schlechtes Wetter gibt, sondern nur ungeeignete Kleidung. Und der Regenschirm wird zu Wanderstiefeln so selbstverständlich eingesetzt wie zu Inlineskates.

Vancouver ist eine junge Stadt. Als Captain George Vancouver 1792 auf die Mündung des damals noch namenlosen Fraser River in den Pazifik stieß, fand er nur die riesigen Fichtenwälder einer Erwähnung wert. Simon Frasers Weg zum Pazifik endete hier 1808, aber eine permanente Siedlung entstand erst 1866. Damals ruderten Jack Deighton und seine Frau mit einem Whiskyfass an Land und eröffneten ihre Kneipe in der Nähe einer Sägemühle. Eine kleine Siedlung wuchs rund um die Kneipe heran, und zwei weitere Saloons etablierten sich. Weil Jack sehr *gassy* (geschwätzig) war, bürgerte sich für den Ort der Name »Gastown« ein. Das Leben in der kleinen Siedlung war rauh, aber lustig – es ist überliefert, dass gelegentliche kommunale Trinkgelage zu mehrtägiger Arbeitsruhe im Sägewerk geführt haben sollen.

Die Siedlung wuchs, und 1886, nachdem die transkontinentale Eisenbahnstrecke bis zum natürlichen Tiefseehafen des Burrard Inlet fertig gestellt war, taufte der Präsident der Canadian Pacific Railway die Holzfällersiedlung auf den Namen des britischen Entdeckers. Die Arbeiter, die zu Tausenden wegen des Eisenbahnbaus ins Land gekommen waren, ließen die Einwohnerzahl rasch ansteigen, und im April 1886 gab es die ersten Stadtratswahlen. Als eine der ersten Amtshandlungen bestellten die neuen Stadtväter eine Feuerspritze – längst überfällig, wie sich herausstellte. Denn drei Monate später brannten die 350 Holzhäuser ab, noch bevor die Feuerspritze geliefert worden war. Noch viel weitsichtiger – und erfolgreicher – war eine andere Entscheidung der Ratsmitglieder: Sie pachteten das etwa 400

Hektar große Waldgebiet an der Mündung des Burrard Inlet von der englischen Marine, machten es zum Erholungsgebiet für die Bürger und später zum Naturschutzgebiet. Heute ist der Stanley Park das unbestrittene Juwel der Stadt.

Vancouver war nach dem Brand schnell wieder aufgebaut, und dank der transkontinentalen Eisenbahnstrecke begann endgültig der Aufschwung. Das erste »Hotel Vancouver« empfing 1887 seine ersten Gäste, und die Hudson's Bay Company eröffnete das erste Warenhaus (beide existieren heute noch). 1898 brachten Tausende hoffnungsvoller Goldsucher, die sich von hier zu den Goldfeldern am Klondike River einschifften, Geld und neuen Schwung in die rezessionsgeplagte Stadt. Der 1914 eröffnete Panamakanal sicherte die problemlose Schiffsverbindung zu den Märkten Europas und damit das wirtschaftliche Wachstum der Stadt. Schier endlose Güterzüge voll Kohle, Erz und Weizen rollten zur Verschiffung in die aufblühende Hafenstadt.

In weniger als 100 Jahren entwickelte sich Vancouver zur drittgrößten Stadt Kanadas und zur »Königin der Westküste«. Mehr als 1,7 Millionen Menschen leben heute hier und im Umland – das ist fast ein Drittel der Bevölkerung der ganzen Provinz British Columbia. Parallel zum Zustrom hauptsächlich chinesischer Einwanderer – beeinflusst durch die Rückgabe der Kronkolonie Hongkong an die Volksrepublik China 1998 – hat eine Neuorientierung der Stadt auf den wachstumsstarken Wirtschaftsraum des Pacific Rim stattgefunden. Vancouver hat sich zum Bindeglied zwischen Orient und Okzident entwickelt.

Straßencafé an der Robson Street

Die massiven asiatischen Investitionen in der letzten Dekade (ein Investor aus Hongkong hat zum Beispiel das EXPO-Gelände von 1986 gekauft und damit Nordamerikas größtes Stadtentwicklungsprogramm initiiert) schließen den historischen Kreis, der mit dem »Import« chinesischer Arbeitskräfte für den Eisenbahnbau durch die Rocky Mountains begann.

Vancouver demonstriert in vorbildlicher Weise das kanadische Ideal der multikulturellen Gesellschaft, in der – im Gegensatz zu dem in den USA propagierten »Schmelztiegel« – das kulturelle Erbe der Einwanderer erhalten bleibt und jede Gruppe ihren Beitrag zum Wohl der Nation leistet. So tragen denn auch die vielen ethnisch geprägten Bezirke wesentlich zum kosmopolitischen Flair der Stadt bei.

Vancouver gilt als kulinarische Weltstadt, und auch als Kulturmetropole kann sie im internationalen Vergleich bestehen – das friedliche Nebeneinander der unterschiedlichen Kulturen dürfte einen wesentlichen Anteil daran haben.

1. Tag: Königin der Westküste

Die »Robsonstraße« war in den 1950er Jahren Sammelpunkt der deutschsprachigen Einwanderer. Deutsche Geschäfte und Restaurants versorgten die heimwehgeplagten Neu-Kanadier mit den gewohnten Zeitungen und Lebensmitteln; in den Cafés traf man sich, um »Stern« und »Spiegel« zu lesen und um sich mit Landsleuten zu unterhalten. Heute ist die **Robson Street** zwischen Denman und Seymour Street eine der beliebtesten Flaniermeilen der Stadt, an der sich kleine Geschäfte, Andenkenläden, elegante Boutiquen mit neuester importierter Designer-Mode, Restaurants und Cafés mit Torte und Cappuccino, Strudel und *gelati* aneinander reihen. Nachmittags und abends wird's eng auf den Gehsteigen und der Fahrbahn. Es läuft der Korso der Schönen und der Schauer, man will sehen und gesehen werden.

Unser Rundgang durch die Stadt beginnt mit einem Frühstück in einem der Cafés an der Robson Street oder einem Besuch im **Robson Public Market** zwischen Cardero und Nicola Street. Unter dem Glasdach des Marktes konzentriert sich eine Vielzahl von Geschäften, die Delikatessen aus aller Welt, Blumen und Souvenirs, Kunst und Kitsch anbieten.

Vancouver hat keine herausragenden Monumente oder Bauwerke, die, wie in Sydney oder Paris, als Wahrzeichen der Stadt gelten könnten, obwohl die neueren Gebäude der Stadt durchaus architektonisch bemerkenswert sind. So am Südrand des Robson Square Arthur Ericksons filigranes Glas- und Stahl-»Fachwerk« auf der massiven Betonkonstruktion des neuen Gerichtsgebäudes, des **Court House**. Am Nordende des Platzes ist unter der Kuppel des alten Gerichtsgebäudes heute die **Vancouver Art Gallery** untergebracht, die eine umfangreiche Sammlung der von der Kultur der Westküsten-Indianer inspirierten Malerin Emily Carr präsentiert. Dahinter erheben sich die grünspangefärbten Dächer des traditionsreichen **Hotel Vancouver**, das in historischer Folge Dritte mit diesem Namen.

Alt und Neu: Das Marine Building spiegelt sich in einer modernen Glasfassade

Vancouvers kleine und überschaubare Downtown schließt nordöstlich an die Robson Street an. Von der Howe Street auf dem Weg hinunter zum Ufer des **Burrard Inlet** fällt der Blick zwischen den Hochhäusern immer wieder auf die fichtengrünen Hänge und felsigen Gipfel der Berge im Norden. Wir überqueren die Ost-West-Magistrale **Georgia Street**, an der sich Luxushotels, Shopping Centers und Kaufhäuser aneinander reihen wie Perlen auf einer Schnur, und passieren das »monetäre Herz« der Stadt mit der Börse und den schimmernden Glasfassaden der Verwaltungsgebäude, bevor sich am Ende der Straße links der Blick auf die fünf »Segel« des **Canada Place** öffnet. Die eindrucksvolle Segelsilhouette ergibt sich aus den zeltartig gespannten Kunststoffbahnen des Daches, das eine riesige Messehalle stützenfrei überwölbt. Dieser Bau des Architekten Eberhard Zeidler war während der EXPO 1986 der kanadische Pavillon. Heute dient er als Handels- und Kongresszentrum und als Kreuzfahrtschiff-Terminal. Um das von drei Seiten mit Wasser umgebene Gebäude verläuft eine Promenade, von der aus sich interessante Ausblicke auf Stadt, Hafen und die Berge jenseits der Bucht eröffnen. Der Downtown zugewandt, in der Nordwestecke des Waterfront Centre, erhält man im großzügigen **Vancouver Visitor Info Centre** so ziemlich jede gewünschte Auskunft über Stadt und Umgebung.

Zwei Häuserblocks weiter nach Osten, an der Hastings Street zwischen Seymour und Richards Street, liegt der **Harbour Centre Tower** mit dem **Vancouver Lookout**. Vom Untergeschoss fährt ein Aufzug hinauf zum Aussichtsdeck und zum darüber liegenden Drehrestaurant. Hier, in über 160 Metern Höhe, gewinnt man den schönsten Überblick über die Stadt. Downtown ist auf drei Seiten von Wasser umgeben: Im Westen schimmert die English Bay hinter den noblen Apartmenthochhäusern, im Norden der natürliche Hafen des Burrard Inlet, auf dem sich Frachter und Yachten, Fährboote und Wasserflugzeuge, Segelboote und gelegentlich sogar ein Ruderboot ein Stelldichein geben, dazwischen liegt die grüne Insel des Stanley Park. Im Osten leuchten die roten Kräne der Hafenanlagen, wo Güterzüge langsam über die weitläufigen Gleise kriechen. Im Süden blinkt die High-Tech-Kugel des Science-World-Gebäudes am Ende des False Creek. Gegenüber dominiert unübersehbar die graue Kuppel des B.C. Place Stadium. 16 riesige Ventilatoren erzeugen den nötigen Überdruck, um die Zeltkuppel in der Schwebe zu halten. Nach »Astrodome«, »Saddledome« und »Superdome« bliebe eigentlich nur noch ein Name für das Ding, witzeln die Vancouverites: »The Condome«.

Gastown, der älteste Teil von Vancouver, beginnt unmittelbar beim Harbour Centre. Links und rechts der gepflasterten Water Street stehen liebevoll restaurierte Lager- und Backsteingebäude in der charakteristischen Architektur der ausgehenden viktorianischen Epoche, und an der Ecke von Cambie und Water Street pfeift die vom städtischen Dampfnetz betriebene **Steam Clock** stündlich eine entfernt an die Glocken von Westminster erinnernde Melodie. Auf den backsteingepflasterten Bürgersteigen bummelt man unter Bäumen und antiken Straßenlaternen an Restaurants und Geschäften vorbei und gelangt schließlich zum Maple Tree Square mit dem bronzenen Abbild von »Gassy« Jack Deighton, dem »Gründer und Namensgeber« – wie könnte es anders sein – auf einem Whiskyfass. Eigentlich sollte das heruntergekommene Hafenviertel in den 1970er Jahren einer Autobahn und neuen Hochhäusern weichen, doch dann brachte eine Bürgerinitiative das Projekt zu Fall: Gastown wurde zum Historic District erklärt und restauriert.

Chinatown mit einigen der ältesten Häuser von Vancouver – damals ebenfalls in Gefahr, der Autobahn zum Opfer zu fallen – schließt direkt an Gastown an. Der lebendige, farbenfrohe Stadtteil

Kunst am Harbour Centre ▷

ist, nach dem in San Francisco, die größte Chinatown der amerikanischen Westküste. Obwohl nur noch ein Bruchteil der weit über 100 000 Chinesen Vancouvers hier leben, hat sich das Viertel als Kultur- und Einkaufszentrum der chinesischen Bevölkerung erhalten.

Entlang der quirligen **East Pender Street**, zwischen Carrall Street und Gore Avenue, drängen sich unzählige Restaurants, Geschäfte und Metzgereien. Vom lebenden Karpfen über *bok choy* bis zur geräucherten Ente, von Tuschezeichnungen über Seidenstoffe bis zum Papiergeld zum Verbrennen auf den Gräbern der Ahnen, vom Grillenkäfig für einen Dollar bis zur Cloisonné-Vase für 100 Dollar gibt es hier einfach alles. Interessant auch die Architektur: **Wongs Benevolent Society** ist ein ausgezeichnetes Beispiel für die typischen, zurückgesetzten chinesischen Balkone im Obergeschoss, ebenso das **Sam Kee Building**, mit einer Breite von 1,80 Metern das wahrscheinlich schmalste Bürohaus der Welt, das an der Ecke Carrall und Pender Street steht. Schräg gegenüber leuchten die Farben eines traditionellen Tores am Eingang zum **Chinese Cultural Centre**. Eine Oase der Ruhe ist der dahinter gelegene chinesische Park mit dem angrenzenden **Dr. Sun Yat-Sen Classical Chinese Garden**, einem der wenigen Gärten im Stil der Ming-Dynastie außerhalb Chinas.

Zum Abschluss des Tages bieten sich gleich mehrere Alternativen an. Eine kurze Bus- oder Taxifahrt auf der Main Street nach Süden bringt naturwissenschaftlich Interessierte zur **Science World**. In der 17 Stockwerke hohen Edelstahlkugel, einem Überbleibsel der EXPO, befinden sich ein Omnimax-Kino, das auf seiner Rundumleinwand Filme aus Natur und Wissenschaft zeigt, sowie ein Museum, das Naturwissenschaft zum Anfassen präsentiert: Drei ständige Ausstellungen behandeln Themen aus Physik, Biologie und Musik. Das ursprünglich für die jüngeren

Fernöstlich: Vancouvers Chinatown

Kulinarisches Einkaufsparadies: Granville Island Public Market

Altersgruppen konzipierte Museum hat auch für Ältere einiges Neue zu bieten. Die »Matter and Forces«-Abteilung zum Beispiel führt leicht verständlich in die Gesetze der Physik ein. Ganz in der Nähe von Science World, an der Ecke von Terminal und Main Street, befindet sich ein Bahnhof des **SkyTrain**, Vancouvers automatisierter und fahrerlosen Stadtbahn – eine schnelle Alternative, um ins Zentrum zurückzukehren.

Ein Bummel über **Granville Island**, Drinks und Dinner mit Blick auf die in der Abendsonne funkelnde Skyline der Innenstadt sind verlockende Aussichten zum Ausklang des Tages. Granville Island, bis in die 1970er Jahre ein verrotteter Industrie-Slum mit schäbigen Wellblechbauten, ist ein Musterbeispiel gelungener Stadtsanierung. Statt abzureißen und neu zu bauen hat man die alten Lagerhallen behutsam wieder hergerichtet, die Docks instand gesetzt, die Fabrikgebäude renoviert. 30 Millionen Dollar gab die kanadische Bundesregierung für das Projekt aus – verhältnismäßig wenig, bedenkt man die Größe des Areals von 115 Hektar. Die geringen Kosten schlugen sich in niedrigen Mieten nieder und förderten die Ansiedelung einer bunten Mixtur von Boutiquen, Studios und Kunstgalerien, Restaurants und Non-Profit-Unternehmen. Eine Hausbootkolonie, Yachtausrüster und ein großer Yachthafen betonen die maritime Komponente des wie Phoenix aus der Asche auferstandenen Inselschmuckstücks unter der Granville Street Bridge.

Glanzstück der Insel ist der **Granville Island Public Market**, in dessen farbenfrohem Durcheinander sich Obst und Gemüse, fangfrischer Fisch, Krabben und Langusten, Steaks und Räucherlachs auf den Tischen der Verkaufsstände türmen. Gleich dahinter kann man auf den Planken des Piers am Ufer des False Creek in der Sonne sitzen, dem bunten Treiben der Segelboote und dem Betrieb am Fähranleger zuschauen und die im *food court* gekauften Leckerbissen verzehren.

Schöne Aussicht und viel Natur bietet, sofern das Wetter mitspielt, die Seilbahnfahrt auf den **Grouse Mountain** in North Vancouver. Knapp 1 200 Meter über der Stadt schweift der Blick vom Hausberg Vancouvers weit über die Stadt und ihre Vororte, über das Delta des Fraser River bis zum schneebedeckten Gipfel des Mount Baker im US-Bundesstaat Washington. Weit im Westen ragen die Berge von Vancouver Island über den Horizont, und tief unten zwischen Burrard Inlet und English Bay leuchten die Glas- und Metalltürme der City im Licht der untergehenden Sonne.

Für den Trip zum Grouse Mountain in North Vancouver ist Zeitplanung wichtig: Richtig gut ist die Aussicht nur von den Fenstern des Restaurants an der Bergstation und vom eigentlichen Gipfel, auf den ein Sessellift hinauffährt. Und wer zu spät kommt, den bestraft die Liftmannschaft – um 17 Uhr stellt sie den Betrieb ein. Als (lohnende) Aussichts-Alternative bleibt die Fahrt zum **Highview Lookout** im Cypress Provincial Park, der einen beeindruckenden Ausblick auf Downtown Vancouver und das Tal des Fraser River bietet.

Indianischer Schöpfungsmythos: »Der Rabe und die ersten Menschen« im Museum of Anthropology in Vancouver

2. Tag: In Naturparks und Museen

Der zweite Tag in Vancouver beginnt mit einer Fahrt auf der Cambie Street nach Süden. Der **Queen Elizabeth Park**, ziemlich genau im geographischen Zentrum Vancouvers auf dem 150 Meter hohen Little Mountain gelegen, ist eine 50 Hektar große Anlage aus baumbestandenen Wiesen und Blumenbeeten. Auf dem Gipfel wölbt sich die aus gläsernen Dreiecken zusammengesetzte Kuppel des **Bloedel Conservatory**. Über 500 exotische Pflanzen und Blumen teilen sich dieses tropische Gewächshaus mit 50 verschiedenen Vogelarten vom Papagei bis zur Wachtel. Nebenan, auf dem Gelände eines alten Steinbruchs, lädt ein *show garden* mit knalligbunten Blumenbeeten, murmelnden Bächen, manikürtem Rasen und stattlichen alten Bäumen zum Spaziergang ein.

Der Weg führt weiter über die 41st Avenue zu den herrschaftlichen Villen und gepflegten Gärten entlang dem Marine Drive. Am Point Grey, neben dem Cecil Green Park am Ende der Halbinsel, steht auf dem Campus der University of British Columbia das **Museum of Anthropology.** Kunstliebhaber finden hier eine der schönsten Sammlungen zur Kultur der Nordwestküsten-Indianer. Totempfähle, Masken, Gebrauchs- und Kultobjekte werden großzügig in dem von Arthur Erickson entworfenen Gebäude aus Beton und Glas präsentiert.

Weiter geht die Fahrt, immer die Strände der English Bay und die Skyline der Innenstadt vor Augen. Jericho Beach, Kitsilano Beach Park und Haddon Park laden zum Baden und Spazierengehen ein. Im Vanier Park am Ostende der Bay, gegenüber den exklusiven Apartmenthäusern des West End,

Touristischer Pflichtpunkt: Die Totempfähle im Stanley Park

steht das **Vancouver Maritime Museum** mit einer schönen Kollektion historischer Schiffe im Museumshafen. Glanzstück des Museums ist die »St. Roch«, ein Patrouillenboot der Royal Canadian Mounted Police, das in den 1940er Jahren als erstes Schiff die Nordwest-Passage vom Pazifik zum Atlantik und zurück befuhr. Gleich daneben informiert das **Vancouver Museum** über die Stadthistorie.

Nächstes Etappenziel ist **Stanley Park**: Schon bei der Einfahrt in den Stanley Park Drive, der die Halbinsel als Einbahnstraße umrundet, kann man über das Wasser des **Coal Harbour** auf die funkelnde Skyline der City blicken. Gleich hinter dem Royal Vancouver Yacht Club und seinen luxuriösen Schiffen zeigt sich die Downtown Vancouver von ihrer besten Seite: Vor der schimmernden Kulisse der Hochhäuser ragen neben den rundlich weichen Linien des Pan Pacific Centre die spitzen weißen »Segel« des Canada Place auf, und auf dem Wasser herrscht reger Verkehr von Wasserflugzeugen, Fähren, Schiffen und Booten jeder Größe.

Anlaufpunkt für alle Besucher ist die Gruppe originaler Totempfähle *(totem poles)* an der Engstelle der kleinen Halbinsel, auf der die »9 o'clock gun« und der Leuchtturm von Brockton Point stehen. Ein Foto vor den Totempfählen ist geheiligtes Ritual, und entsprechend groß ist der Trubel. Die Weiterfahrt am Nordostufer eröffnet neue Ausblicke über die First Narrows auf die Verladeanlagen in North Vancouver, auf den Grouse Mountain und die Wohnbezirke an den bewaldeten Berghängen. Dann klettert die Straße hinauf durch dichten Wald zum **Prospect Point**, einer Felskanzel mit Blick auf die Lions Gate

Bridge, das äußere Burrard Inlet und die Strait of Georgia. Als Radfahrer oder Fußgänger kann man auf der Seawall Promenade am Ufer weiterfahren. Auf der parallel zum westlichen Ufer nach Süden verlaufenden Straße geht's zunächst durch dichten Wald, in dem die letzten der mächtigen Urwaldfichten und riesige alte Zedern stehen, bevor sie beim Ferguson Point wieder das Ufer erreicht. Auf den weiten Grünflächen vor dem Second Beach übt man sich im Golfspielen, tritt in schneeweißer Uniform zum *lawn bowling* oder Rasentennis an oder verbringt einfach einen schönen Nachmittag beim Picknick. Der Kreis schließt sich mit der Fahrt entlang dem Vogelschutzgebiet der Lost Lagoon, wo über den Bäumen des Parks schon die Hochhäuser des West End zu sehen sind.

Wer sich noch mehr Zeit für den Park nehmen möchte, kann die verschiedenen Wanderwege ausprobieren. Hier empfehlen sich besonders der Cathedral Trail, der durch einen uralten Baumbestand führt, und der Lake Trail, über den man zum Nistgebiet der Trompeterschwäne am Beaver Lake gelangt. Lohnenswert ist auch das **Vancouver Aquarium** mit 60 000 Fischen und Meeressäugern. Hinter einer großen Glaswand tummeln sich Belugawale, Schwertwale zeigen Kunststücke, und Seeotter spielen mit ihren Jungen. Man könnte noch viel Zeit im »grünen Herzen« von Vancouver verbringen: zum Beispiel im Stanley Park Garden mit Cricket und Bogenschießen oder badend am Strand – aber West-Kanada ist groß, und Natur gibt es unterwegs noch zur Genüge.

Vancouvers Handelshafen schließt direkt an Downtown an

Programm: Calgary, Alta.

Vormittag

Fahrt auf den **Calgary Tower**, danach Besuch des **Glenbow Museum** (ca. 1 1/2 Std.) und der Olympic Plaza vor der City Hall. Spaziergang auf der **Stephen Avenue Mall** (8th Ave.) und über die **Plus 15 Skywalks** zu den Shopping Centers im Toronto Dominion Square mit den Devonian Gardens und im Calgary Eaton Centre.

Nachmittag
Entweder:

Auf der **Barclay Mall** (3rd St.) nach Norden zum **Eau Claire Market** am Bow River. Von dort über 2nd St. S.W. und 2nd Ave. S.E. zum **Chinese Cultural Centre**. Weiter auf der Daquing Ave. durch **Chinatown** zur 1st St. S.E. und auf dieser, an den Skulpturen im Park vor dem Calgary Board of Education vorbei, zur **Olympic Plaza**.
Abkürzung: Wem der Weg zum Eau Claire Market und durch Chinatown zu weit ist, der kann mit der (im Zentrum kostenlosen) Straßenbahn auf der 7th Ave. direkt zur Olympic Plaza zurückfahren.

Oder:

Besuch des Museumsdorfes **Heritage Park Historical Village** am Hwy. 2 südwestlich von Calgary. Der Bummel über den **Eau Claire Market** lässt sich nach der Rückkehr anhängen.

Abend

Fahrt zum Aussichtspunkt an der Crescent Rd. oder an der Salisbury St.

Programm: Calgary, Alta.

Zusatztage in Calgary: – Ein Besuch im **Canada Olympic Park** ist für Sportfans mit Sicherheit die Fahrt an den westlichen Stadtrand wert.
– Das Interpretive Centre im **Fort Calgary Historic Park** erzählt die Geschichte der Stadt seit ihren Anfängen als Handelsposten.
– Auch ein Spaziergang vom **Prince's Island Park** am Bow River entlang zum Fort Calgary (am Zusammenfluss von Bow und Elbow River), nach **St. Patrick's Island** und zum **Zoo** ist ein angenehmer Zeitvertreib.
– Etwa eine Stunde südlich von Calgary, bei Longview, wird auf der **Bar U Ranch** von Parks Canada eine typische Ranch aus der Zeit der Rinderranches in den Hügeln am Rande der Rockies vorgestellt (s. S. 106).
– Wer gerne aktiv sein möchte, kann am frühen Morgen mit dem **Heißluftballon** über der Stadt schweben (Aero Dynamics Aerostats, ✆ 403-287-9393), **Go-Kart** fahren (Kart Gardens, 9555 Barlow Trail N.E./5205 1st St., ✆ 403-254-9555) oder im Canada Olympic Park seinen Adrenalinspiegel mit EuroBungee oder Rodeln auf der olympischen Rennbahn in die Höhe treiben (✆ 403-247-5452, vgl. S. 44).

Informationen: Calgary, Alta.

Orientierung in Calgary:
Achten Sie bei Adressenangaben auf die Anhängsel S.W., S.E., N.W. und N.E., die den Quadranten der Stadt angeben, in dem sich die Straße befindet. Gleichnamige Straßen mit unterschiedlichen Anhängseln können weit voneinander entfernt sein. Selbst bei identischer Bezeichnung muss es sich nicht unbedingt um eine durchgehende Straße handeln. Es gibt Unterbrechungen durch den Elbow River, die Eisenbahntrasse usw.

Infos unter: www.discovercalgary.com und www.visitor.calgary.ab.ca

Tourism Calgary
Suite 200, 238, 11th Ave. S.E.
Calgary, Alta. T2G 0X8
✆ (403) 263-8510, Fax (403) 262-3809

Wettervorhersage für Calgary und Banff: ✆ (403) 275-3300
Informationen für Besucher (vom Band): ✆ (403) 521-5222 und dann 8950

Delta Calgary Airport Hotel
2001 Airport Rd. N.E.
Calgary, Alta., T2E 6Z8
✆ (403) 291-2600 oder 1-877-814-7706
Fax (403) 250-8722, www.deltahotels.com
Gutes Hotel direkt am Flughafen-Terminal. Ideal für die erste oder letzte Nacht. $$$$

Sheraton Cavalier Hotel
2620, 32nd Ave. N.E.
Calgary, Alta. T1Y 6B8
✆ (403) 291-0107, Fax (403) 291-2834
www.sheraton-calgary.com
Angenehmes Hotel in der Nähe des Airport. Das Hotel-Restaurant **The Carvery** ist eines der besten Steakhäuser der Stadt. $$$

Calgary Marriott Hotel
110, 9th Ave. S.E.
Calgary, Alta., T2G 5A6
✆ (403) 266-7331 oder 1-800-896-6878
Fax (403) 262-8442
Luxushotel im Zentrum mit Swimmingpool und Passage zum Glenbow Museum. $$$–$$$$

The Fairmont Palliser Hotel
133, 9th Ave. S.W.

Calgary, Alta., T2P 2M3
✆ (403) 262-1234, Fax (403) 260-1260
Renoviertes Hotel aus dem Jahr 1914 mit viel Atmosphäre. $$$–$$$$

Holiday Inn Macleod Trail
4206 Macleod Trail S.
Calgary, Alta., T2G 2R7
✆ (403) 287-2700, Fax (403) 243-4721
Kettenhotel am Südrand der Stadt, 12 km vom Flughafen, in der Nähe liegen die Stampede Grounds, der Zoo und ein Shopping Center. Trambahnstation in der Nähe. $$$

Motel Village
Hier gibt es über ein Dutzend Motels plus Restaurants und Geschäfte im Dreieck zwischen Hwy. 1, Crowchild Trail und Hwy. 1A. Guter Trambahnanschluss nach Downtown.

Mountain View Farm Campground
Am Hwy. 1, 3 km östl. von Calgary
Calgary, Alta., T2M 4L5
✆ (403) 293-6640, Fax (403) 293-4798
Voll ausgestatteter Platz direkt am Highway, den man deutlich hört. Ganzjährig; man spricht Deutsch.

KOA Calgary West
Im Westen der Stadt südl. vom Hwy. 1
Calgary, Alta., T2M 4N3
✆ (403) 288-0411, Fax (403) 286-1612
Geöffnet 15. April–15. Okt.
Gut ausgestatteter Campingplatz mit Pool nahe dem Canada Olympic Park.

Camp 'n' Water Park
Ostrand von Calgary am Hwy. 1A
Calgary, Alta. T1P 2G7
RR7, Site 2 Box 504
✆ (403) 273-5122, Fax (403) 248-5590
Komfortabel und ruhig.

Weitere **Campgrounds** findet man unter der Internet-Adresse
www.discovercalgary.com/WheretoStay/Campgrounds

Breakfast Café
516, 9th Ave. S.W.
✆ (403) 265-5071
Frühstück ab 6 Uhr. $–$$

Gallery Café
608, 7th St.
✆ (403) 269-3676
Frühstück ab 7 Uhr, Salate, Suppen, Sandwiches zum Lunch. $–$$

Calgary Tower
101, 9th Ave. S.W. & Centre St.
Calgary, Alta. T2P 1J9
✆ (403) 266-7171, www.calgarytower.com
Mitte Mai–Anfang Okt. tägl. 7.30–24, sonst 8–23 Uhr
Die Aussichtsplattform und das Drehrestaurant des 190 m hohen Turms bieten einen spektakulären Blick auf Calgary, die Prärie und die Rockies.

Glenbow Museum
130, 9th Ave. S.E. (im Calgary Convention Centre, schräg gegenüber vom Calgary Tower)
Calgary, Alta. T2G 0P3
✆ (403) 268-4100, www.glenbow.org
Mo–So 9–17, Do bis 21 Uhr, Eintritt $ 12/8
Eines der sechs großen kanadischen Museen. Behandelt die indianische Geschichte und Kultur und die Besiedlung und Entwicklung des Westens. Ausstellungen von Eskimo- und Indianerkunst. Interessanter Museumsladen.

Olympic Plaza
Zwischen 7th Ave. und Stephen Avenue Mall (in der Nähe des Glenbow Museum)
Kleiner Park mit großem Brunnen vor der Kulisse der City Hall. Hier fanden während der Olympiade die Siegerehrungen statt.

Plus 15 Skywalks
Das 4 km lange Netz von gläsernen Röhren verbindet in $4^1/_2$ m Höhe über den Straßen die Einkaufsgalerien und Bürohäuser der Innenstadt.

Informationen: Calgary, Alta.

Devonian Gardens
317, 7th Ave. S.W. & 3rd St. S.W.
✆ (403) 268-5207, tägl. 9–21 Uhr
1,2 ha großes tropisches Paradies mit Pools und über 20 000 Pflanzen im obersten Stock des Toronto Dominion Square.

In den **Shopping Malls** links und rechts der Stephen Avenue Mall gibt es viele auf das Lunch-Geschäft spezialisierte kleine Restaurants. Im »Food Village« des **Eau Claire Market** am nördlichen Ende der Barclay Mall wird die ganze Bandbreite internationaler Fastfood-Varianten, vom Hamburger bis Sushi und vom Sandwich bis Satay angeboten.

Aussichtspunkte
Salisbury Street: 1st St. S.E. nach Süden, hinter der Brücke über den Elbow River an der ersten Ampel links in die 25th Ave. S.E., am Südende des Stampede Park vorbei und links in die Spiller St., gleich darauf links in die 6th St. S.E., die in die Salisbury St. übergeht.
Crescent Road: auf der Centre St. nach Norden, in die erste Straße hinter der Bow-River-Brücke links (7th Ave. N.W.), an deren Ende links (1st St. N.W.) und dann rechts in die Crescent Rd.

Heritage Park Historical Village
1900 Heritage Dr. S.W., im Süden der Stadt, Zufahrt über Hwy. 2 sowie mit Bus Nr. 1 und Bus Nr. 411
Calgary, Alta. T2V 2X3
✆ (403) 268-8500, www.heritagepark.ca
Mitte Mai–Anfang Sept. 9–17, Sept.–Mitte Okt. nur Sa/So/Fei 10–17 Uhr, Eintritt $ 13/8
Das Museumsdorf vermittelt einen Eindruck davon, wie es in und um Calgary zwischen 1860 und 1920 aussah. Auf dem weitläufigen Gelände befinden sich ein Fort der Hudson's Bay Company und ein Dorf aus der Zeit vor dem Bau der Eisenbahn, eine typische Eisenbahnsiedlung von 1910 und die Straßen einer kleinen Stadt in der Prärie. Ein Bäcker backt frisches Brot, ein Hufschmied erklärt sein Handwerk, und im Speisesaal eines alten Hotels wird *beef* serviert.

Auf dem Glenmore-Stausee nebenan werden mit dem Raddampfer »S. S. Moyie« Rundfahrten angeboten, und Eisenbahnfans können mit einem Dampfzug von 1920 das ganze Gelände umrunden.

Canada Olympic Park
Mit Olympic Hall of Fame and Museum
88 Canada Olympic Rd. S.W., am Hwy. 1 westl. der Stadt (Ausfahrt Bow Fort Rd.)
Calgary, Alta. T3B 5R5
✆ (403) 247-5452
www.canadaolympicpark.com
Mitte Mai–Anfang Nov. tägl. 8–21 Uhr, Nov.–März Mo–Fr 9–21, Sa/So 9–17 Uhr, Eintritt $ 7
Mit Ausstellungen zur Olympiade 1988 sowie den Erfolgen der kanadischen Sportler bei den Olympischen Winterspielen 2002, mit Bob- und Skisprungsimulatoren. Ganz Mutige können neuerdings in der **Road Rocket** mit einem Fahrer und 95 Stundenkilometern die Bobbahn hinunterrasen (Mitte Mai–Mitte Sept. Mi–So 11–18 Uhr, $ 49).

Fort Calgary Historic Park
750, 9th Ave. S.E.
✆ (403) 290-1875, www.fortcalgary.com
Mai–Anfang Okt. tägl. 9–17 Uhr, Eintritt $ 9/7
Ort des Fort von 1875, mit dem die Geschichte Albertas begann. Das Interpretive Centre erzählt die Geschichte der Stadt von den Anfängen als Handelsposten, über die Stationierung der Royal North West Mounted Police bis zur Erschließung durch die Eisenbahn und zum Beginn der Industrialisierung.

Calgary Zoo
1300 Zoo Rd. N.E., Calgary, Alta. T2E 7V6
✆ (403) 232-9300, www.calgaryzoo.ca
Tägl. 9–18 Uhr, Eintritt $ 15/9
Tierpark mit botanischem Garten, Kinderzoo und prähistorischem Park.

Informationen: Calgary, Alta.

Calgary, die Stadt des *stampede*, ist *die* Westernstadt. Wo sonst, wenn nicht hier, sollte man seine Cowboy-Stiefel, bestickten Westernhemden, silbernen Gürtelschnallen und Zehn-Gallonen-Hüte kaufen?

Sarcee Arts & Crafts
3700 Anderson Rd. S.W.
✆ (403) 238-2677
Native souvenirs wie Mokassins, Lederarbeiten, Masken und indianischer Kopfschmuck.

Alberta Boot
614, 10th Ave. S.W.
✆ (403) 263-4623
»Die Adresse« für Cowboy-Stiefel.

Lammle's Western Wear
Im Calgary Eaton Centre an der 8th Ave.
✆ (403) 263-6286
Klamotten für Asphalt- und echte Cowboys. Acht weitere Geschäfte überall in der Stadt.

River Café
Im Prince's Island Park
✆ (403) 261-7670
www.river-cafe.com
Auf und im riesigen Holzfeuer-Ofen mitten im Restaurant werden frisches Brot gebacken und leckere Fleisch- und Fischgerichte gegrillt. An warmen Sommerabenden kann man sich hier auch mit den Zutaten für ein Gourmet-Picknick nebenan im Park versorgen. $$–$$$

Joey Tomato's
208 Barclay Parade, im Eau Claire Market
✆ (403) 263-6336
So–Do 11–24, Fr/Sa bis 1 Uhr
Neue amerikanische Küche mit italienischem Touch: Pizza aus dem Holzofen; gut zum Draußensitzen. $$

La Chaumiere
139, 17th Ave. S.E.
✆ (403) 228-5690
Calgarys bestes Restaurant. Französische Spitzenküche, ausgezeichnete Weinkarte. Elegant gekleidete Gäste. Jackett und Krawatte notwendig. Reservieren! $$$

Mescalero
1315, 1st St. S.W., ✆ (403) 266-3339
Geöffnet Di–Sa ab 19 Uhr
Tapas, *Southwest cuisine* und lateinamerikanische Küche. Lockere Atmosphäre. Sehr trendy. $$

Ercole Ristorante Italiano
202, 16th Ave. N.E, ✆ (403) 230-4447
Mo–Fr 11–15 und 17–1, Sa 17–1 Uhr
Mamma Ericas Küche wurde mehrfach ausgezeichnet. $$

Ranchman's
9615 Macleod Trail S.
✆ (403) 253-1100, Mo–So 12–2 Uhr
Restaurant und der berühmteste Western-Saloon in Calgary. Hier verkehren auch echte Cowboys aus der Gegend. Für Greenhorns gibt es um 19 Uhr Western-Tanzkurse.

Brewsters Brewing Company
834, 11th St. S.W., ✆ (403) 265-2739
Mo–Mi 11–1, Do–Sa bis 2, So bis 24 Uhr

Morgan's Pub
1324 17th St. S.W.
✆ (403) 244-1332, tägl. 11–2 Uhr
Aus der ehemaligen Biker-Bar ist ein beliebter Spot geworden, wo die besten Blues-Bands der Stadt auftreten. Mit Patio.

Kao's Jazz and Blues Bistro
718, 17th Ave. S.W.
✆ (403) 228-9997
Einer der besten Blues- und Jazzclubs in West-Kanada.

An der 17th Ave. S.W., so etwa zwischen 5th & 10th Sts. S.W., finden sich die hauptsächlich von den jüngeren Einwohnern Calgarys frequentierten **Bars, Discos** und **Szenekneipen**.

Informationen: Calgary, Alta.

Feste in Calgary:

Größtes und weltweit berühmtes Fest sind die zehn Tage des **Calgary Stampede** Anfang Juli mit großer Parade durch die Straßen der Innenstadt, Rodeos und *chuck waggon races*.

In den Orten und Indianerreservaten der Umgebung von Calgary finden den ganzen Sommer über ebenfalls Rodeos und indianische *powwows* statt. Einzelheiten und Termine gibt es beim Tourism Calgary, ✆ (403) 263-8510, Fax (403) 262-3809 oder bei

The Calgary Stampede
1410 Olympic Way S.E.
Calgary, Alta. T2P 2K8
✆ (403) 261-0101 oder 1-800-661-1260
www.calgarystampede.com

Calgarys Downtown liegt in einem Bogen des Bow River

Calgary
Cowboys und Kommerz

Am Rand der westlichen Prärie, wo die Vorberge der Rocky Mountains den Horizont einzuschränken beginnen, erhebt sich aus dem weitläufig ausufernden Einerlei der traditionellen Prärievorstädte Calgarys Downtown als glänzendes Monument aus Stahl und Glas. Kompakt und ohne Übergang schießen die

Türme himmelwärts. Hier ist alles modern, jung, progressiv und blitzblank. »Sieht aus, als wäre sie gerade eben frisch ausgepackt worden«, kommentiert mein Nachbar die Skyline, und legt einen neuen Film in die Kamera.

Calgary ist eine junge Stadt. 1875 errichtete die North West Mounted Police, Vorläufer der heutigen *mounties*, ein Zeltcamp am Zusammenfluss von Bow und Elbow River, um den Weg für die nach Westen drängenden *homesteaders* zu ebnen und den Whiskyhändlern das Handwerk zu legen, die von Montana aus vorgedrungen waren, um von den Indianern Bisonhäute gegen Feuerwasser einzutauschen. Das Wachstum des unbedeutenden Präriekaffs begann 1883, als die Eisenbahnstrecke Calgary erreichte. Siedler kamen ins Land, und riesige *cattle ranches* nutzten das Grasland der Prärie von Süd- und Mittel-Alberta. 1893 – aus den 600 Einwohnern von 1883 waren inzwischen 2 000 geworden – erhielt Calgary Stadtrechte und entwickelte sich zur *cowtown*, zum landwirtschaftlichen Zentrum der Region; Schlachthöfe und eine Konservenindustrie entstanden.

Der Uhrturm des Rathauses war einmal das höchste Gebäude der Stadt

Der eigentliche Aufschwung ließ noch bis 1914 auf sich warten; mit den Ölfunden im Turner Valley südwestlich von Calgary begann eine Ära der Prosperität und des Bevölkerungswachstums. Infolge des steigenden Ölpreises in den 1970er Jahren schossen die Bürotürme wie Pilze aus der Erde: Das »Manhattan« in der Prärie entstand. 1982 waren aus den 4 000 Einwohnern von 1914 über 600 000 geworden. Mit dem weltweiten Ölpreisverfall der 1980er Jahre setzten auch für Calgary schwierige Zeiten ein. Die Olympiade 1988 brachte jedoch einen neuen Aufschwung und internationale Bekanntheit. Heute sind Tourismus und High-Tech-Industrie die Wachstumsbranchen. Der Zuzug in die Metropole hält ungebrochen an, 1994 wohnten bereits 725 000 Menschen in Calgary.

Jedes Jahr im Juli, zur Zeit des Calgary Stampede, verkleidet sich ganz Calgary mit Stetson, Jeans und Cowboy-Stiefeln und versucht sich und der Welt vorzumachen, dass es noch die *cowtown* der frühen Tage, des *old west*, ist und nicht die Stadt der Hochfinanz (fast 600 Firmen dieser Branche, alle kanadischen und 60 ausländische Banken haben hier ihre Büros), der Erdöl- und Erdgas-Industrie und der High-Tech-Firmen.

Unser Tag in der Stadt beginnt mit einem Rundblick aus luftiger Höhe. Von der Aussichtsplattform des **Calgary Tower** 190 Meter über dem Straßenpflaster schweift der Blick über die Bürotürme der Innenstadt zu den schneegekrönten Gipfeln der Rocky Mountains

Die Olympic Plaza erinnert an Calgarys große Zeit, die Olympischen Winterspiele 1988

80 Kilometer weiter westlich. Im Osten dehnen sich die Weizenfelder der Prärie aus, und nach Süden erstrecken sich *suburbias*, die gepflegten Wohnstädte im Grünen, gegliedert durch viele Parks.

Wer den Tag langsam angehen will, frühstückt im gemächlich rotierenden Restaurant des Calgary Tower, während draußen Skyline und Landschaft vorüberziehen.

Schräg gegenüber, auf der anderen Seite der 9th Avenue S.E., informiert das **Glenbow Museum** über Kultur und Geschichte der Prärie-Indianer und die Besiedelung des Westens. Auf drei Stockwerken dieses Weltklasse-Museums erfährt man, wie die Indianer zur Zeit der großen Büffelherden lebten, kann die Kochtöpfe der ersten Siedler inspizieren und sich sowohl über den Aufbau der Hutterer-Kolonien wie über die Geschichte der Ölindustrie Albertas informieren. Eine wahre Fundgrube ist die einmalige Sammlung historischer Fotografien und Dokumente.

Vom Museum führt ein *skywalk* durch das **Calgary Centre for Performing Arts**, Calgarys Theater- und Konzertkomplex, hinüber zum blauschimmernden Glaspalast des Municipal Building mit den Büros der Stadtverwaltung. Etwas verwirrt schaut »The Family of Horses«, eine Gruppe von drei bronzenen Pferden, auf die große Freitreppe vor dem Eingang des Beamtenbunkers. Daneben steht mit Uhrturm und rotem Dach der ehrwürdige Sandsteinbau der alten City Hall. Vor dieser Kulisse erstreckt sich die **Olympic Plaza**, auf der 1988 den siegreichen Olympioniken vor dem Hintergrund einer Säulenreihe ihre Medaillen überreicht wurden. Heute plätschern kleine Brunnen in einen großen Teich, und auf den Bänken rundum findet man immer ein schattiges Plätzchen zum Verweilen.

Insgesamt haben die Stadtplaner bei dem Versuch, in der Downtown Calgary eine komfortable urbane Umwelt zu schaffen, gute Arbeit geleistet. Die Fußgängerzone der **Stephen Avenue Mall**, eine sechs Häuserblocks lange Flaniermeile mit Bäumen und Bänken, Restaurants, Läden und Kinos, führt von der Südwestecke der Olympic Plaza vorbei an den Sandsteinfassaden der ältesten Geschäftshäuser der Stadt zu den Bürotürmen und Shopping-Palästen im Herzen der Downtown. Sie ist das Dorado von Straßenmusikanten und Brezelverkäufern, Flaneuren und Büroangestellten in der Mittagspause – zumindest im Frühling und im Herbst.

»The Family of Man«, Überbleibsel der Expo 1967

Im Hochsommer, wenn die Temperaturen auf über 30 Grad Celsius steigen, und im Winter, wenn das Quecksilber sich in den Bereich von minus 20 bis minus 30 Grad zurückzieht, verlagert sich das Treiben nach innen zu den *food courts* und Restaurants in den unteren Etagen der Bürotürme und den marmorverkleideten Wandelhallen der Shopping Centers. **Banker's Hall**, **Eaton Centre** und **Toronto Dominion Square** sind wahre Tempel des Konsums. Im obersten Stockwerk des Toronto Dominion Square bilden Tümpel, kleine Wasserfälle und Tausende von Pflanzen der **Devonian Gardens** eine 1,2 Hektar große Oase der Ruhe und Erholung.

Damit man nun auch wirklich nicht ins Freie muss, hat man sich für Calgarys Downtown die **Plus 15 Skywalks** einfallen lassen. In viereinhalb Meter Höhe verbinden verglaste Brücken die Malls und Bürotürme über die Straßen hinweg. Markierungen im Gebäude weisen den Weg zum nächsten Haus, zur nächsten Brücke. Fast fünf Kilometer ist das sommers wie winters wohltemperierte Wegenetz lang.

An der 3rd Street (Barclay Mall) ist die Entscheidung des Tages fällig: Für Einkaufsmuffel und Fußkranke bietet sich die Rückfahrt zur Olympic Plaza mit dem auf der 7th Avenue verkehrenden C-Train an. Er kann im Bereich der Innenstadt zwischen der 10th Street S.W. und der 3rd Street S.E. gratis benutzt werden. Die anderen bummeln die **Barclay Mall** hinab zum Fluss, wo eine Fußgängerbrücke hinüberführt zum Prince's Island Park, einer der vielen grünen Oasen Calgarys. Gleich daneben steht der farbenfrohe Komplex des **Eau Claire Market** mit Shops, Restaurants und IMAX-Kino.

Zwei Straßen weiter nach Südosten, am Rand von **Chinatown,** leuchtet die mit prächtigen Fliesen verzierte Kuppel des Chinese Cultural Centre. Mittelpunkt ist die dem »Tempel des Himmels« in Peking nachempfundene 20 Meter hohe, große Halle, auf deren Säulen die mit einem goldenen Drachen verzierte Kuppel ruht. Drumherum gruppieren sich ein Restaurant, ein Museum und eine Galerie zur Geschichte der chinesischen Kultur, eine Bibliothek und Räume für Veranstaltungen der chinesischen Gemeinde. Weiter führt der Weg über Daquing Avenue und Centre Street durch Chinatown zur 1st Street S.E. und zum Park vor dem Calgary Board of Education, in dem etwas unmotiviert die sechseinhalb Meter hohen, langbeinig-dürren Skulpturen der »Family of Man« herumstehen. Ursprünglich Bestandteil des englischen Pavillons während der EXPO 1967, fanden sie hier eine ständige Bleibe.

Eine interessante Alternative zu Eau Claire Market und Chinatown wäre zum Beispiel ein Besuch des **Fort Calgary Historic Park** am Rand von Downtown, vielleicht verbunden mit *high tea* auf der verglasten Veranda des gegenüberliegenden Dean House mit Blick auf Bow und Elbow River. Oder eine kurze Fahrt an den Stadtrand zum **Heritage Park Historical Village** auf einer Halbinsel im Glenmore-Stausee. Ein nostalgischer Dampfzug aus den 1920er Jahren dreht seine Runden um das Gelände, und auf dem See wartet der Raddampfer »S. S. Moyie« auf Passagiere. Eine Windmühle streckt ihre Segel in den Himmel, und in der Schmiede demonstriert der Hufschmied sein Handwerk. Vom Indianertipi über die kargen Blockhütten der einstigen *homesteaders*

Der Hufschmied im Heritage Park Historical Village

bis zu den *false fronts* einer kleinen Präriestadt ist alles vorhanden, was typisch ist für das Alberta der frühen Jahre.

Wer die nötige Energie noch aufbringen kann, sollte in den letzten Stunden vor Sonnenuntergang zum Aussichtspunkt an der **Crescent Road** auf dem Hochufer des Bow River fahren, wenn das weiche Licht der tiefstehenden Sonne das Glas- und Betongebirge der Innenstadt zum Leuchten bringt. Bei Sonnenuntergang und kurz danach ist der Blick vom Rand der Salisbury Street, auf einem Hügel über dem **Calgary Exhibition and Stampede Park** gelegen, besonders beeindruckend. Wenn die Lichter in den Bürotürmen der Innenstadt angehen, kommt Leben und Leichtigkeit in die Gebäudemassen der Skyline. Vor dem gelb, rot und purpur gefärbten Abendhimmel blinken, schimmern und leuchten unzählige Lampen, die Vitalität, Zukunftsglauben und unbegrenzten Optimismus signalisieren.

Unverwechselbar: Calgarys Skyline ▷

1. Tag – Programm: Edmonton, Alta.

Vormittag
Von Downtown Edmonton mit dem Auto die 109th St. südwärts über die **High Level Bridge** und an der ersten Verzweigung hinter der Brücke links auf den **Saskatchewan Dr.** Kurze Stopps an den Aussichtspunkten mit Blick auf Downtown. Am Ende der Straße links auf die Connors Rd., dann den Wegweisern zur 98th Ave. und zum **Muttart Conservatory** folgen. Besuch im Muttart Conservatory, danach die 98th Ave. bergauf und am ersten Kreisverkehr links auf die 84th St. An deren Ende links auf den Parkplatz des **Forest Heights Park** und kurzer Spaziergang zum Aussichtspunkt mit Blick auf das Flusstal und Downtown. Anschließend links auf die Rowland Rd. abbiegen und über die Dawson Bridge nach **Riverdale**. Am Ende der Rowland Rd. rechts auf die 95th St. und links auf die Jasper Ave. Westwärts zur 102nd Ave. und links auf die 149th St. zum Whitemud Dr. Hinter der Quesnel Bridge die erste Ausfahrt (Fox Dr.) nehmen und den Wegweisern zum **Fort Edmonton** folgen.

Mittag
Lunch im Fort Edmonton.

Nachmittag
Vom Fort Edmonton auf dem Whitemud Fwy. zurück über die Quesnel Bridge und auf der 148th St. nach Norden. Rechts abbiegen auf die 95th

1. Tag – Programm: Edmonton, Alta.

Ave. zum **Riverside Dr.** mit Aussicht auf den North Saskatchewan River und Downtown. Am Ende des Riverside Dr. auf den Summit Dr., rechts auf die 142nd St. und nordwärts, rechts in den **Ravine Dr.** mit schönen alten Häusern. Links auf die 102nd Ave. und rechts auf die 142nd St. zum **Odyssium**.

Alternative: Statt Odyssium oder Muttart Conservatory ist auch ein Besuch im sehr schönen **Provincial Museum of Alberta** interessant.

2. Tag – Programm: Edmonton, Alta.

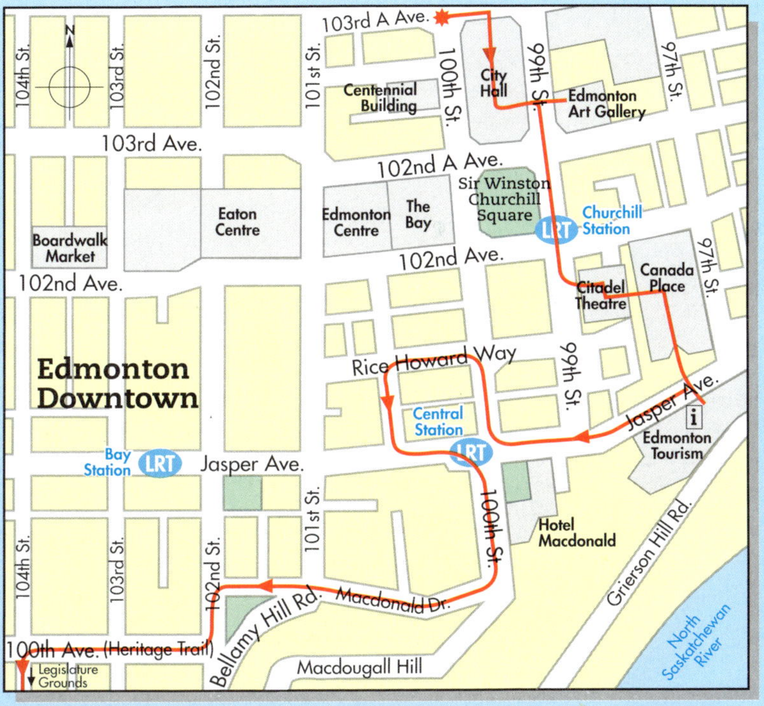

Vormittag Spaziergang durch **Downtown Edmonton:** ab 103rd A Ave. & 100th St. zur **City Hall**, zum Sir Winston Churchill Square und zur **Edmonton Art Gallery**. Weiter auf der 99th St. zum **Citadel Theatre** und via **Canada Place** zum **Edmonton Tourism**. Auf der Jasper Ave. westwärts, rechts auf die 100th St. und links auf den Rice Howard Way, links zurück zur Jasper Ave. und via 100th St., am »Hotel Macdonald« vorbei, zum Macdonald Dr. Am Ende des Macdonald Dr. über die 102nd St. zur 100th Ave. und zur 104th St., rechts zur 99th Ave. und links auf die 108th St. zu den **Legislature Grounds** (ab Macdonald Dr. ist die Route als **Heritage Trail** ausgeschildert).

Nachmittag Besuch der **West Edmonton Mall**.

1. und 2. Tag – Informationen: Edmonton, Alta.

Orientierung in Edmonton:
Nummerierte Avenues verlaufen in Ost-West-Richtung mit nach Westen steigenden Hausnummern. Nummerierte Streets verlaufen in Nord-Süd-Richtung mit nach Norden steigenden Nummern. Da der Fluss die Stadt in zwei Hälften teilt, empfiehlt es sich, im Zweifelsfall zu fragen, ob die angegebene Adresse nördlich oder südlich des North Saskatchewan River liegt.

www.discoveredmonton.com
Kommerzielle Homepage mit Suchmaschine, Liste der Sehenswürdigkeiten, Restaurantliste, Hoteladressen mit Online-Zimmersuche und Reservierung.

Edmonton Tourism
9797 Jasper Ave., Suite No. 104
Edmonton, Alta., T5J 1N9
✆ (780) 496-8400 oder 1-800-463-4667
Fax (780) 425-5283
www.tourism.ede.org, edeinfo@ede.org
Edmonton Tourism unterhält drei Besucher-Informationszentren in der Stadt:
– 9797 Jasper Ave. N.W., Shaw Conference Centre West Door (Downtown)
– Gateway Park, 2404 Gateway Blvd. S.W. (am Südeingang des Hwy. 2 in die Stadt)
– Spruce Grove (westl. von Edmonton am Hwy. 16A).

Wettervorhersage
✆ (780) 468-4940
Informationen für Besucher (vom Band)
✆ (780) 493-9000 und dann 4340

Die **U-Bahn** – sie heißt in Edmonton **LRT** (Light Rail Transit) – ist mit dem städtischen Busnetz verküpft und kann Mo–Fr 9–15, Sa 9–18 Uhr in der Innenstadt (zwischen den Stationen Churchill, Central, Bay, Corona und Government Centre) kostenlos benutzt werden.

Fairmont Hotel Macdonald
10065, 100th St.
Edmonton, Alta. T5J 0N6
✆ (780) 424-5181, Fax (780) 429-6481
Absolute Spitze, auch im Preis. $$$$

The Westin Hotel
10135, 100th St. & 101st Ave.
Edmonton, Alta. T5J 0N7
✆ (780) 426-3636, Fax (780) 428-1454
res@westin.ab.ca
Luxuriöses Prominentendomizil: Die Königin von England wohnte 1978 hier, Charles und Diana 1983. Das Hotelrestaurant ist »die Adresse« für *beef* und Büffel. **The Carvery** wirbt mit: »When only the best will do« – entsprechend sind die Preise ($$$$). $$$–$$$$

Fantasyland Hotel
17700, 87th Ave. (in der West Edmonton Mall), Edmonton, Alta. T5T 4V4
✆ (780) 444-3000 oder 1-800-737-3783
Fax (780) 444-3294
Sehr gut ausgestattetes Hotel mit eigenem Eingang zur West Edmonton Mall. Große, gut eingerichtete Zimmer (alle mit Whirlpool) mit einer verglasten Wand, die einen Panoramablick nach

draußen gewährt. Spezialität sind die *theme rooms:* z. B. Hollywood-Traumsuite, römischer Palast, polynesische Hütte, arabisches Gemach, Eisenbahnabteil usw. Sogar auf der Ladefläche eines Pick-up-Truck kann man schlafen. $$$–$$$$

Crowne Plaza Chateau Lacombe
10111 Bellamy Hill
Edmonton, Alta., T5J 1N7
✆ (780) 428-6611 oder 1-800-661-8801
Fax (780) 425-6564
www.chateaulacombe.com
Ein Kettenhotel der Spitzenklasse. Zimmer z. T. mit großartiger Aussicht. Drehrestaurant **La Ronde** im 24. Stock mit beeindruckendem Ausblick. Beliebt zum Brunch am Sonntagmorgen ($$). $$$

Holiday Inn The Palace
4235 Gateway Blvd., Calgary Trail N.
Edmonton, Alta., T6J 5H2
✆ (780) 438-1222 oder 1-800-565-1222
Fax (780) 438-0906
Gut ausgestattetes Hotel im Südosten der Stadt. Mit Shuttle-Service zur West Edmonton Mall und zu den Flugplätzen. $$–$$$

Edmonton House Suite Hotel
10205, 100th Ave.
Edmonton, Alta. T5J 4B5
✆ (780) 420-4373 oder 1-800-717-1277
Fax (780) 420-3265
www.edmontonhouse.com
Große Zimmer mit Küche und Balkon. Pool, Sauna, Waschmaschinen. Schöne Lage mit guter Aussicht. $$$

Union Bank Inn
10053 Jasper Ave.
Edmonton, Alta., T5J 1S5
✆ (780) 423-3600 oder 1-888-423-3601
Fax (780) 423-4623
www.unionbankinn.com
Sehr schönes, kleines, individuelles Designer-Hotel mit **Madison's Grill**, einem eleganten Restaurant mit guter Küche ($$–$$$). $$$$

Days Inn
10041, 106th St., Edmonton, Alta. T5J 1G3
✆ (780) 423-1925, Fax (780) 424-5302
Preiswertes komfortables Motel in Downtown Edmonton, Waschmaschinen. $$

Glowing Embers Travel Centre
26309 Hwy. 16A (ca. 14 km westl. von Downtown Edmonton)
Spruce Grove, Alta. T7X 3H1
✆ (780) 962-8100, ganzjährig geöffnet
www.glowingembersrvpark.com
Gut ausgestatteter kommerzieller Campground am Westrand der Stadt.

Klondike Valley Campground
1660 Calgary Trail S. (Anfahrt über Hwy. 2 S. zur Ellerslie Rd. W.)
Edmonton, Alta. T6W 1A1
✆ (780) 988-5067, 1. Mai–1. Okt.
Hübsch gelegener Campground am Blackmud Creek; mit Duschen, Waschmaschinen; Einkaufsmöglichkeit.

Shakers Acres
21530, 103rd Ave. (westl. der Stadt am Hwy. 16, Ausfahrt Winterburn Rd. zur 215th St.)
Winterburn, Alta. T5S 2C4
✆ (780) 447-3564, Fax (780) 447-3924
Kommerzieller Campground mit allen Einrichtungen. Relativ laut, da nahe am Hwy. 16.

The Muttart Conservatory
9626, 96A St., im Gallagher Park
✆ (780) 469-8755
Mo–Fr 9–17.30, Sa/So/Fei 11–17.30 Uhr, Eintritt $ 7/6
Eine Gruppe von gläsernen Gewächshauspyramiden, von denen jede eine Klimazone repräsentiert.

Provincial Museum of Alberta
12845, 102nd Ave.
Edmonton, Alta. T5N 0M6
✆ (780) 453-9100
www.pma.edmonton.ab.ca
Tägl. 9–17, Fr bis 21 Uhr, Eintritt $ 10
Ausstellung zur Geschichte der Indianer,

1. und 2. Tag – Informationen: Edmonton, Alta.

Pelzhändler und Siedler plus geologische und ökologische Zonen der Provinz. Modernes Gebäude in einem Park über dem Fluss.

Fort Edmonton Park
Fox & Whitemud Drs., am Südufer des North Saskatchewan River
✆ (780) 496-8787
www.fortedmontonpark.com
Mai/Juni Mo–Fr 10–16, Sa/So und Juli/Aug. tägl. 10–18, Sept. nur So 10–16 Uhr, Eintritt $ 8.25/4.50
Authentische Rekonstruktion des Handelspostens der Hudson's Bay Company von 1846, aus dem die Stadt hervorging. Dazu Straßen aus der Zeit von 1885, 1905 und 1920, die durch Darsteller in historischen Kostümen belebt werden.

Odyssium
11211, 142nd St. & 111 Ave.
Edmonton, Alta. T5M 4A1
✆ (780) 451-3344, www.odyssium.com
Ausstellungen So–Do 10–17, Fr/Sa bis 21 Uhr, Eintritt $ 9.95/7.95
Interaktives Naturwissenschaftsmuseum »zum Anfassen«; mit Planetarium, Laser-Licht-Show, IMAX-Kino; futuristische Architektur. 2001 öffnete das ehemalige Space & Science Centre als »Odyssium« nach einer 14-Millionen-Dollar-Erweiterung und Renovierung seine Türen.

Edmonton Civic Centre
100th bis 97th Sts. und Jasper Ave. bis 103rd A Ave.
Mehrere Häuserblocks, großer Vorzeigebereich in Downtown Edmonton.

Edmonton Art Gallery
2 Sir Winston Churchill Sq. (102nd A Ave. & 99th St.)
✆ (780) 422-6223
www.edmontonartgallery.com
Di–Fr 10.30–17, Do bis 20, Sa/So 11–17 Uhr, Eintritt $ 12/10, Do Abend freier Eintritt
Sehenswerte Sammlung kanadischer Kunst.

Heritage Trail
Halbstündiger Spaziergang durch den alten Bezirk von Edmonton. Schöner Blick vom Macdonald Dr. auf das Tal des North Saskatchewan River.

Legislature Grounds
10800, 97th Ave., Edmonton, Alta. T5K 2B6
✆ (780) 427-7362
Der sehr schöne Park mit Springbrunnen und Teichen umgibt das opulent ausgestattete Alberta Legislature Building. Es kann Mo–Fr 9–21 und Sa/So/Fei 9–17 Uhr auf geführten halbstündigen Rundgängen besichtigt werden.

West Edmonton Mall
Zwischen 87th & 90th Aves. bzw. 170th & 178th Sts.
✆ (780) 444-5200, www.westedmall.com
Geschäftszeiten: Mo–Fr 10–21, Sa 10–18, So 12–18 Uhr
Das größte Einkaufszentrum der Welt. Restaurants und Attraktionen wie **Galaxyland** sind auch abends geöffnet.

An der Whyte Ave. (82nd Ave.), im Bereich der 100th St. gibt es deutsche Metzger (z. B. **Charley Meats**) und Bäckereien (z. B. **Home Bakery** oder **Empress Bakery**), bei denen man Brot und Wurst in der von zu Hause gewohnten Qualität einkaufen kann.

The Grocery People
145th St. & Yellowhead Trail
Hier gibt es u. a. gefrorene *buffaloburger* für den Grill.

Welsh's Saddlery & Western Wear
13715 Manning Dr. N.W., ✆ (780) 471-5333
Ein Western-Store, in dem es so ziemlich alles gibt.

Northern Images
2113 West Edmonton Mall
✆ (780) 444-1995
Kunst und Kunsthandwerk der Ureinwohner Kanadas.

1. und 2. Tag – Informationen: Edmonton, Alta.

Downtown Shopping Centers
Mo–Mi und Sa 10–17.30, Do/Fr 10–21 Uhr
Eaton Centre
102nd Ave. & 101st St. (Downtown)
Mit etwa 100 Geschäften.
Edmonton Centre
102nd Ave. & 101st St.
Downtown-Einkaufszentrum mit 148 Geschäften.
Boardwalk Market
102nd Ave. & 103rd St. (Downtown)
Bunte Ansammlung von Läden in zwei sanierten Lagerhäusern.

High Street
124 St. zwischen 102nd & 109th Aves.
Viele Kunsthändler, Boutiquen, Buchläden und Restaurants.

Baraka Cafe
10088 Jasper Ave.
✆ (780) 423-1819
Mo–Fr 7–23, Sa/So ab 9 Uhr
Kaffeehaus mit gutem Espresso, Kuchen und Zeitungen. $

New York Bagel
8209, 104th St., ab 12 Uhr
Kaffee, Tee und Kuchen. $

Packrat Louie Kitchen & Bar
10335, 83rd Ave. (in Strathcona)
✆ (780) 433-0123, So/Mo geschl.
Die kanadische Variante moderner italienischer Küche. Sehr gut. $$

Hardware Grill
9698 Jasper Ave.
✆ (780) 423-0969, So geschl.
Ausgezeichnetes Restaurant, »neue kanadische« Küche, umfangreiche Weinkarte. $$–$$$

Normand's Restaurant
11639A Jasper Ave., ✆ (780) 482-2600
Mo–Fr ab 11.30, Sa/So ab 17 Uhr
Bodenständige französische Küche in einem gemütlichen Stadtviertel, gut geeignet für ein romantisches Abendessen, nicht zuletzt wegen der breiten Weinauswahl. $$

The Mill Restaurant
8109, 101st St. N.W. (südl. des Flusses, Nähe 82nd Ave.)
✆ (780) 432-8138, tägl. geöffnet
Für alle, die nicht ohne Schnitzel, Kotelett, Sauerbraten usw. leben können; deutsches Bier. $$

Sakura
10518, 101st St. & 7th Ave.
✆ (780) 428-8883
Tägl. 11.30–22, Sa ab 17 Uhr
Gutes japanisches Restaurant. $$

Pepper 'n' Chili Szechuan Restaurant
10406 Mayfield Rd.
✆ (780) 487-6688
Ausgezeichnete chinesische Küche; es schmeckt wie in China. $$

The King and I
18208, 107th St.
✆ (780) 433-2222, So geschl.
Authentische Thai-Küche. $$

Black Dog Freehouse
10425, 82nd/Whyte Ave.
✆ (780) 439-1082
Beliebter Pub mit drei Etagen, vom Balkon des 1. Stocks schöner Ausblick auf die Whyte Avenue.

Blues on Whyte
10329, 82nd/Whyte Ave. (im Commercial Hotel in Old Strathcona)
✆ (780) 439-5058, tägl. 10–3 Uhr, außer So
Edmontons bester Blues-Club. Legendär sind die Samstagnachmittag-Blues-Jams.

Sidetrack Cafe
10333, 112th St.
✆ (780) 421-1326
Musikkneipe mit breit gefächertem, ständig wechselnden Programm – von Blues bis zu australischem Rock, von Progressive Jazz bis Musical.

Im Ukrainian Cultural Heritage Village (vgl. S. 62)

Feste:

– Ende Juni/Anfang Juli findet seit 1979 das einwöchige internationale Jazz-Festival **Jazz City** statt (www.jazzcity.ca).

– Anfang–Mitte Juli wird während des **Edmonton Street Performers Festival** auf den Straßen und Plätzen gezaubert, jongliert, Pantomine und vieles andere vorgeführt.

– Höhepunkt sind Ende Juli die **Klondike Days**, mit denen Edmontons Boom (1898) als Ausgangspunkt zu den Goldfeldern am Yukon River gefeiert wird – mit Straßenfesten, Umzügen in Kostümen aus der Zeit, Pferderennen und sportlichen Wettkämpfen. Infos unter www.klonikedays.com, ✆ (780) 471-7210 oder 1-888-800-7275.

– Anfang August geht's weiter mit dem **Heritage Festival** im William Hawrelak Park (www.edmontonheritagefest.ca, ✆ 780-488-3378) und anschließend mit dem **Edmonton Folk Music Festival** (www.efmf.ab.ca, ✆ 780-429-1899).

Zusatztag – Route: Edmonton – Elk Island National Park – Ukrainian Heritage Village – Edmonton (167 km)

Bison in freier Wildbahn: im Elk Island National Park

km	Zeit	Route (Karte vgl. S. 130)
0	9.00 Uhr	Abfahrt in Edmonton auf dem Yellowhead Hwy. (Hwy. 16) nach Osten,
50		rechts abbiegen zum **Ukrainian Cultural Heritage Village**. Zurück zum Hwy. 16 und westwärts Richtung Edmonton bis zur Einfahrt in den
75		**Elk Island National Park**.
78		Rechts abbiegen zum **Bison Paddock**, danach
89		links zum **Point of Good Hope**/Living Waters Boardwalk.
91		Rechts Beginn des **Beaver Pond Trail**.
102		Weiter nach Lamont und auf dem Hwy. 15 W. zurück nach
167	18.00 Uhr	**Edmonton**.

Routenvariante für Vogelfreunde:
Von Edmonton auf dem Hwy. 14 nach Tofield: Besuch des **Beaverhill Lake Nature Centre**. Anschließend Weiterfahrt zum Francis Access in der Beaverhill Lake Natural Area und Wanderung auf dem Pfad zum Lister Lake mit dem **Beaverhill Bird Observatory** (genaue Wegbeschreibung im Beaverhill Lake Nature Centre). Anschließend von Tofield Rt. 834 nach Norden zum Hwy. 16 W. und Anschluss an das obige Programm.

Übernachtungsalternative:
Eine schöne Übernachtungsalternative zum Hotel in Edmonton ist das Farmhaus **Inn at the Ranch** (P.O. Box 562, Smoky Lake, Alta. T0A 3C0, ✆ 403-656-2474 oder 1-800-974-2474, Fax 403-656-3094; unbedingt telefonisch reservieren!) 15 Minuten nordöstl. von Smoky Lake. $$. Auf der 2 500 ha großen B & B-Ranch mit vier luxuriö-

Zusatztag – Route: Edmonton – Elk Island National Park – Ukrainian Heritage Village – Edmonton (167 km)

sen Gästezimmern züchten Enid und Bob Plumb Büffel und Wapiti-Hirsche, die der Gast tagsüber aus nächster Nähe in ihrer natürlichen Umgebung erleben kann.

Statt von Lamont zurück nach Edmonton zu fahren, nimmt man die Rt. 831 nach Norden bis zum Hwy. 45, fährt diesen ostwärts bis zur Rt. 855, auf dieser nach Norden Richtung **Smoky Lake**. Jenseits der Kreuzung mit dem Hwy. 28 auf die Schilder zum Inn at the Ranch achten (von Lamont 103 km).

Zusatztag – Informationen

Ukrainian Cultural Heritage Village
Am Hwy. 16, ca. 50 km östl. von Edmonton
882, 112th St.
Edmonton, Alta. T6G 2P8
✆ (780) 662-3640, Fax (780) 662-3273
http://collections.ic.gc.ca/ukrainian
Im Sommer tägl. 10–18, sonst bis 16 Uhr, Eintritt $ 8/4
In diesem sehr schönen Museumsdorf voller Originalgebäude aus der Zeit der Besiedlung erzählen »Bewohner« in historischen Kostümen vom Leben der ukrainischen Einwanderer und von der Entwicklung ihrer Siedlungen im östlichen Zentral-Alberta.

Elk Island National Park
Am Hwy. 16, etwa 45 km östl. von Edmonton (Site 4, RR1)
Fort Saskatchewan, Alta. T8L 2N7
✆ (780) 922-5790
www.pc.gc.ca, Eintritt $ 5/2.50
Die Wald- und Graslandschaft, bevölkert von Biberkolonien, Büffel- und Wapiti-Herden, ist ein Abbild der Landschaft Albertas vor der Besiedelung und Kultivierung des Landes. Im Bison Paddock führt eine kurze Straßenschleife durch ein Gehege mit einer kleinen Herde Prärie-Bisons.

Der kurze **Point of Good Hope/Living Waters Boardwalk** beginnt am Parkplatz vor dem Picknickplatz am Strand (nach der Abzweigung immer rechts halten), führt über einen kleinen Hügel mit schöner Aussicht zu einem schwimmenden Steg im See und endet am Astotin Interpretive Centre.

Vom **Beaver Pond Trail**, einem 3,5 km langen Rundweg durch ein Wald- und Wiesengelände, kann man oft Elche, Büffel und Biber beobachten.

Beaverhill Lake Natural Area
Nordöstl. von Tofield, nördl. des Hwy. 14
Der Beaverhill Lake ist von Ende April bis etwa zur dritten Maiwoche ein bevorzugter Rastplatz von Myriaden von Zugvögeln (darunter Tundra-Schwäne, Schneegänse, Zwerg- und Wanderfalken) auf dem Weg zu ihren Nistplätzen in der kanadischen Arktis.

Auch im Sommer leben in diesem Schutzgebiet viele seltene Spezies. Auf den Dekker-Inseln nisten Pelikane und Kormorane.

Downtown Edmonton ▷

TD

Edmonton

Boomtown und Tor zum Norden

Boomtowns haben einen festen Platz in der Geschichte Nordamerikas. Städte, die über Nacht in der Wildnis entstehen, erbaut von Menschen, die – angetrieben durch den Traum vom Eldorado – der weglosen Wildnis trotzen. Boomtowns sind Orte, in denen über Nacht Vermögen gemacht und verloren werden, die heute im Glanz neuen Reichtums strahlen und morgen als *ghost town* dem Vergessen anheim fallen.

Edmonton, die nördlichste Großstadt Kanadas, ist die Ausnahme zu dieser Regel, ein richtiges Stehaufmännchen. Dreimal erlebte die Stadt die hektische Betriebsamkeit, die kritiklose Wachstumseuphorie eines Booms – und überlebte. Jedes Mal, wenn der Aufschwung verebbt war, stand Edmonton schöner, reicher und stärker da als zuvor.

1795 gründete William Tomison den neuen Handelsposten Fort Edmonton. Die Lage am North Saskatchewan River war ideal: Die Jäger der Cree-Indianer im Norden brachten Biber-, Fuchs- und Wieselpelze, die Blackfoot kamen aus dem Süden mit Büffelfleisch und Bisamrattenfellen. 1823 wurde John Rowand Chief Factor im Edmonton House und Regent von Rupert's Land. Er baute

Lebendige Geschichte: Voyageur-Quartier im Fort Edmonton

Edmonton zum Macht- und Handelszentrum aus. Sein Erfolg löste einen ersten Bau- und Ansiedlungs-Boom aus.

1898, als alle Welt zu den Goldfeldern am Yukon River aufbrach, begann der zweite Aufschwung. Die Geschäftsleute des isolierten 700-Einwohner-Ortes verstanden es, die großen Entfernungen und die Probleme eines Überlandtrecks in das Yukon Territory zu ignorieren. Mit der Werbung für die (nicht existierende) »All Canadian Route« zu den Goldfeldern etablierten sie Edmonton als Ausgangs- und Versorgungsstützpunkt für einen Teil des hoffnungsvollen Menschenstroms.

Die Bevölkerungszahl stieg über Nacht auf mehr als 4 000 an. Nur die Hälfte der Goldsucher kam durch, und viele von denen, die umkehrten, blieben, um in der Gegend zu siedeln. Trotzdem feiert Edmonton noch heute unverdrossen sich selbst und den unverhofften Boom im Gefolge der Goldfunde. Während der Klondike Days Ende Juli rollen Postkutschen und Planwagen durch die Stadt, Bands spielen, und zehn Tage lang ist ganz Edmonton Schauplatz einer Mammutparty.

1904 erreichte die Eisenbahnstrecke Edmonton, und die in Europa laufende Anwerbung von Siedlern brachte einen großen Bevölkerungszuwachs. Ein Jahr später, als die Stadt Edmonton Hauptstadt der Provinz Alberta wurde, war die Zahl der Einwohner auf fast 10 000 angestiegen und aus dem landwirtschaftlich geprägten Dorf ein urbanes Zentrum geworden.

Die Zeit der Weltwirtschaftskrise überstand Edmonton als *gateway to the north*, als Nachschubzentrum für den Norden. Post, Versorgungsgüter und medizinische Hilfe wurden von den hier konzentriert entstandenen Buschfliegerei-Unternehmen an die neue Grenze transportiert. Der dritte Boom begann 1947 mit der Entdeckung eines äußerst ergiebigen Ölfeldes bei **Leduc**, südlich der Stadt. Geld und Leute strömten nach Edmonton, das Wachstum war unvorstellbar. 1965 gab es viermal so viele Einwohner wie 1939.

Bewundernswert ist, wie umsichtig Edmonton seinen neuen Reichtum eingesetzt hat, um für seine heute 831 000 Bewohner eine Stadt von hoher Lebensqualität zu schaffen. Das übliche Erscheinungsbild einer unkontrolliert wachsenden Boomtown, das abstoßende Durcheinander gesichtsloser Industriegebiete, Slums und exklusiver Wohnviertel wurde durch intelligente Stadtplanung und -entwicklung vermieden. Downtown, auf dem Hochufer über dem Fluss, glänzt mit beeindruckenden Beispielen moderner Architektur. Alte Stadtteile wurden neu belebt, ihre Gebäude aus der Gründerzeit sachgerecht saniert und originalgetreu restauriert. Das Tal des North Saskatchewan River zieht sich als 7 400 Hektar großer Park mitten durch die Stadt. Im Sommer, bei bis zu 17 Stunden Tageslicht, heißen Tagen und milden Nächten, ist dieser Park bis in den späten Abend mit Leben erfüllt. Man radelt, spielt Ball oder Golf, geht spazieren oder lässt es sich bei einem Picknick gut gehen. Selbst im Winter, wenn es bis zu minus 30 Grad Celsius kalt werden kann (durchschnittliche Tageshöchsttemperatur minus elf Grad), lassen sich die Ski- und Schlittschuhfahrer nicht daran hindern, ihren Park zu nutzen.

Die *pedways* sind Edmontons Pendant zu Calgarys *skywalks*; auf drei Ebenen zwischen Keller und erstem Stock verbinden sie Shopping Centers, Bürohäuser und U-Bahn-Stationen der Innenstadt miteinander. Kein *shopper* muss hinaus in die winterliche Kälte oder die Sommerhitze.

1. Tag: Von der Peripherie in Edmontons Zentrum

Die Rundfahrt durch die fünftgrößte Stadt Kanadas beginnt mit einem Blick von den Aussichtspunkten entlang dem **Saskatchewan Drive** am Südrand des Flusstals auf die kupfern-, blau- und goldschimmernde, gen Himmel strebende Skyline. Eingebettet in sattes Grün, präsentiert sich die City von ihrer Schokoladenseite. Unten im Tal setzen die fotogenen Glaspyramiden des **Muttart Conservatory** einen technischen Akzent im gepflegten Grün des **Gallagher Park**. Die Pyramiden sind Gewächshäuser, in denen mehr als 700 Pflanzen aus verschiedenen Klima- und Vegetationszonen gedeihen. Drei davon sind jeweils der trockenen, der tropischen und der gemäßigten Klimazone gewidmet.
In der vierten Pyramide finden ständig wechselnde Blumenausstellungen statt. Die »tropische Pyramide« beherbergt eine der größten und abwechslungsreichsten Orchideensammlungen Nordamerikas. Beachtenswert sind zudem die abstrakten Wandmalereien des Chipewyan-Indianers Alex Janvier in der zentralen Halle zwischen den Pyramiden. Der Wiesenhang hinter dem Muttart Conservatory verwandelt sich jedes Jahr im August für vier Tage in ein natürliches Amphitheater, wenn sich hier während des Edmonton Folk Music Festival die Größen der Folk Music ein Stelldichein geben.

Weiter geht es vom Talgrund wieder hinauf zum Hochufer, zur 84th Street. Für Fotografen ergibt sich kurz vor der

Unter den Glaspyramiden des Muttert Conservatory verbirgt sich ein bewundernswerter Botanischer Garten

Die Keimzelle der Stadt: historisch korrekte Kopie von Fort Edmonton

Rowland Road im **Forest Heights Park** die Möglichkeit, die Skyline über dem Grün des Tals aus einem neuen Blickwinkel abzulichten. Auf dem Weg zum Fort Edmonton liegt an der 102nd Avenue das **Provincial Museum of Alberta** in einem schönen Park mit Blick auf das Flusstal. Seine Exponate zur Geschichte und Geologie der Provinz, zur Kultur der Indianer, Pelzhändler und Siedler sind sehenswert. Berühmt sind die 16 Dioramen der Habitat Gallery, in denen die kanadische Tierwelt in ihrem natürlichen Lebensraum dargestellt ist. Grizzly, Elch und Cougar (Puma), Adler und Trompeterschwan sind nur einige der Attraktionen.

Historisch wird es im **Fort Edmonton Park**. Herzstück des 64 Hektar großen Freilichtmuseums ist eine originalgetreue Kopie des Fort Edmonton, so wie es 1846 zur Zeit von Chief Factor John Rowand ausgesehen hat. Hauptaufgabe war damals, neben der Funktion als Distrikt-Hauptquartier der Hudson's Bay Company, die Herstellung von Pemmikan und sogenannten York-Booten für den Transport von Fellen nach York Factory an der Hudson Bay und die Spedition von Versorgungsgütern. In zwölf Blockhäusern wird in historischer Kleidung das Leben in einem isolierten Handelsposten im Indianerland demonstriert. Außerhalb des Forts erzählen Indianer vor einem Tipi sitzend von »ihrem Leben« zu jener Zeit.

In der Straße von 1885 lebt die Zeit wieder auf, in der Pferd und Wagen das gängige Verkehrsmittel und der General Store das Kommunikationszentrum für die auf ihrer *homestead* isoliert lebenden Siedler waren. Die Straße von 1905 repräsentiert jene Zeitspanne, in der Edmonton Hauptstadt von Alberta wurde und mit der Ankunft der »Canadian National Railway« der Wandel vom landwirtschaftlich orientierten Pionierort zur Stadt einsetzte. Eine alte Straßenbahn rumpelt die Straße des aufstrebenden Wirtschaftszentrums von 1920 hinunter, und rund um den ganzen Park zieht eine fauchende, dampfspeiende Baldwin-Dampflok von 1919 die antiken, mit Besuchern beladene Eisenbahnwaggons.

Auf dem Weg zum Odyssium, dem ehemaligen Space & Science Centre, empfiehlt sich ein kleiner Abstecher durch parkartige Villenviertel entlang dem Riverside und Ravine Drive. Stattliche Bäume und hübsche alte Häuser säumen den Weg über dem Tal des North Saskatchewan River. Immer wieder ergeben sich neue Ausblicke auf die Skyline der City und den Stadtteil Strathcona.

Die eigenwillig futuristische Architektur des Edmonton **Odyssium** lässt vermuten, worum es im Inneren des schneeweißen Rundbaus geht. Die Ausstellung widmet sich der Geschichte der Astronomie und der Erforschung des Weltraums – Modelle veranschaulichen die Grundgesetze der Physik. Es gibt ein Planetarium mit über 200 computergesteuerten Projektoren, kombiniert mit einem 2-W-Kryptonlaser und mit einer Lautsprecherleistung von 17 000 Watt. In der »Mission Control« und der Raumstation »Alpha 7« nehmen die Besucher an einer simulierten Raumfahrt teil. Auf der vier Stockwerke hohen Riesenleinwand des IMAX-Kinos werden beeindruckende Filme über das Leben auf der Erde vorgeführt, und im Observatorium nebenan wirft der Besucher einen Blick in die Tiefen des Weltalls.

Edmontons City Hall

Konsumtempel: Shopping Mall in der Innenstadt

2. Tag: Zu Kunst, Kommerz und Unterhaltung

Ein geeigneter Ausgangspunkt für einen Spaziergang durch den allgemein als **Civic Centre** bezeichneten Bereich von Downtown Edmonton ist der Sir Winston Churchill Square. Um ihn herum gruppieren sich die **City Hall** mit imponierender zentraler Halle, einem Turm mit Glockenspiel und einer achtstöckigen Glaspyramide als Dach, die **Edmonton Art Gallery** mit einer ausgezeichneten Sammlung kanadischer Kunst und der drei Bühnen umfassende Komplex des **Citadel Theatre** mit Garten und einen Wasserfall im Inneren. Der Citadel-Theatre-Komplex gehört zu den wichtigsten Zentren der *performing arts* in Kanada. Direkt dahinter steht der bronzefarbene Klotz des **Canada Place**, Sitz der kanadischen Bundesbehörden. Er besticht durch die moderne Architektur seines Äußeren, ist im Inneren aber eher langweilig. Seinem Südeingang gegenüber ist das **Edmonton Tourism** als gläserne Kaskade an den Hang des Flusstals gebaut. Von der Terrasse daneben schweift der Blick über den Fluss hinunter ins Tal zum Gallagher Park und zu den Pyramiden des Muttart Conservatory. Nur wenige Schritte nach Westen steht das älteste Hotel der Stadt, das Hotel Macdonald – nach einer längeren Verjüngungskur heute wieder eine der ersten Adressen.

Der weitere Spaziergang führt westlich des Macdonald Drive als **Heritage Trail** auf rot gepflasterten Bürgersteigen, vorbei an alten Straßenlaternen und Bänken, via 100th und 99th Avenue zum **Alberta Legislature Building**, dem Parlamentsgebäude der Provinz. Das massive, von einer Kuppel gekrönte Gebäude aus dem Jahr 1912 steht inmitten eines attraktiven Parks auf einer Terrasse über dem Nordufer des Flusses.

Eine der großen, in der ganzen Welt bekannten Attraktionen Edmontons ist das gigantische Shopping- und Entertainment-Zentrum **West Edmonton Mall.** 1,1 Milliarden kanadische Dollar haben die drei Bauabschnitte des Konsumtempels gekostet, dessen letzter 1985 fertig gestellt wurde: 800 Geschäfte, über 100 Restaurants, 19 Kinos, eine Eislaufbahn im Stadionformat, ein Spielkasino und eine Kapelle, umgeben von 20 000 Parkplätzen, die zu den 58 Eingängen in die Mall führen. Für Unterhaltung ist reichlich gesorgt. Im **Galaxyland Amusement Park** reizen eine 14 Stockwerke hohe Achterbahn mit dreifachem Looping und eine Kabine, die im freien Fall einige Stockwerke tief herabstürzt, bevor sie gebremst wird, die Nerven. Ein nostalgisch-schönes Karussell mit geschnitzten, bunt bemalten Holzpferden dreht sich zum Klang von Orgelpfeifen; daneben bieten Autoskooter, Schießbude, Kettenkarussell und 20 weitere große und kleine Attraktionen Unterhaltung – für jeden gibt es etwas.

Nur für Mutige: die Riesenrutschen des Hallenbads in der West Edmonton Mall

In den Gängen der Mall sprudelt und spritzt es – Wasserorgeln, die sich im Takt der Musik verändern, und Wassersäulen, die aus einem Bodenloch schießen und zielgenau in einem anderen verschwinden. Etwas weiter zetern Papageien in einer zweistöckigen Voliere, Fische in allen Farben des Regenbogens bevölkern Aquarien, und eine zimmergroße mechanische Installation, in der Kugeln über Xylophone rollen, einen Gong anschlagen und allerlei Hebel betätigen, entpuppt sich als Uhr.

Im **World Waterpark**, mit über 20 000 Quadratmetern Gesamtfläche das größte Hallenbad der Welt, rauschen unter der 17 Stockwerke hohen Glaskuppel anderthalb Meter hohe Wellen durchs Becken, und 22 Rutschen befördern – entweder gemütlich in weiten Bögen oder aus mehr als 20 Metern Höhe im anfangs fast freien Fall – die Badegäste ins nasse Element. In der Lagune gegenüber schwimmt eine Kopie der Kolumbus-Karavelle »Santa Maria«, Delphine führen Kunststücke vor, und unter Wasser drehen Mini-U-Boote ihre Runden in einer Art Unterwasser-Geisterbahn mit echten Fischen und simulierten Gefahren der Tiefe.

Bei so viel Einfallsreichtum kann natürlich auch das Hotel daneben nicht zurückstehen. Im **Fantasyland Hotel** hat der Gast die Wahl zwischen 200 sehr schönen, normal ausgestatteten Zimmern und 125 *theme rooms.* Hier kann man, je nach Geschmack und persönlicher Neigung, sein Haupt in einer Hollywood-Traumsuite, auf der Ladefläche eines Pick-up-Truck, in einem Eisenbahnabteil, im arabischen Gemach, in einer polynesischen Hütte oder einem römischen Palast zur Ruhe betten.

V ROUTENVORSCHLÄGE FÜR WEST-KANADA

Route 1 – Nationalparks der Rocky Mountains:
Calgary – Lake Louise – Yoho N. P. – Jasper – Edmonton/ Prince George/Clearwater (1 064/1 099/1 037 km)

1. Tag – Route: Calgary – Banff – Lake Louise (192 km)

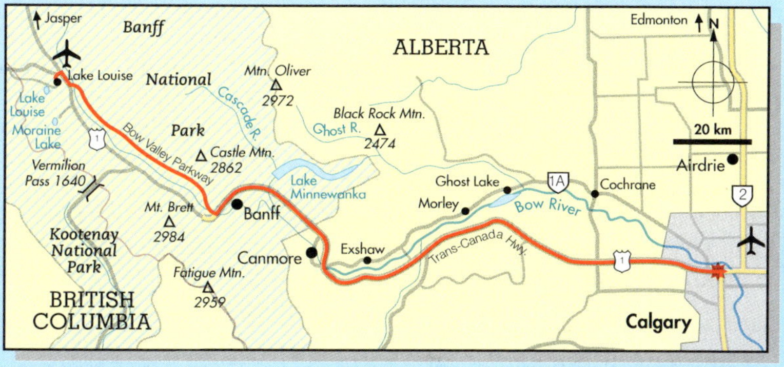

km	Zeit	Route
0	9.00 Uhr	Von **Calgary** auf dem Trans-Canada Hwy. (Hwy. 1 W.) nach
127	10.30 Uhr	**Banff:** Besuch des Banff Information Centre, danach Bummel auf der Banff Ave. zur Bow-River-Brücke, anschließend Besuch im **Luxton Museum**. Nach dem Lunch Besuch im **Cave & Basin National Historic Site**, danach Seilbahnfahrt auf den **Sulphur Mountain** und Baden in den Upper Hot Springs.
Nachmittag*		Zurück zum Trans-Canada Hwy.,
134		abbiegen auf den Bow Valley Pkwy. (Hwy. 1A), auf diesem nach
192		**Lake Louise**.

* Die Fahrt nach Lake Louise sollte spätestens eine Stunde vor Sonnenuntergang gestartet werden. In der Dämmerung steigen die Chancen, Wildtiere zu sehen. Bei Dunkelheit ist der Hwy. 1 dem kurvenreichen Bow Valley Pkwy. vorzuziehen.

Hinweis: Hotels und Campgrounds sind oft schon mittags ausgebucht. Wer also noch keine Campground- oder Hotel-Reservierung in **Lake Louise** hat (oder vor 18 Uhr dort im Hotel einchecken muss), fährt zunächst auf dem Hwy. 1 an Banff vorbei nach Lake Louise. Die Fahrt auf der viel befahrenen, vierspurigen Strecke wartet mit schönen Aussichten auf das Tal des Bow River und auf den Castle Mountain auf. Die zusätzliche Fahrerei ist zwar lästig, dafür muss man aber am nächsten Morgen nicht so früh aufstehen, um rechtzeitig am Lake Louise zu sein; außerdem ist die Auswahl an Restaurants in Banff viel besser als in Lake Louise.

1. Tag – Route: Calgary – Banff – Lake Louise (192 km)

Zusatztage: Das hier empfohlene Programm soll einen ersten Eindruck vermitteln. Wer Banff, Lake Louise und die angrenzenden Nationalparks Yoho und Kootenay näher kennen lernen will, sollte mindestens 4 Tage (ohne Spielraum für Schlechtwettertage) einplanen. – Zusätzliche empfehlenswerte Unternehmungen sind in **Banff:** Seilbahnfahrt auf den Mt. Norquay, Fahrt auf dem Tunnel Mountain Drive, Besuch der Bow River Falls und der Tunnel Mountain Hoodoos, Bootsfahrt auf dem Lake Minnewanka, Bergwanderung zum Cascade-Amphitheater. **Lake Louise:** Wanderungen auf dem Consolation Lakes Trail, dem Little Beehive Trail und zur Plain of Six Glaciers, Seilbahnfahrt auf den Mount Whitehorn. **Yoho National Park:** Geführte Wanderung mit Rangern zu den Fossilienfunden des Burgess Shale am Mt. Field oder den Trilobiten-Fundstellen am Mt. Stephen (nur mit Reservierung ✆ 250-343-6783).

1. Tag – Informationen: Banff

Nationalpark-Informationen unter www.pc.gc.ca

Kommerzielle **Banff-Homepage** mit Suchmaschine, Liste der Sehenswürdigkeiten, Restaurantliste, Hoteladressen mit Online-Zimmersuche, auch für Lake Louise: www.discoverbanff.com

Banff Information Centre
224 Banff Ave. & Wolf St.
Banff, Alta. T1L 1K2
✆ (403) 762-1550, Fax (403) 762-1551
Mitte Juni–Aug. 8–20, Mitte Mai–Mitte Juni und Sept. 8–18, sonst 9–17 Uhr
Gemeinsames Auskunftsbüro von Stadt und Nationalpark. Infos über Wanderungen, Veranstaltungen der Park Ranger, Unterkunft, freie Campgrounds.

Wichtig: Im Sommer empfiehlt es sich, so früh wie möglich in Banff oder Lake Louise ein Hotel zu reservieren.

Rimrock Resort Hotel
Mountain Ave., Banff, Alta. T1L 1J2
✆ (403) 762-3356 oder 1-888-746-7025
Fax (403) 762-4132
www.rimrockresort.com
Wunderschönes, terrassenförmig an den Berghang gebautes Luxushotel mit schöner Aussicht. Das **Ristorante Classico** bietet hervorragende norditalienische Küche ($$$). $$$$

Banff Caribou Lodge
521 Banff Ave.
Banff, Alta. T0L 0C0
✆ (403) 762-5887 oder 1-800-563-8764
www.bestofbanff.com/bcl/
Hotel mit allem Komfort; empfehlenswertes Steak-Restaurant. $$$–$$$$

Buffalo Mountain Lodge
Tunnel Mountain Rd.
Banff, Alta. T1L 1B3
✆ (403) 410-7417 oder 1-800-661-1367
Fax (403) 410-7406
http://buffalomountainlodge.com
Komfortables Bungalowhotel. Das angeschlossene Restaurant gehört zur Spitzenklasse in Banff. $$$–$$$$

Banff Park Lodge
222 Lynx St., Banff, Alta. T1L 1K5
✆ (403) 762-4433 oder 1-800-661-9266
www.banffparklodge.com
Vier-Sterne-Hotel mit Schwimmbad, Sauna, Whirlpool. Ruhig gelegen, zwei Blocks von Downtown entfernt. $$$$

Banff Transit Bus
Zwischen dem Trailer/RV Parking Lot am Nordostende der Banff Ave. und dem Banff Springs Hotel sowie den Campingplätzen an der Tunnel Mountain Rd. und dem Luxton Museum verkehren in Abständen von 1/2 Std. die Busse von Banff Transit. Abfahrt am Stadtrand zur vollen und zur halben Stunde, im Zentrum um 15 Min. vor und 15 Min. nach der vollen Stunde.

Sulphur Mountain Gondola
Mountain Ave., Banff, Alta. T1L 1B2
✆ (403) 762-2523
www.banffgondola.com
In Betrieb 26. Dez.–21. Nov. (wetterabhängig) Sommer 7.30–21, Winter 8.30–16.30 Uhr, Fahrpreis $ 21.50/10.75
Seilbahn auf den Sulphur Mountain (2 281 m). Sehenswertes Panorama der Rockies. Aussicht auf Banff und das Bow-River-Tal; Bergstation mit Restaurant.

Luxton Museum of the Plains Indian
1 Birch Ave. (hinter der Bow-River-Brücke scharf rechts abbiegen)
✆ (403) 762-2388
Tägl. 15. Mai–15. Okt. 9–21, sonst 10–17 Uhr, 31. Nov.–März geschl., Eintritt $ 6
Ausstellung zu Leben und Kultur der Indianer in der nördlichen Prärie und in den Rocky Mountains. Im Museumshop gibt es schöne und authentische indianische Handarbeiten.

Whyte Museum of the Canadian Rockies
111 Bear St., Banff, Alta. T1L 1A3
✆ (403) 762-2291, www.whyte.org
Tägl. 10–17 Uhr, Eintritt $ 7
Ausstellung von Werken einheimischer Künstler.

Evelyn's Coffee Bar
201 Banff Ave., Banff, Alta. T0L 0C0
✆ (403) 762-0352
Gute selbstgebackene Muffins und leichte Lunchgerichte. $

The Paris's Restaurant
114 Banff Ave., Banff, Alta. T0L 0C0
✆ (403) 762-3554, tägl. 11–23 Uhr
Im Sommer Lunch im Straßencafé. $$

Melissa's
218 Lynx St., Banff, Alta. T0L 0C0
✆ (403) 762-5511, tägl. 7–22 Uhr
Unkompliziertes Familienrestaurant in einem alten Blockhaus. $–$$

Joshua's Restaurant & Pub
204 Caribou & Bear Sts.
✆ (403) 762-2833
Ungezwungener Lunch im Pub. $–$$

Cave & Basin National Historic Site
Am Ende der Cave Ave. (über die Bow-River-Brücke, dann rechts der Cave Ave. folgen)
✆ (403) 762-1566, Fax (403) 762-1565
www.pc.gc.ca
Mitte Juni–Mitte Sept. tägl. 9–18, sonst Mo–Fr 11–16, Sa/So 9.30–17 Uhr, Eintritt $ 4/3.50
Die Höhle mit einer heißen Quelle war der Nukleus des Banff National Park. Im Centennial Centre informiert eine Ausstellung über die Entwicklungsgeschichte des Parks und seine Geologie, draußen führt der 400 m lange Discovery Trail zu einer heißen Quelle.

Upper Hot Springs Pool
Am Ende der Mountain Ave. (hinter der Bow-River-Brücke links)
✆ (403) 762-1515
www.canadiansrockies.net/hotpools/html
Mitte Juni–Mitte Sept. 9–23, sonst 10–22 Uhr, Eintritt $ 7.50/6.50
Thermalfreibad mit 40 °C Wassertemperatur, auch Anwendungen.

Bow Valley Parkway
Ruhige Straße mit vielen Aussichtspunkten. Alternative zum Hwy. 1 zwischen Banff und Lake Louise. Hier kann man häufig Hirsche, Rehe, Bighorn-Schafe und Kojoten beobachten.

Bumpers, The Beef House
603 Banff Ave., Banff, Alta. T0L 0C0
✆ (403) 762-3386, tägl. 16.30–22 Uhr
Prime Ribs, Steaks, Lachs. Beliebt bei den Einheimischen, zwanglose Atmosphäre. $$

Coyote's Grill
206 Caribou St., Banff, ✆ (403) 762-3963
Ausgezeichnete Südwesten-Küche, frischer Fisch und gute Pasta. $–$$

Lake Louise Information Centre
Village Rd., neben der Samson Mall
Lake Louise, Alta. T0L 1E0
✆ (403) 522-3833, Fax (403) 522-1212
Mitte Juni–Anfang Sept. 9–19, Mitte Mai–Mitte Juni und Sept. 9–17, im Winter 9–16 Uhr
Infozentrum mit eindrucksvoller Ausstellung zur Geologie der Rocky Mountains.

The Post Hotel
Village Rd.
Lake Louise, Alta. T0L 1E0
✆ (403) 522-3989 oder 1-800-661-1586
Fax (403) 522-3966, www.posthotel.com
Sehr schönes, elegantes Hotel im Dorf. Eine der besten Adressen in West-Kanada, mit Hallenbad und gepflegtem Restaurant, dem **Post Hotel Dining Room**, einem der besten Restaurants in den Rockies ($$$). $$$$

Lake Louise Inn
210 Village Rd.
Lake Louise, Alta. T0L 1E0
✆ (403) 522-3791, Fax (403) 522-2018
www.lakelouiseinn.com
Hotelzimmer und Apartments mit Küche; Hallenbad, Whirlpool, Sauna. $$$$

Deer Lodge
Lake Louise Dr.
Lake Louise, Alta. T0L 1E0
✆ (403) 522-3747, Fax (403) 522-3883
Um eine historische Blockhaus-Lodge herumgebautes Hotel. Nur 3 Minuten Fußweg vom See entfernt. Mit Whirlpool im Freien und Sauna; sehr empfehlenswert! $$$–$$$$

Baker Creek Chalets & Guest Lodge
Außerhalb von Lake Louise am Bow Valley Pkwy.
✆ (403) 522-3761, Fax (403) 522-2270
www.bakercreek.com
Ruhig gelegen. $$$–$$$$

In einem Blockhaus gleich neben der Baker Creek Lodge ist das beliebte **Baker Creek Bistro**, ✆ (403) 522-2182, untergebracht.

Moraine Lake Lodge and Cabins
Am Moraine Lake
✆ (403) 522-3733, Fax (403) 522-3719
www.morainelake.com
Die vom Star-Architekten Arthur Erickson entworfene Lodge am Seeufer ist eine angenehme, aber teure Alternative zu den Hotels im Tal. $$$$

Banff: Die Parkverwaltung unterhält mehrere große Campgrounds an der Tunnel Mountain Rd. Falls diese belegt sind, nennt das Banff Information Centre Ausweichplätze. – **Lake Louise:** Ein großer Campground befindet sich am Südrand von Lake Louise Village (Zufahrt über die Fairview Rd. Auch hier nennt das Information Centre im Ort oder der Ranger am Eingang des Campgrounds Ausweichplätze. – **Marble Canyon Campground** (am Hwy. 93 S., 12 km westl. des Hwy. 1 und 35 km von Banff entfernt) ist weniger bekannt und hat auch in der Hochsaison häufig noch freie Plätze.

Lake Louise Station
200 Sentinel Rd., Lake Louise Village
✆ (403) 522-2600
Zwei Restaurants in einem: im Bahnhof (11.30–24 Uhr, $–$$) gibt es Pizza, Hamburger usw. und im antiken Speisewagen (18–21 Uhr, $$–$$$) werden Lachs, Forelle, Huhn usw. in gepflegter Umgebung serviert.

2. Tag – Route: Lake Louise und Yoho National Park (140 km)

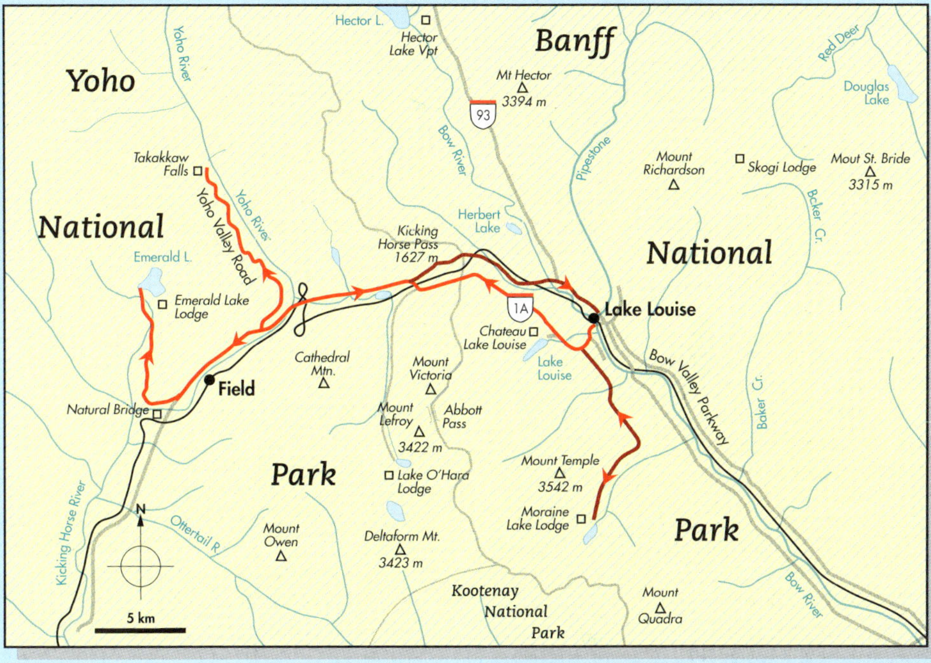

Vormittag — Spaziergang zum Lake Louise, danach Frühstück im Dorf. (Fotofreaks fahren schon vor dem Frühstück gegen 6 Uhr zum Sonnenaufgang zum Moraine Lake und dann zum Lake Louise.) Auf der Moraine Lake Rd. zum **Moraine Lake** – kurzer Spaziergang auf dem **Moraine Lake Rockpile Trail** (0,8 km) zum Aussichtspunkt mit Panoramablick und/oder Wanderung auf dem **Moraine Lakeshore Trail** (3 km). Zurück nach Lake Louise Village und auf dem Hwy. 1 W. über den **Kicking Horse Pass** nach Field im **Yoho National Park**. 2,6 km hinter Field rechts ab (Wegweiser) und auf einer Seitenstraße zur Natural Bridge (nach 1,5 km) und weiter zum

Nachmittag — **Emerald Lake**. Lunch und Spaziergang um den See (5,5 km). Auf dem Rückweg nach **Lake Louise Village** Abstecher vom Hwy. 1 auf der Yoho Valley Road zum **Takakkaw-Wasserfall.**

Abstecher/Extratouren: – Vom **Moraine Lake** aus ist eine schöne Halbtages-Wanderung zum Eiffel Lake möglich (ca. 5 Std. hin und zurück). – Vom **Emerald Lake** aus kann man weiter zum bergumrahmten, einsamen Emerald Basin wandern (9 km hin und zurück). Wer nicht wandern möchte, kann am Emerald Lake ein Kanu mieten. – Im **Yoho National Park** werden ganztägige Führungen zu den Burgess-Shale-Fundstätten angeboten. Anstrengend, aber für Fossilienfreunde sehr lohnend. (s. 1. Tag) – Einen **Ausritt** rund um den Lake Louise mit Barbecue bietet Brewster Cowboy's BBQ Barn an (✆ 403-762-5454, www.brewsteradventures.com).

2. Tag – Informationen: Lake Louise, Yoho National Park

Laggan's Mountain Bakery
Samson Mall, Lake Louise Village
Beliebtes Frühstückscafé ab 6 Uhr, Sandwiches fürs Picknick. $–$$

Lake Louise und Moraine Lake
Bergseen mit Postkartenpanorama. Hinweis für Fotografen: Wegen der Hauptblickrichtung nach Westen bestes Fotolicht am Vormittag. Am Moraine Lake scheint die Sonne sehr früh am Morgen (ca. 1 Std. nach Sonnenaufgang) durch eine Berglücke auf den See, verschwindet dann hinter den Bergen und taucht erst bei relativ hohem Sonnenstand wieder auf.

Der Moraine Lake steht dem Lake Louise an landschaftlicher Schönheit in nichts nach. Bester Blick vom Ende des kurzen Moraine Lake Rockpile Trail (hin und zurück 800 m).

Männchen machen für die Besucher: Streifenhörnchen im Nationalpark

Yoho National Park Visitor Centre
Am Hwy. 1
Field, B.C. V0A 1G0
✆ (250) 343-6783, Fax (250) 343-6012
www.pc.gc.ca
Mai/Juni und Sept. 9–17, Juli/Aug. 9–19, sonst 9–16 Uhr
Displays und Videos zum Park und den Fossilienfunden im Burgess Shale.

Emerald Lake
Ein türkisgrüner Panoramasee in einem bergumkränzten, ruhigen Tal. Ein empfehlenswerter, 5,5 km langer Wanderweg führt am Ufer entlang. Abseits von Lodge und Lunch-Restaurant trifft man Stachelschweine und Elche.

Yoho Valley Road
Die Seitenstraße führt, an mehreren Aussichtspunkten und dem Zusammenfluss von Kicking Horse und Yoho River vorbei, 13 km weit in die bemerkenswerte Landschaft des Yoho-River-Tals. Am Ende der Straße befindet sich der 254 m hohe Takakkaw-Wasserfall.

Lake O'Hara Lodge
Im Yoho National Park, P.O. Box 55
Lake Louise, Alta. T0L 1E0
✆ (250) 343-6418, www.lakeohara.com
Der Tipp für erholsame Zusatztage und als Ausgangspunkt für Bergwanderungen. Blockhäuser direkt am See. Sehr schön und sehr teuer. $$$$

Nationalparks der Rocky Mountains

1–2

Gipfel, Seen und heiße Quellen

1. Tag: Nach Banff in den Rocky Mountains

Die spektakuläre Landschaft der Nationalparks beiderseits des Hauptkamms der Rocky Mountains ist die wohl bekannteste Attraktion West-Kanadas. Mit über 22 000 Quadratkilometern Fläche gehören sie zu den größten Hochgebirgsparks der Welt. Die Rocky Mountains reichen vom Yukon Territory bis nach New Mexico und sind doch nur Teil einer viel größeren Bergkette, die den amerikanischen Kontinent wie ein massives Rückgrat von Alaska bis Mexiko durchzieht. Entstanden sind die Rockies vor 120 bis 45 Millionen Jahren durch die Kollision der pazifischen und der nordamerikanischen Kontinentalplatte. Als Folge der Aufwölbung der amerikanischen Platte brachen große Schollen davon ab, die sich schräg stellten und die für die Rocky Mountains typischen parallel verlaufenden Bergketten formten. Dabei traten einige der ältesten Gesteinsschichten überhaupt zutage. Im Bereich des Water-

Der Trans-Canada Highway bei Banff

Die Banff Avenue ist die Flaniermeile von …

ton Lakes National Park zum Beispiel findet sich 1,6 Milliarden Jahre altes Gestein. Während der großen Eiszeiten hobelten die Gletscher die U-förmigen Täler aus und hinterließen bei ihrem Rückzug die gerundeten Moränenhügel. Flüsse gruben später die V-förmigen Täler. Spärliche Überreste der Vergletscherung aus der letzten Eiszeit, darunter das Columbia Icefield zwischen Banff und Jasper, sind heute der Ursprung der großen Flüsse des Westens: Fraser und Columbia River, Peace, Athabasca und Saskatchewan River.

Die ersten Spuren menschlicher Besiedlung führen etwa 11 000 Jahre zurück in die prähistorische Geschichte der kanadischen Rockies; die ersten vereinzelten Europäer durchquerten die Berge zu Anfang des 19. Jahrhunderts. Am 8. November 1883, während des Baus der ersten transkontinentalen Eisenbahn, beschlossen drei Arbeiter, in der Umgebung der Station »Siding 29« nach Bodenschätzen zu suchen. Sie fanden am heutigen Sulphur Mountain nahe Banff eine heiße Quelle und eine Höhle mit einem Heißwasserteich. Den Wert des Fundes erkannten sie schnell, zäunten das Gebiet ein und versuchten ihren *claim* registrieren zu lassen. Aber auch andere hatten das Potential erahnt, und es kam zu einem heftigen Streit um die Besitzrechte. Auf den nicht ganz uneigennützigen Vorschlag der Eisenbahndirektoren wurde 1885 ein 26 Quadratkilometer großes Gebiet zur »Hot Springs Reserve« erklärt – später der erste kanadische Nationalpark – mit speziellen Nutzungsrechten für die Eisenbahngesellschaft, versteht sich. Die Entdecker erhielten 675 Dollar Entschädigung und die Heuernte der Wiesen im Tal für drei Jahre als Zugabe. Zwei Jahre später umfasste der Rocky Mountains National Park schon das ganze Tal, und seit 1964 ist der 1930 umbenannte Banff National Park – Teil eines zusammenhängenden Gebietes von vier Nationalparks mit über

… Banff im Tal des Bow River

20 000 Quadratkilometern Fläche – 6 641 Quadratkilometer groß.

Die Förderung des Tourismus war schon zur Zeit der Gründung des Nationalparks ein Hauptanliegen der Eisenbahnbosse. Die Idee war einfach: Man baute entlang der Bahnlinie einfach eine Reihe schlossähnlicher Hotels in die Wildnis, um das Geschäft der nicht ausgelasteten Eisenbahnlinie zu beleben. »Da wir die Landschaft nicht exportieren können, werden wir die Touristen importieren müssen«, sagte Eisenbahndirektor William Cornelius van Horne. Als er 1887 die Baustelle in Banff besuchte, entdeckte er zu seinem Entsetzen, dass die Küchenfenster einen wunderbaren Blick ins Tal freigaben, während die Gäste aus ihren Zimmern auf einen bewaldeten Berghang schauen sollten. Nach hastigen Modifikationen öffnete dann am 1. Juni 1888 das **Banff Springs Hotel**, mit 250 Zimmern damals eines der größten Hotels der Welt, seine Tore. Und die Gäste strömten herbei: Bereits im ersten Jahr zählte man 5 000 Besucher. Zu Beginn war das Wasser der heißen Quellen, das mittels einer zwei Kilometer langen Leitung zum Hotel transportiert wurde, die Hauptattraktion. Bald aber kamen die ersten Bergwanderer, und um die Jahrhundertwende holte man Bergführer aus der Schweiz nach Banff, die die Touren auf die Gipfel sicherer und einfacher machen sollten – Banff und Lake Louise wurden zum Mekka des Bergtourismus.

Im Lauf seiner Geschichte wurde das Hotel mehrfach vergrößert, renoviert und luxuriöser ausgestattet. Ein Golfplatz entstand (6 729 Yards, Par 71), der heute noch zu den zehn landschaftlich schönsten Plätzen der Welt zählt. Früher kamen viele betuchte Leute hierher, heute haben allerdings Pauschaltouristen aus aller Herren Länder die Filmstars, Staatsoberhäupter und Jet-Setter abgelöst.

Banff, das malerisch im Tal des Bow River liegt, ist das Zentrum des Banff National Park und Kanadas populärstes Urlaubsziel. Über vier Millionen Besucher lassen die Einwohnerzahl der Stadt jedes Jahr während der Saison von 6 000 auf bis zu 35 000 anschwellen. Dann gibt es auf der Flaniermeile dichtes Gedränge, und der Verkehr quält sich Stoßstange an Stoßstange im Schrittempo die Banff Avenue hinunter. Wer auf einem der Parkplätze in den Nebenstraßen parkt und die Stadt zu Fuß oder mit dem Banff Transit Bus erforscht, ist damit gut beraten. Die meisten Geschäfte, Restaurants und Cafés drängen sich an der Banff Avenue und in deren unmittelbarer Nähe an Bear, Wolf und Cariboo Street. Hier gibt es einfach alles: vom »röhrenden Hirsch« über exklusive Mode und Schmuck bis zur Ausrüstung für Wanderer und Bergsteiger, vom Fastfood-Schuppen über das Straßencafé bis zum Sushi-Restaurant mit Speisekarten in japanischen Schriftzeichen.

Die Vorliebe Japans für Banff ist nicht zu übersehen, die japanischen Wimpel, Preisschilder und japanischen Verkäuferinnen in den Geschäften sprechen eine deutliche Sprache. Nicht wenige der Einheimischen murren, mehr als die Hälfte der Stadt sei bereits in japanischem Besitz.

Der internationale Trubel des Städtchens täuscht, denn gleich hinter den überfüllten Parkplätzen, den Busgruppen an den Aussichtspunkten und ein paar hundert Meter von den Souvenirshops entfernt, führen einsame Pfade in die Berge, bauen Biber ihre Dämme und weiden Hirsche und Bighorn-Schafe auf den Wiesen. Banff ist ein winziges urbanes Fleckchen im Naturreservat des Nationalparks. Wer mit der Seilbahn auf den **Sulphur Mountain** hinauffährt, kann vom kurzen Vista Trail hinabblicken auf die Stadt im flachen Tal des Bow River, zu den Ausläufern des Lake Minnewanka und über das Tal hinweg auf Mount Norquay und Cascade Mountain. Auch von der Brücke über den blaugrünen Bow River, am Ende der Banff Avenue, ist die Kulisse beeindruckend: Im Norden dominiert der Cascade Mountain die Stadt, im Süden ragen die Felswände von Sulphur und Rundle Mountain auf, und im Osten und im Westen blickt man durch das ebene Flusstal auf die Bergketten der Umgebung.

Direkt neben der Brücke steht am Ufer die Palisadenwand des **Luxton Museum of the Plains Indian**. Das Gebäude und seine Sammlung sind dem Abenteurer, Zeitungsverleger und Tourismuspromoter Norman Luxton zu verdanken. Luxton war ein Freund der Stoney-Indianer von Morley und Nordegg. Durch seine Heirat mit einer Indianerin und sein Interesse an der Kultur der Indianer hatte er den Respekt und das volle Vertrauen der Stoneys erworben. Das Museum präsentiert Exponate, die Luxton in einem Zeitraum von 60 Jahren zusammengetragen hat: Kleidung, Schmuck, Waffen und Gegenstände des täglichen

Badevergnügen: der Pool der Upper Hot Springs

Lebens der Indianer. Eine interessante Alternative ist das **Whyte Museum of the Canadian Rockies** in der Bear Street. Das umfangreiche Archiv verwahrt Dokumente, Fotos und die Aufzeichnungen mündlicher Überlieferungen von Pionieren und Outfitters aus den frühen Jahren des Parks. Das Museum veranstaltet zudem Vorträge und Lesungen, und eine Galerie zeigt Werke örtlicher und kanadischer Künstler zum Thema Rocky Mountains.

Ein Besuch im **Cave & Basin National Historic Site** darf natürlich nicht fehlen. Im restaurierten Badehaus von 1914 erzählt eine Diashow die Geschichte der Entdeckung der heißen Quellen, wie das Wasser erhitzt wird und welche Auswirkungen es auf die regionale Flora hat. Ein kurzer Tunnel führt in die Höhle mit dem Heißwasserteich, in dem die Entdecker ihr erstes Bad nahmen. Ein Foto, einmal mit der Hand die Wassertemperatur testen – mehr ist nicht erlaubt. Schadet aber auch nichts, denn zum Baden ist das viel wärmere Wasser im Pool der **Upper Hot Springs** ohnehin besser geeignet. Bademuffel können derweil beim *high tea* im **Banff Springs Hotel** entspannen.

An der Ostseite des Bow River führt der **Bow Valley Parkway** als beschauliche Alternative zum verkehrsreichen Highway 1 durch Wälder und Wiesen nach Lake Louise. Die ursprüngliche Verbindungsstraße von Banff nach Lake Louise wurde erst Ende der 50er Jahre des 20. Jahrhunderts vom neuen Trans-Canada Highway auf der anderen Talseite als Hauptverkehrsader abgelöst. Der Parkway vermittelt einen besseren Eindruck von der Landschaft und den Bergen der kontinentalen Wasserscheide als der Highway 1; allerdings hat man vom Highway 1 die bessere Aussicht auf die Felsformationen des Castle Mountain und den Bow River.

Am Bow Valley Parkway hingegen ist die Wahrscheinlichkeit, Hirsche, Rehe und Kojoten von der Straße aus zu

Welcher ist schöner? Moraine Lake oder …

sehen, relativ hoch – ab und zu auch Wölfe. Entlang der Straße folgen zahlreiche Aussichtspunkte sowie lehrpfadartige Schilder, die Geologie, Flora und Fauna des Nationalparks erläutern. Empfehlenswert sind ein Stopp am **Johnston Canyon** und eine Wanderung im Canyon zu den einen bzw. zweieinhalb Kilometer entfernten Wasserfällen.

2. Tag: Zu Seen und Wasserfällen

Im blaugrün schimmernden Wasser des **Lake Louise** spiegeln sich dunkle Wälder und die in den ersten Strahlen der aufgehenden Sonne rosa glühenden Firnfelder des Mount Victoria. Eine Handvoll Fotografen versuchen die Stimmung einzufangen, ein Grüppchen unentwegter Frühaufsteher unterhält sich im Flüsterton – die Szenerie strahlt Ruhe und Frieden aus, während das Tageslicht langsam die Schatten aus dem Talkessel vertreibt. So früh am Morgen ist am See die Welt noch in Ordnung. »Juwel der Rockies, schönster See der westlichen Hemisphäre, Perle der Nationalparks« – an euphorischen Superlativen ist kein Mangel, wenn vom Lake Louise die Rede ist. Mit Sicherheit ist er der meistbesuchte und meistfotografierte See in den

… Lake Louise

Rockies. Wer je zur Hauptreisezeit zu Füßen des Château Lake Louise, einer 1 000-Betten-Trutzburg, am Seeufer stand, wird die sagenhafte Zahl von einer Million Besuchern pro Jahr nicht anzweifeln. Bei so viel Betrieb ist die Versuchung groß, sich mit einem Blick und ein paar Fotos zu begnügen und mehr oder weniger hastig das Weite zu suchen.

Auf keinen Fall sollte man aber den Abstecher zum wunderschönen und nicht so überlaufenen **Moraine Lake** im »Tal der zehn Gipfel« (Valley of Ten Peaks) am Ende der Moraine Lake Road versäumen. »No scene has given me an equal impression of inspiring solitude and rugged grandeur«, schrieb Walter Wilcox, als er 1899 als erster Europäer

den See besuchte. Das spektakuläre Panorama der schroffen Wenkchema Peaks *(wenkchema* bedeutet »zehn« in der Sprache der Stoney-Indianer) über dem milchig-türkisfarbenen Gletschersee ist am schönsten vom Ende des kurzen **Moraine Lake Rockpile Trail** aus zu sehen. Er führt hinauf zu den Überresten eines Bergsturzes, der als natürlicher Staudamm den Talkessel verschließt. Seinen Namen erhielt der See, weil die ersten Besucher diesen Bergsturz für eine Endmoräne hielten. Alternativ kann man auch den Moraine Lakeshore Trail entlangwandern.

Wer auch nur einen zusätzlichen Tag erübrigen kann, dem sei eine Wanderung in die umliegenden Berge geraten; nur dem Wanderer erschließt sich die ganze Schönheit der Gegend. Besonders empfehlenswert sind zwei der vielen Möglichkeiten: Der **Lake Agnes/Beehive Trail** beginnt westlich des Château Lake Louise und führt zunächst in ein Hochtal 365 Meter über dem See. Unterwegs blickt man ins Tal des Bow River, auf den Highway 1 und den Lake Louise. Das Teehaus am Lake Agnes serviert außer Tee auch einfachen Lunch. Selbst die zusätzlichen 140 Höhenmeter vom Lake Agnes zum **Little Beehive** lohnen sich: Am Steilabfall des Little Beehive, rechts vor dem offiziellen *viewpoint*, ergibt sich ein imposanter Ausblick auf Lake Louise, Mirror Lake und Lake Agnes mit dem **Bridalveil-Wasserfall** zu Füßen einer

Gruppe von Dreitausendern (Zeitbedarf etwa fünf Stunden). Der zweite interessante Wanderweg, der **Plain of Six Glaciers Trail**, beginnt am Ende des Lake Louise Lakeshore Trail, am westlichen Ufer des Sees. Vom Trail aus genießt man einen schönen Blick auf Lake Louise, auf eine eindrucksvolle, raue Hochgebirgslandschaft und den Victoria-Gletscher. Ein Teehaus offeriert nach 360 Höhenmetern Lunch und Getränke. Der Trail endet nach 405 Höhenmetern an einem *viewpoint* mit Aussicht auf den **Abbott-Pass** und die *death trap*, eine riesige, vergletscherte Schlucht zwischen Mount Victoria und Mount Lefroy (Zeitbedarf etwa sechs Stunden).

Weiter geht es nun über Lake Louise Village in den **Yoho National Park** auf der Westseite des Hauptkamms der Rocky Mountains, der kleiner, kompakter und weniger überlaufen ist als sein großer Bruder Banff, diesem aber an Szenerie und Vielfalt in nichts nachsteht. *Yoho* ist einer der wenigen indianischen Namen, die sich durchgesetzt haben. Er stammt aus der Sprache der Cree und bedeutet soviel wie herrlich oder wunderbar.

Von **Lake Louise** klettern der Trans-Canada Highway und die Eisenbahn aus dem Bow River Valley nach Westen hinauf zum **Kicking Horse Pass** – der kontinentalen Wasserscheide. Seinen Namen erhielt der Pass, weil Dr. James Hector, Arzt und Geologe der Palliser-Expedition, hier ein Packpferd aus dem Fluss retten wollte und dafür von dem Biest mit einen Tritt in die Brust bewusstlos geschlagen wurde. Seine Begleiter hielten ihn für tot und wollten ihn gerade begraben, als er zu ihrem (und seinem) Erstaunen plötzlich wieder zum Leben erwachte. Was aus dem Pferd wurde, ist nicht überliefert, aber Hector überquerte mit seinen Männern den Pass und kehrte in die Prärie zurück.

Für die Eisenbahn war die Strecke über den Pass problematisch. 400 Meter Höhenunterschied auf wenigen Kilometern mussten mit der Trasse am Westhang der Berge bewältigt werden; bergauf wurden vier zusätzliche Loks gebraucht, um die Züge auf die Passhöhe zu schaffen, und bergab kam es immer wieder zu Unfällen von Zügen, die auf der steilen Strecke außer Kontrolle gerieten, weil ihre Bremsen versagten. Abhilfe brachten erst die viele Jahre später in den Berg gesprengten Spiraltunnel. Von einem Aussichtspunkt am Highway kann man beobachten, wie die Züge von Field kommend in den ersten knapp 900 Meter langen Tunnel einfahren. Bei langen Zügen tauchen oben am Mount Ogden die Loks schon wieder aus dem Tunnel auf, während unten noch die letzten Waggons auf das Tunnelloch zurumpeln.

Unten im Tal bietet das Visitor Centre des Mini-Ortes **Field** neben den üblichen Informationen eine kleine Ausstellung von Fossilien aus dem Burgess Shale, einer Gesteinsschicht aus dem Kambrium, die bemerkenswert gut erhaltene, 530 Millionen Jahre alte Fossilien zeigt. (Zum Vergleich: Die Dinosaurier verschwanden vor »nur« 66 Millionen Jahren von der Erde.) Die Fossilienfundstätten liegen hoch oben über dem Dorf am Mount Field und sind nur unter Aufsicht von Nationalpark-Rangers auf einer anstrengenden Ganztagestour zugänglich.

Knapp drei Kilometer westlich von Field zweigt die Emerald Lake Road ab zur **Natural Bridge**, wo sich der Kicking Horse River tosend durch einen selbst gegrabenen Durchlass unter einer querliegenden Felsbank zwängt. Die Straße endet am bilderbuchschönen **Emerald Lake**, der seine intensiv türkisgrüne Farbe dem vom Schmelzwasser der umliegenden Gletscher herbeigetragenen

Malerisch: Emerald Lake im Yoho National Park

Gesteinsmehl verdankt. Die im Wasser schwebenden mikroskopisch kleinen Gesteinspartikel reflektieren bevorzugt den blaugrünen Teil des Tageslichts.

Rund um den See führt, immer am Ufer entlang, ein sehr empfehlenswerter, 5,5 Kilometer langer Spazierweg. Auch wenn sich am Parkplatz und auf der Brücke über den äußersten Zipfel des Sees hinüber zur Lodge an schönen Tagen die Besucher tummeln: Hundert Schritte weiter herrscht Ruhe und Frieden auf dem Trail. Immer wieder geben Schneisen im Wald den Blick frei auf den See, in dem sich wie gemalt die Gipfel der umgebenden Berge spiegeln.

Auf dem Rückweg nach Lake Louise Village steht etwa sechs Kilometer hinter Field noch ein Abstecher auf dem Programm. In Serpentinen windet sich die Yoho Valley Road an der Flanke des Mount Field hinauf zum Tal des Yoho River. Sie endet am Parkplatz gegenüber dem **Takakkaw-Wasserfall**. Hier schießt das Schmelzwasser des Daly-Gletscher über die Kante der Talwand und fällt spektakuläre 254 Meter in die Tiefe. An schönen Juli- oder Augustnachmittagen, wenn die Sonne den Gletscher so richtig zum Schmelzen bringt, erreicht auch der Wasserfall sein Maximum, und in der mächtigen Gischtwolke zu seinen Füßen leuchtet ein Regenbogen, während die Wanderer mit einem steten Nieselregen durchfeuchtet werden. Wer sich dann nicht mit einem Blick aus sicherer Entfernung begnügt und näher ran will an das donnernde Wasser, tut gut daran, einen Regenmantel überzuziehen.

Am Parkplatz in der Nähe des Wasserfalls ist der Weg für Autofahrer zu Ende – für die Wanderer, die von hier zu ein- und mehrtägigen Touren in die großartige Landschaft des hinteren Tals aufbrechen, beginnt er dagegen erst. Wer Zeit hat, kann hier wunderschöne Touren ins Hinterland unternehmen. Aber auch auf die Autofahrer warten morgen wieder landschaftliche Höhepunkte.

3. Tag – Route: Lake Louise – Icefields Parkway – Jasper (235 km)

km	Zeit	Route
0	9.00 Uhr	Von **Lake Louise Village** auf den Hwy. 1 W., dann rechts in den
3		**Icefields Parkway** (Hwy. 93). Auf diesem nach Norden zum
35		**Bow Lake Viewpoint**. Auf der Passhöhe des Bow Summit die 500 m lange Stichstraße links zum Parkplatz des **Peyto Lake Overlook**, Spaziergang zum Aussichtspunkt, weiter zum
72		**Mistaya River Canyon**, kurzer Spaziergang (600 m) in den Canyon, weiter zum
76		**Howse Valley Viewpoint**. Entlang dem Icefields Parkway erreicht man den
100		**North Saskatchewan Valley Viewpoint** und kurz darauf den

◁ *Der Takakkaw-Wasserfall im Yoho Valley ist einer der höchsten des Kontinents*

3. Tag – Route: Lake Louise – Icefields Parkway – Jasper (235 km)

km	Zeit	Route
106		**Weeping Wall Viewpoint**. Über den Sunwapta Pass (2 035 m) läuft man zum
116		Panther Ridge Trail und dem sehenswerten
127	13.00 Uhr	**Columbia Icefields Interpretive Centre**.
134		**Tangle-Creek-Wasserfall** neben der Straße.
176		Abzweigung zu den Sunwapta Falls (600 m zum Wasserfall).
180		**Athabasca Valley Viewpoint.**
199		Links abzweigen in den Hwy. 93A und Besuch der **Athabasca Falls**. Auf dem Hwy. 93A weiter nach
235	18.00 Uhr	**Jasper**.

Zusatztage: Das hier empfohlene Programm soll lediglich eine erste Impression vermitteln. Wer **Jasper** und den **Icefields Parkway** besser kennen lernen will, sollte mindestens einen zusätzlichen Tag einplanen. Empfehlenswerte Unternehmungen auf dem Icefields Parkway sind: **Athabasca Glacier Icewalk** (eine etwa 4-stündige Führung auf dem Gletscher mit einem Park Ranger). – Eine Wanderung auf dem **Parker Ridge Trail** zum Aussichtspunkt auf den Saskatchewan-Gletscher.

3. Tag – Informationen

Icefields Parkway
Panoramastraße von Lake Louise nach Jasper. Die Straße verläuft parallel zum Hauptkamm der Rocky Mountains und überquert zwei Pässe: Bow Pass und Sunwapta Pass.

Columbia Icefields Interpretive Centre
Am Icefields Parkway im Jasper National Park
✆ (780) 852-6288, Fax (780) 862-6287
1. Mai–15. Okt. tägl. 9–18 Uhr
Informationszentrum mit Reliefkarte des Gletschergebietes, Diashow und Tipps für Wanderer; die Columbia Glacier Icewalks z. B. starten um 12.30 Uhr und dauern 4–5 Std. (Reservierung unter ✆ 780-852-5595 oder 1-800-565-7547).

Nationalpark-Informationen unter:
www.pc.gc.ca/pn-np/ab/jasper

Kommerzielle Homepage mit Suchmaschine, Liste der Sehenswürdigkeiten, Restaurantliste, Hoteladressen mit online-Zimmersuche: www.discoverjasper.com

Jasper Park Tourism & Commerce
P.O. Box 98, Jasper, Alta. T0E 1E0
✆ (780) 852-3858, Fax (780) 852-4932
Während der Sommermonate unterhalten sie einen Schalter im Information Centre (vgl. unten).

Jasper N. P. Information Centre
500 Connaught Dr., Nähe Bahnhof
Jasper, Alta. T0E 1E0
✆ (780) 852-6176, Fax (780) 852-6152

Mitte Juni–1. Sept. 9–19, Sept. 9–18, sonst 9–17 Uhr

Wichtig: Hotels und Campgrounds sind besonders in der sommerlichen Hochsaison oft schon mittags ausgebucht. Es empfiehlt sich, so früh wie möglich zu buchen. Entweder direkt bei Banff Accommodation Reservations, ✆ 1-877-226-3348, oder über www.discoverjasper.com.

The Fairmont Jasper Park Lodge
Am Lac Beauvert, Jasper, Alta. T0E 1E0
✆ (780) 852-3301, Fax (780) 852-5107
www.jasperparklodge.com
Sehr teures, aber auch sehr schönes Luxushotel. Der Sonntags-Brunch im **Beauvert Dining Room** ist empfehlenswert ($$$). $$$$

Château Jasper
96 Geikie St., Jasper, Alta. T0E 1E0
✆ (780) 852-5644 oder 1-800-661-9323
Fax (780) 852-4860
www.chateaujasper.com
Angenehmes Luxushotel mit allem Komfort. Das **Beauvallon Restaurant** ist spezialisiert auf Wild ($$–$$$). $$$$

Amethyst Lodge
200 Connaught Dr., Jasper, Alta. T0E 1E0
✆ (780) 852-3394 oder 1-888-852-7737
Fax (780) 852-5198
www.amethystlodge.com
Angenehmes, zentral gelegenes Hotel mit gutem Restaurant und Whirlpool. $$$$

Jasper Inn
98 Geikie St., Jasper, Alta. T0E 1E0
✆ (780) 852-4461 oder 1-800-661-1933
Fax 852-5916, www.jasperinn.com
Eines der schöneren Hotels in Jasper. Mit Pool, Whirlpool, Sauna. $$$$

Astoria Hotel
404 Connaught Dr. (Nähe Bahnhof)
✆ (780) 852-3351 oder 1-800-661-7343
Fax (780) 852-5472, www.astoriahotel.com
Gemütlich und (relativ) preiswert. $$$

Becker's Chalets
Icefields Pkwy. (Hwy. 93), 5 km außerhalb von Jasper
✆ (780) 852-3779, Fax (780) 852-7202
www.beckerschalets.com
Mai–Okt. geöffnet
Freistehende Chalets unter Bäumen am Athabasca River. Mit gutem Restaurant ($$–$$$). $$$–$$$$

Die Campgrounds **The Whistlers** und **Wapiti** liegen ganz in der Nähe von Jasper. Falls diese voll sind, hilft die Parkaufsicht, einen Ausweichplatz zu finden.

Fiddle River
620 Connaught Dr., ✆ (780) 852-3032
Gute, vielseitige Speisekarte mit vielen Tages-Spezialitäten. Kleine, aber interessante Weinkarte. $$–$$$

Something Else Restaurant
621 Patricia St.
✆ (780) 852-3850, tägl. 11–23 Uhr
Große Bandbreite an Gerichten, von griechischer bis zu kanadischer Hausmannskost. $$

Mountain Foods Café
606 Connaught Dr.
✆ (780) 852-4050, tägl. 8–22 Uhr
Gute, leichte Küche: Salate, Suppen, Burritos, Sandwiches. $

Wapiti-Hirsche sind im Tal bei Jasper oft zu sehen

4. Tag – Route: Jasper – Maligne Lake – Jasper (112 km)

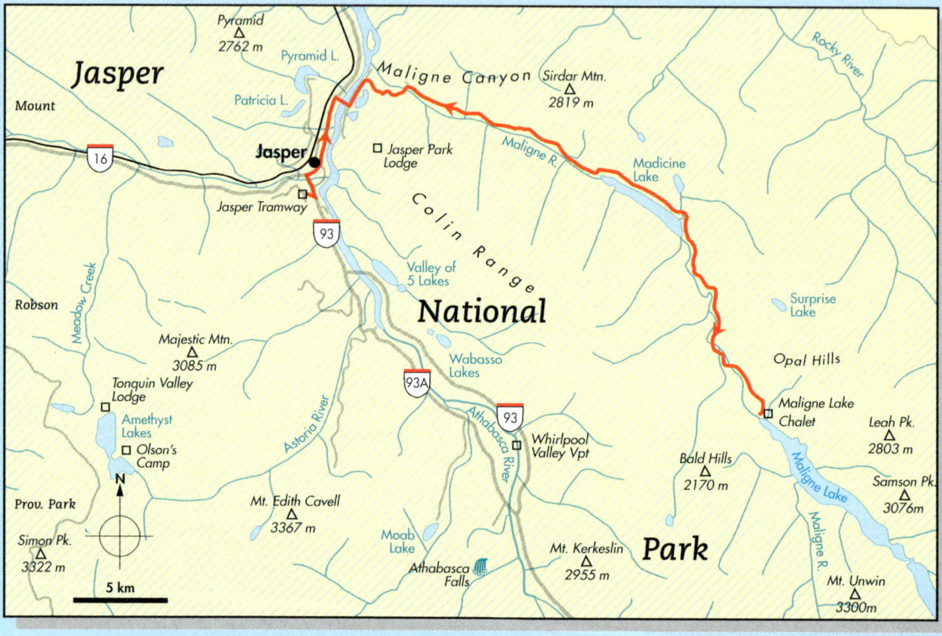

km	Zeit	Route
0	9.00 Uhr	Abfahrt in **Jasper** auf dem Yellowhead Hwy. (Hwy. 16) nach Osten.
5		Rechts abbiegen auf die Maligne Lake Rd. zum
12		**Maligne Canyon**, Wanderung im Canyon, danach
	11.00 Uhr	weiter zum
50		**Maligne Lake** und Bootsfahrt auf dem See. Danach entweder Wanderung zu den Hochwiesen der **Opal Hills** mit schöner Aussicht auf das Tal. Oder kurzer Spaziergang am Ufer und
	15.00 Uhr	Rückfahrt nach
100		**Jasper**. Auf dem Hwy. 93 geht es 2 km nach Süden (Richtung Lake Louise) zum Abzweig der Zufahrtsstraße der
106		**Jasper Tramway.** Nach der Seilbahnfahrt auf den Whistlers Mountain zurück nach
112		**Jasper**.

4. Tag – Informationen

Maligne Canyon
Durch die 50 m tiefe und nur wenige Meter breite Schlucht führt ein Wanderpfad; sechs Brücken ermöglichen spektakuläre Blicke in die Tiefe.

Maligne Lake
✆ (780) 852-3370, Fax (780) 852-3405
Juni stündlich 10–16, Ende Juni–Anfang Sept. stündlich 10–17, Mitte Mai–Anfang Juni und Sept./Okt. um 10, 12, 14 und 15 Uhr
Geführte 1 1/2-stündige Bootstouren ab Bootshaus am Maligne Lake. Dabei wird auch das 14 km entfernte Postkartenmotiv Spirit Island besucht. Hinweis für Fotografen: Gutes Fotolicht auf Spirit Island gibt es erst ab ca. 15 Uhr.

Jasper Tramway
2 km südl. von Jasper Abzweig vom Hwy. 93
Jasper, Alta. T0E 1E0
✆ (780) 852-3093
www.jaspertramway.com
Mitte April–Ende Mai und 1. Hälfte Okt. 9.30–16.30, Juni, Sept. 9.30–18.30, Juli/Aug. 8.30–8.30–22 Uhr, Fahrpreis $ 21/10
An der Bergstation eröffnet sich ein Panoramablick auf Jasper und die umliegenden Berge. Ein Wanderweg führt durch alpines Gelände hinauf zum 2 464 m hohen Whistlers Mountain. Das **Treeline Restaurant** (Reservierung ✆ 780-852-3093) in der Bergstation bietet ein Sunset Dinner mit Panoramablick an. $$–$$$

Beliebtes Motiv: das Bootshaus am Maligne Lake

5. Tag – Ost-Route: Jasper – Edmonton (385 km)

km	Zeit	Route
0	9.00 Uhr	Abfahrt in **Jasper** auf dem Yellowhead Hwy. (Hwy. 16) nach Osten bis zur
45		Abzweigung nach Miette Hot Springs. An den **Punchbowl Falls** vorbei zum Baden im
63		Thermalbad von **Miette Hot Springs**.
	12.00 Uhr	Zurück zum Hwy. 16 ostwärts nach
385	17.00 Uhr	**Edmonton**.

5. Tag – West-Route: Jasper – Tête Jaune Cache – Prince George/Clearwater (420/358 km)

km	Zeit	Route
0	9.00 Uhr	Von **Jasper** auf dem Hwy. 93A zur **Mt. Edith Cavell Rd.**, und diese bis zum Ende.
19		Spaziergang auf dem **Path of the Glacier Trail** zum Gletschersee.
	11.30 Uhr	Rückfahrt nach **Jasper** zum

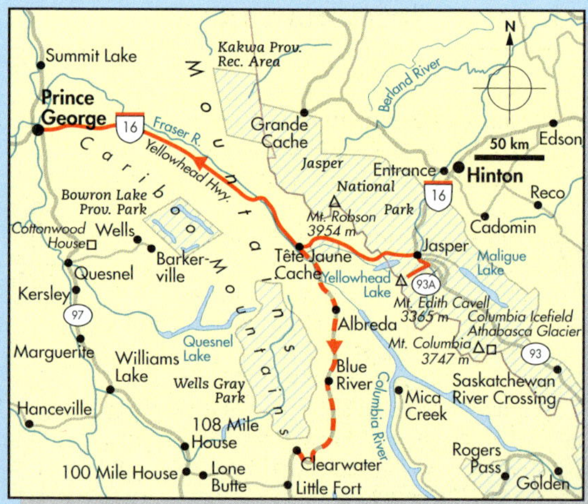

5. Tag – West-Route: Jasper – Tête Jaune Cache – Prince George/Clearwater (420/358 km)

km	Zeit	Route
		Yellowhead Hwy. (Hwy. 16) nach Westen.
112		Kurzer Halt am **Mount Robson Visitor Centre** und am
121		**Mount Terry Fox Viewpoint**, beide mit Blick auf den Mount Robson. (Achtung: Zeitumstellung auf *Pacific Time* am Yellowhead Pass – die Uhr 1 Std. zurückstellen!). Über
148		**Tête Jaune Cache**
Entweder:		auf dem Hwy. 16 nordwestwärts nach
420	18.00 Uhr	**Prince George** (19 Uhr Jasper-Zeit)
Oder:		Nach Süden abbiegen und auf dem Hwy. 5 nach
358		**Clearwater**.

Extratage: Die ein- bis zweitägige Wanderung entlang dem **Robson River** zum Berg Lake unterhalb des Mount Robson und die mehrtägige Wanderung oder Reittour ins idyllische **Tonquin Valley** gehören zu den schönsten Touren in den Rockies. Eine empfehlenswerte Unterkunft am Mt. Robson ist die **Mount Robson Guest Ranch**, P.O. Box 17, Valemount, B.C., V0E 2Z0, ✆ (250) 566-4370, Fax 566-4170 (Campingplatz; geführte Ausritte und Kanutouren).

5. Tag – Informationen

West-Route
Informationen zu **Prince George** s. Route 4, 3. Tag, S. 189 f.; Informationen zur Alternativroute s. Route 5, 2. Tag, S. 224 f.

Mount Robson Visitor Centre
16 km östl. von Tête Jaune Cache am Hwy. 16, Valemount, B.C. V0E 1Z0
✆ (250) 566-4325, tägl. Juli/Aug. 8–20, Mai/Juni, Sept. 8–17 Uhr
Aussichtspunkt, naturgeschichtliche Exponate, schöne Lage am Rande einer Blumenwiese zu Füßen des Mt. Robson. Am Eisstand nebenan gibt es ganz vorzügliche Eiskrem.

Ost-Route
Informationen zu **Edmonton** finden Sie S. 54–62.

Miette Hot Springs
Am Ostrand des Jasper National Park
✆ (780) 866-3939
www.parkscanada.gc.ca
Tägl. Mai–Mitte Juni und Sept.–Mitte Okt. 10.30–21, Mitte Juni–Ende Aug. 8.30–22.30 Uhr, Tageskarte $ 8.75
Thermal-Schwimmbad am Ende einer Seitenstraße. Das 54 °C heiße Quellwasser wird auf 39 °C abgekühlt und in ein großes Schwimmbecken geleitet.

3–5

Nationalparks der Rocky Mountains

Traumstraße der Rockies

3. Tag: Auf dem Icefields Parkway

Der Icefields Parkway (Highway 93) ist eine der schönsten Bergstraßen der Welt und Kanadas berühmteste Panoramaroute. Mehr als 100 Gletscher, türkisgrüne Seen, rauschende Wasserfälle und wildgezackte Gipfel sind von der Straße aus zu sehen. 230 spektakuläre Kilometer parallel zur kontinentalen Wasserscheide, zwischen dem Hauptkamm der Rockies und den Front Ranges, stellen die Verbindung zwischen Lake Louise und Jasper her. Zu Beginn ist die Panoramastrecke eher schlicht: 16 Kilometer führt sie durch dichten Nadelwald, über dem nur hin und wieder ein Gipfel auftaucht. Dann kommt mit dem Hector

Am Peyto Lake Overlook

Lake der erste Schmelzwassersee in Sicht. Seine grünblaue Farbe entsteht durch feines Gesteinsmehl, das mit dem geschmolzenen Gletscherwasser in den See gelangt. Am Ufer des Bow Lake setzt das knallrote Dach einer Lodge einen kräftigen Farbakzent in den tiefgrünen Wald. Der See und der nach Süden abfließende Bow River werden vom Bow Glacier, einem Ausläufer des 40 Quadratkilometer großen Wapta Icefield, gespeist.

Auf dem 2068 Meter hohen **Bow Summit** zweigt linker Hand eine kurze Stichstraße zu den 500 Meter höher gelegenen Parkplätzen am Bow Summit Trail ab. Der kurze Pfad führt heraus aus dem subalpinen Wald mit feuchten Wiesen voller Wildblumen, vorbei am Krummholz der Baumgrenze zum **Peyto Lake Overlook**. Der kurze Fußweg lohnt sich: Weit reicht der Blick über das Tal des Mistaya River und hinunter zum Peyto Lake. Nirgendwo in den Rockies hat man einen solch guten Ausblick auf einen vom Schmelzwasser eines Gletschers gespeisten See. Im Juni, wenn der See gerade eisfrei ist, erstrahlt er im tiefen Blau des sich darin spiegelnden Himmels. Das im Sommer vom Peyto-Gletscher abfließende Schmelzwasser – es ist am Einlauf als schmutzig-graues Band zu erkennen – trägt große Mengen Gesteinsmehl in den See hinein. Während die gröberen Bestandteile auf den Grund des Sees absinken, gehen die mikroskopisch feinen Anteile in Suspension und erzeugen – durch selektive Reflexion des grünen und blauen Bereichs des sichtbaren Lichtspektrums – den blaugrünen bis türkisfarbenen Schimmer des Sees.

Der Icefields Parkway führt weiter hinab ins Tal des Mistaya River, vorbei am **Waterfowl Lake**, in dem sich das Horn des Mount Chephren spiegelt, vorbei

Der Icefields Parkway unterhalb des Sunwapta Pass

am abrupt vom Grund des North Saskatchewan Valley aufsteigenden Mount Murchison zum Mistaya River Canyon. Ein kurzer Pfad führt hinunter zur Brücke über die enge, gewundene Schlucht, deren senkrechte Kalksteinwände vom Wasser aus dem Berg gefräst wurden. Bei Saskatchewan River Crossing überquert der Parkway den North Saskatchewan River, der sich hier, ganz am Anfang seines über 3000 Kilometer langen Weges zur Hudson Bay, seinen Lauf durch die Front Ranges nach Osten in die Prärie gebahnt hat. Der David Thompson Highway folgt dem Fluss auf einer alten Handelsroute ostwärts durch die Berge bis nach Rocky Mountain House.

1807 überquerte David Thompson, Pelzhändler der North West Company aus Rocky Mountain House, von hier aus als erster Europäer den Howse-Pass, um in der Gegend des heutigen Invermere in British Columbia einen neuen Handelsposten zu gründen. Seine Route war die erste regelmäßig genutzte Verbindung über die Rocky Mountains.

Die Überquerung des North Saskatchewan River war in der Zeit vor dem Straßenbau eine Schlüsselstelle auf dem Saumpfad zwischen Banff und Jasper. Sie forderte zwar keine Menschenleben, aber so mancher Outfitter und seine Auftraggeber nahmen hier ein unfreiwilliges Bad, viele verloren ihre Ausrüstung und Vorräte, mussten aufgeben und vorzeitig umkehren.

Etwa einen Kilometer nördlich der Brücke bietet sich am **Howse Valley Viewpoint** ein Panoramablick auf das gleichnamige Tal, North Saskatchewan Valley und die Berge im Süden und Westen. Am schönsten ist die Aussicht von der Hügelkante aus – ein paar Schritte durch den Wald hinter dem Parkplatz. Etwa 35 Kilometer weiter nördlich klettert die Straße dann in einer großen Schleife am Hang der Parker Ridge fast 400 Meter hinauf zum 2 035 Meter hohen **Sunwapta Pass**, der Grenze zwischen dem Banff und dem Jasper National Park. Noch vor der Passhöhe hat man am North Saskatchewan Valley Viewpoint einen hervorragenden Blick auf die Straße unten im engen Canyon und auf die Felsen des Cirrus Mountain. 500 Meter weiter führt am unteren Ende eines Parkplatzes ein kurzer Wanderweg (zwei Kilometer hin und zurück) zu den schönen Panther Falls. Der nicht markierte Weg ist gut ausgebaut und leicht auszumachen.

Weitere fünf Kilometer nördlich beginnt der sehr empfehlenswerte **Parker Ridge Trail**. Wer für den heutigen Tag einen Spaziergang eingeplant hat, der sollte es an dieser Stelle tun! Ein kurzer, steiler Anstieg auf den Bergrücken führt zu alpinen Wiesen oberhalb der Baumgrenze. Während der nur wenige Wochen andauernden Vegetationsperiode im Hochsommer blühen hier oben rote und weiße Bergheide, rosa Moss Campions, blaue Vergissmeinnicht und Enzian, violette Wicken und weiße Mountain Avens. Der Pfad endet nach zweieinhalb Kilometern an einem Aussichtspunkt mit Blick auf den Saskatchewan-Gletscher, einem Ausläufer des Columbia Icefield. Der Pfad auf der Parker Ridge ist dem kalten Gletscherwind ausgesetzt – ein warmer Pullover und eine windundurchlässige Jacke tun gute Dienste, denn hier oben ist es erheblich kälter als unten an der Straße.

Einer der Höhepunkte am Icefields Parkway ist das 325 Quadratkilometer große **Columbia Icefield**. Mehr als zehn Meter Schneefall pro Jahr speisen den im Mittel 3 000 Meter hoch gelegenen und bis zu 360 Meter dicken Eispanzer über der kontinentalen Wasserscheide. Die Schmelzwasser des Columbia Icefield fließen über den Columbia River in den Pazifik, über den Athabasca und den Mackenzie River ins Nordpolarmeer und über den North Saskatchewan River in die Hudson Bay und somit in den Atlantik. Einer seiner Gletscher, der fünf Kilometer lange Athabasca Glacier, fließt zwischen Snow Dome und Mount Athabasca aus 3 000 Metern Höhe herab und bis auf anderthalb Kilometer an die Straße heran.

Im **Columbia Icefields Interpretive Centre** kann man ein Modell des Gletschergebietes betrachten, Diashows ansehen und sich über Geschichte und Naturgeschichte des Nationalparks informieren. Gegenüber führt eine kurze Stichstraße zum Parkplatz an der Geröllhalde der Endmoräne, und wer will, kann von hier aus zum schmutzig-grauen Ende des Gletschers laufen.

Der Athabasca-Gletscher wird vom Columbia Icefield gespeist

Die beliebten und stark beworbenen *snowcoach tours* lohnen kaum den Aufwand an Zeit und Geld. 30 Minuten Schleichfahrt auf dem Gletscher, 20 Minuten Aufenthalt an einer langweiligen Stelle des Eisfeldes – das ist alles. Interessante Details wie Spalten, Strudellöcher und Gletschermühlen bekommt man nicht zu sehen. Informativ dagegen sind die oft ausgebuchten Columbia Glacier Icewalks unter sachkundiger Führung. Wer sich für den **Icefields Parkway** zwei Tage Zeit lassen kann, sollte unbedingt einen *icewalk* einplanen.

Der Icefields Parkway beginnt jetzt seinen Abstieg ins Tal des **Sunwapta River** und führt an der Kaskade der hübschen Tangle Creek Falls vorbei ins ebene Schwemmland des Talgrundes. »Watch for sheep on road«, warnen Schilder, und oft genug vergnügt sich die örtliche Bighorn-Schafherde damit, den Verkehr aufzuhalten. Unbeeindruckt vom Klicken und Surren der Kameras lecken sie am Straßenbelag und am Schotter daneben, um ihren Bedarf an Salz und Mineralien zu decken.

Bevor der Sunwapta in den Athabasca River mündet, zwängt er sich bei den Sunwapta Falls schäumend und tosend durch eine enge Klamm, über die eine Fußgängerbrücke führt. Am Anfang des Highway 93A donnern die **Athabasca Falls** vor der Kulisse des Mount Kerkeslin. Der Athabasca River stürzt sich mit seiner ganzen Kraft über eine zwölf Meter hohe Stufe aus hartem Gestein in einen kurzen Canyon. Der gesicherte Steig führt dicht an den Wasserfall heran, in dessen Sprühnebel die Sonne einen Regenbogen zeichnet.

Die Mount Edith Cavell Road klettert vom Highway 93A wenige Kilometer vor Jasper 14 enge und kurvenreiche

Kilometer das Astoria Valley hinauf zum Fuß der gewaltigen 3 363 Meter hohen Steilwand des **Mount Edith Cavell**. Unterwegs öffnet sich am Astoria River Overlook die Aussicht weit hinein in das von Felsgipfeln umstandene, dicht bewaldete Tonquin Valley. Etwa 300 Meter weiter, am Parkplatz gegenüber der Anlage eines Outfitters, beginnt der 43 Kilometer lange Wanderweg durch das Tonquin Valley. Der Weg überquert nach etwa 300 Metern das Ende des vom Schmelzwasser des **Angel Glacier** gespeisten **Cavell Lake**, in dessen grünlichem Wasser sich die von weißen Firnbändern gemusterte Wand des Mount Edith Cavell spiegelt. Ein wunderschönes Fotomotiv, besonders frühmorgens oder abends, wenn die tief stehende Sonne den Bergen mit langen Schatten Struktur verleiht und ihr weiches Licht die Farben zum Leuchten bringt.

Am Ende der Straße führt der kurze **Path of the Glacier Trail** zu einem kleinen, blau und türkis schimmernden Schmelzwassersee. Er liegt zu Füßen des Angel Glacier, eingebettet in hellbraunen Moränenkies. Energiegeladene Wanderer können dem nach links abzweigenden Pfad folgen und, an Murmeltier- und Pika-Kolonien vorbei, etwa drei Kilometer weit hinaufsteigen zu den von Mitte Juli bis Ende August blumenübersäten Bergwiesen direkt gegenüber dem Angel Glacier. Von hier aus ist es nur noch ein Katzensprung nach Jasper.

4. Tag: Jasper und Umgebung

Jasper, das kleinere und ruhigere Pendant zum umtriebigen Banff, ist der zentrale Stützpunkt für einen Urlaub im Norden der Parks. Hier trifft der Icefields Parkway auf den Yellowhead Highway (Highway 16), die Ost-West-Verbindung zwischen Edmonton und Prince George in British Columbia.

Die Gegend um Jasper wurde bereits zu Beginn des 19. Jahrhunderts besiedelt. 1813 baute Jasper Hawes am Brûlé Lake das Jasper House, einen Pelzhandelsposten für die North West Company. Die Anfänge des heutigen Jasper fallen in das Jahr 1911, als man mit dem Bau der Eisenbahnlinie nach Prince Rupert begann, die Verbindung zum Pazifik herzustellen. Die Gegend um Jasper und das Athabasca-Tal sind sehr wildreich, weil nur die Talsohlen den Tieren ausreichend

Nahrung bieten. Hirschkühe, die zwischen den Stellplätzen der Campgrounds grasen, Bighorn-Schafe am Straßenrand und Wapiti-Hirsche mit kapitalem Geweih, die in Sichtweite der Straße die saftigen Gräser der Talwiesen abweiden, gehören zu den alltäglichen Attraktionen des **Jasper National Park**. Die Tiere haben sich an ihre menschlichen Bewunderer gewöhnt und lassen sich, so man ihnen nicht zu nahe auf den Pelz rückt, problemlos fotografieren. Auch Bären gibt es so oft zu sehen, dass die Verwaltung des Nationalparks mit unübersehbarem »You are in Bear Country« auf Schildern und Handzetteln zur Vorsicht mahnt. Bären und Wapiti-Hirsche sollte man während ihrer Brunft im Herbst tunlichst nur aus dem Auto heraus fotografieren.

Nach einem Frühstück verlässt man Jasper auf dem David Thompson Highway in östlicher Richtung. Nach wenigen Kilometern zweigt die Maligne Lake Road nach Süden ab. Gleich nach dem Verlassen des Tals überquert sie den Maligne River, der sich hier während der 11 000 Jahre seit der letzten Eiszeit eine über 50 Meter tiefe und stellenweise nur zwei Meter breite Schlucht in den

Die am häufigsten fotografierten Bäume in den Rockies: Spirit Island im Maligne Lake

Kalkstein gegraben hat. Ein Wanderpfad führt vom Teehaus am Rand des Maligne Canyon bergab durch den alten Bestand an Douglasfichten zu mehreren Brücken, die in regelmäßigen Abständen die Schlucht überqueren. Unterhalb der vierten Brücke tritt aus der Wand der Klamm das im abflusslosen **Medicine Lake** versickerte Wasser aus, 17 Kilometer legt es durch ein unterirdisches

Schmelzwasser am Fuße des Mount Edith Cavell

System von Karsthöhlen bis hierher zurück. Am **Maligne Lake** endet die Straße nach weiteren 36 Kilometern entlang der Gipfelkulisse der Colin- und Queen-Elizabeth-Kette. Der Maligne Lake ist der größte See der kanadischen Rockies. 22 Kilometer sind es bis zu seinem Südende mit dem vom Brazeau Icefield herabfließenden Schmelzwasserzufluss. Am Ufer des Sees leuchtet das rote Dach des Bootshauses mit der Kanuvermietung, und nebenan, am Anleger der blau-weißen Ausflugsboote, herrscht reger Betrieb.

Sie fahren zur **Spirit Island** an den Samson Narrows, dem nach Lake Louise wohl bekanntesten Fotomotiv der Canadian Rockies. Der Aufenthalt dort ist kurz: Ein Blick vom Aussichtspunkt, ein schnelles Foto, und schon tutet das Boot am Steg und mahnt zur Rückfahrt.

Wem die zehn, höchstens 15 Minuten nicht genügen, weil er in Ruhe fotografieren oder das Bild des Inselchens im türkis schimmernden Wasser vor dem Bergpanorama in sich aufnehmen will, bleibt keine andere Wahl, als den doppelten (!) Fahrpreis zu zahlen und mit einem späteren Boot zurückzufahren. Eine andere Möglichkeit gibt es nicht: Die Batterien der Miet-Elektrokanus reichen nicht aus für die insgesamt 28 Kilometer lange Wegstrecke, und selbst geübte Paddler benötigen etwa sechs Stunden für die Tour.

5. Tag: Nach Osten Richtung Edmonton

In Jasper ist die Entscheidung fällig, in welche Richtung es weitergehen soll: nach Osten zu einem Besuch von Edmonton und zur Route 2 oder westwärts, nach Prince George an der Route 4 oder zu den Wasserfällen des Wells Gray Provincial Park an der Route 5.

Richtung Edmonton folgt der Yellowhead Highway dem Tal des Athabasca River zum Jasper Lake. Im Winter, wenn der Wasserspiegel des Athabasca fällt, trocknet der See aus und die Winterstürme blasen den Sand des Seebodens zu Dünen zusammen. Eine Kette dieser Dünen trennen Jasper und Talbot Lake und oben auf diesem natürlichen Damm verläuft der Highway. Einen guten Überblick über diese eindrucksvolle Landschaft zu Füßen des schroffen Felswalls des Miette-Massivs hat man von dem kurzen Pfad, der vom Parkplatz des Talbot-Lake-Aussichtspunkts hinauf auf den Cinquefoil-Hügel führt. Nach Passieren des Felsturms des Roche Miette wird kurz vor der Parkgrenze der Mini-Ort Pocahontas erreicht. Hier kann man zu den **Miette Hot Springs** fahren, die am Ende eines engen Seitentals am Ostrand des Jasper National Park liegen.

Eine knapp 18 Kilometer lange Straße zweigt vom Yellowhead Highway ab, klettert, vorbei an dem hübschen kleinen Punchbowl-Wasserfall, über einen Höhenrücken hinunter in den Canyon des Fiddle River und folgt dann dem Sulphur Creek zu den heißen Quellen. Ihr 54 Grad Celsius heißes Wasser speist, auf angenehme Temperatur abgekühlt, ein großes Badebecken. Gerade richtig für eine entspannende Pause im Angesicht von Wäldern und Felsgipfeln vor der Weiterfahrt nach Edmonton.

5. Tag: Die Westroute

Falls man auf dem Hinweg nach Jasper die Gelegenheit für den Abstecher zum Mount Edith Cavell und dem Path of Glacier nicht genutzt hat, kann man ihn heute vor der langen Fahrt ohne spektakuläre Sehenswürdigkeiten einplanen (s. S. 97 f.).

Der Weg nach Westen führt von Jasper hinauf zum **Yellowhead Pass**, dem mit 1 131 Metern niedrigsten Pass über die kontinentale Wasserscheide in den zentralen Rockies. Auf der Passhöhe liegen die Grenze zwischen Alberta und British Columbia, zwischen dem Jasper National Park und dem Mount Robson Provincial Park und die Zeitzonen-Grenze zwischen *Mountain Standard* und *Pacific Time*. Nur wenige Kilometer weiter, kurz hinter dem **Yellowhead Lake**, kreuzt ein unscheinbarer Bach den Weg. Es ist der **Fraser River**, der ganz in der Nähe zu Füßen des Mount Fraser entspringt. 1 368 Kilometer quer durch British Columbia legt er zurück, bevor er als breiter Strom bei Vancouver in den Pazifik mündet.

Auf den Moose Lake folgt das Visitor Centre des **Mount Robson Provincial Park,** hinter dem sich die Eis- und Felspyramide des 3 954 Meter hohen Mount Robson aufbaut. Der enorme Höhenunterschied zwischen Aussichtspunkt und Gipfel – vom Talboden steigt die Wand über 3 100 Meter in die Höhe – lässt den Weg gigantischer aussehen, als er ohnehin schon ist. Noch beeindruckender ist der Blick auf den Bergriesen vom nächsten Parkplatz, der **Mount Terry Fox Rest Area**.

Der Yellowhead Pass war seit Anbeginn eine wichtige Handelsroute der Indianer. Im Frühling 1820 überquerte eine Gruppe von Hudson's Bay-Angestellten den Pass, unter ihnen ein Irokesen-Halbblut, der wegen seiner blonden Haarpracht den Spitznamen Tête Jaune (englisch: *yellow head*) trug. Der soll, so die Legende, am Zusammenfluss von Fraser und Robson River, ein *cache*, ein Lagerhaus mit einem Vermögen an Fellen eingerichtet haben, das als **Tête Jaune Cache** bekannt wurde. Auch der Pass, über den er gekommen

war, wurde nach ihm benannt und viel später auch der Highway 16.

1862 zog der erste Siedlertreck, die Overlanders, über den Pass, um zu den Goldfundstätten in den Cariboos zu kommen. Die ersten Touristen folgten schon ein Jahr später: ein merkwürdiges Trio aus Viscount Milton, dem Sohn des 6. Earl Fitzwilliam, seinem Leibarzt Dr. Cheadle und einem Mr. O'Byrne, den das Paar in Edmonton aufgegabelt hatte. (Die Hudson's Bay-Leute von Edmonton waren so froh, O'Byrne loszuwerden, dass sie ihm ein Pferd schenkten, damit er Cheadle und Milton begleiten konnte.) Die drei kamen, gebremst durch Miltons Vorliebe für im Bett verbrachte Vormittage und O'Byrnes panische Angst vor Bären, nur langsam voran und hatten schon am Yellowhead Pass kaum noch Nahrungsmittel. Als sie nach drei Monaten im Hudson's-Bay-Company-Posten von Kamloops eintrafen, waren sie halb verhungert. Auf dem letzten Teil der Strecke bestand ihre Diät aus Pferdefleisch, Stachelschweinen und einem Bären. Zurück in England veröffentlichten Milton und Cheadle ihren Reisebericht »The Northwest Passage by Land«, in dem der Mount Robson als »Robsons Gipfel ... ein Gigant unter Giganten ...« zum ersten Mal erwähnt wird.

In Dorf Tête Jaune Cache ist die Entscheidung des Tages fällig: Zur Wahl stehen die direkte Fahrt über den Yellowhead Highway nach Prince George (Route 4, 3. Tag, s. S. 198 ff.) oder auf dem Highway 5 am Thompson River entlang nach Clearwater zum Wells Gray Provincial Park (Route 5, 2. und 3. Tag s. S. 230 ff.). Wie immer die Entscheidung ausfällt: Bis Clearwater sind es 210 Kilometer, bis Prince George 275 Kilometer durch einsame Wälder. Da hilft nur eins: fahren, fahren, fahren.

◁ Den Maligne Canyon formte dieser Bach

△ Der Mount Robson über dem Yellowhead Highway

Route 2 – Der Wilde Westen Kanadas: Calgary – Lethbridge – Waterton Lakes N. P. – Medicine Hat – Brooks – Drumheller – Edmonton (1 814 km)

1. Tag – Route: Calgary – Fort Macleod – Lethbridge (322 km)

km	Zeit	Route
0	8.00 Uhr	Abfahrt in **Calgary** auf dem Hwy. 2 nach Süden
69		Abzweig in die Alberta Rt. 540 (rechts) zum Hwy. 22 und der
105		**Bar U Ranch**, Rundgang und
	10.30 Uhr	Weiterfahrt auf dem Hwy. 22 nach Süden,
121		links in die Rt. 533 (nur die ersten 9 km sind Schotter, dann kommt Asphalt) nach
159		**Nanton** und auf dem Hwy. 2 nach Süden,
242		rechts abbiegen in die Rt. 785 zum
258		**Head-Smashed-In Buffalo Jump**.
	14.30 Uhr	Zurück zum Highway und nach
278		**Fort Macleod**, Besuch des Fort-Museums mit Musical Ride.
	16.00 Uhr	Weiterfahrt auf dem Hwy. 3 nach Osten zum Hwy. 23 nach
322	17.00 Uhr	**Lethbridge**.
		Option für Unentwegte: Besuch des **Nikka Yuko Japanese Garden** und/oder des **Fort Whoop-Up**.

Alternativroute: Wer mehr vom Land der Ranches in den Hügeln sehen will, fährt nach dem Besuch der **Bar U Ranch** auf dem Hwy. 22 nach Süden zum Hwy. 3 und dann nach Osten bis **Fort Macleod**. Diese Strecke ist ca. 60 km länger und langsamer zu fahren. Man sollte deshalb zuerst nach Fort Macleod zum Musical Ride fahren und danach **Head-Smashed-In Buffalo Jump** besuchen. Die Ankunft in **Lethbridge** wird dann entsprechend später sein.

Abkürzung: Falls Ihre Reise Sie nach **Cache Creek** führt (Route 3, 2. Tag, S. 144; Route 4, 2. Tag, S. 187), können Sie den Besuch der Bar U Ranch getrost auslassen und auf dem Hwy. 2 direkt zum **Head-Smashed-In Buffalo Jump** durchfahren.

1. Tag – Route: Calgary – Fort Macleod – Lethbridge (322 km)

Extratage: Eine lohnende Routenvariante, für die mindestens ein zusätzlicher Tag notwendig ist, führt von **Calgary** auf dem Hwy. 1 nach Westen bis zum Abzweig des Hwy. 40 South. Diese Straße führt 105 km durch das spektakuläre **Kananaskis Country** am Rande der Rockies und zum **Peter Lougheed Provincial Park**. Am Weg liegen Lodges, Wander- und Fahrradwege, schöne Campingplätze und ein sehr guter Golfplatz.

Wer auf Asphalt bleiben will, nimmt vom Ende des Hwy. 40 die Rt. 541 nach **Longview** am Hwy. 22 und erreicht nach 14 km Fahrt nach Süden die **Bar U Ranch** und die Originalroute. Die 112 km lange (nicht asphaltierte) Verlängerung des Hwy. 40 nach Süden heißt Forestry Trunk Rd. und führt durch Wälder und Hügel am Fuße der Rocky Mountains hinunter zum Hwy. 3 East, auf dem nach etwa 80 km **Fort Macleod** bzw. **Head-Smashed-In Buffalo Jump** erreicht wird.

Wer Schotterwege nicht scheut, sollte zwischen Pincher und Brocket links abbiegen und auf der Rt. 785 durch die beindruckende Landschaft der **Porcupine Hills** nach Head-Smashed-In Buffalo Jump fahren.

2. Tag – Route: Lethbridge – Cardstone – Waterton Lakes National Park (177 km)

km	Zeit	Route	Karte s. S. 104.
0	9.00 Uhr	Abfahrt in **Lethbridge**, auf dem Hwy. 5 nach Süden bis	
76		**Cardston**, Besuch im Remington-Alberta Carriage Centre.	
	11.30 Uhr	Weiterfahrt auf dem Hwy. 5 zum **Waterton Lakes National Park.**	
135		**Waterton Park Townsite**, Lunch, ggf. Tickets kaufen für den International Shoreline Cruise auf dem **Upper Waterton Lake**. Anschließend Besuch des **Red Rock Canyon** (Alternativen: Fahrt zum Cameron Lake oder den Bison Paddocks am Hwy. 6).	
177		**Waterton Townsite**.	
	19.00 Uhr	Sunset Cruise auf dem **Upper Waterton Lake** (Alternative: Wanderung zum Bears Hump).	

Extratage: Der **Waterton Lakes National Park** ist ein Wanderparadies mit Touren aller Schwierigkeitsgrade, vom Spaziergang bis zur mehrtägigen Bergwanderung durchs phantastische Hinterland.

1. Tag – Informationen: Fort Macleod, Lethbridge

Allgemeine Informationen unter:
www.southernalberta.worldweb.com

Bar U Ranch
Alberta Rt. 540, 14 km südl. von Longview am Hwy. 22
Longview, Alta., T0L 1H0
✆ (403) 395-2331 oder 1-800-568-4996
Ende Mai–Mitte Okt. tägl. 10–18 Uhr, Eintritt $ 6.50/3
Die Ranch aus den Pionierjahren ist ein National Historic Site. Das im Aufbau befindliche Museum würdigt die Rolle der Ranches in der Entwicklung des Westens. Mit Visitor Centre und Cafeteria.

Head-Smashed-In Buffalo Jump
Rt. 785, 18 km westl. von Fort Macleod
✆ (403) 553-2731
www.head-smashed-in.com
Mitte Mai–Mitte Sept. 9–18, sonst 10– 17 Uhr, Eintritt $ 8.50/4
Felskante mit Büffel-Jagdplatz der Indianer. Sehr interessantes Visitor Centre mit Museum in dem die Kultur der Büffel jagenden Indianer und ihre Jagdmethoden dargestellt ist.

The Fort Museum
Fort Macleod, Alta. T0L 0Z0
✆ (403) 553-4703, Fax (403) 533-3451
www.nwmpmuseum.com
Juli–6. Sept. tägl. 9–18, Mitte Mai–Ende Juni tägl. 9–17, Anfang März–Mitte Mai, 7. Sept.–22. Dez. Mo–Fr 9–17 Uhr, Eintritt $ 7.50/5.50
Liebevoll und detailgetreu rekonstruiertes Fort der North West Mounted Police mit einigen Originalgebäuden, die ein interessantes Museum mit Exponaten aus der Welt der Indianer, der *Mounties* und der ersten weißen Siedler beherbergen.

Im Sommer findet um 10, 11.30, 14 und 15.30 Uhr das *Musical Ride* statt, eine Vorführung von Kavallerie-Manövern mit Musikuntermalung.

Empress Theatre
235, 24th St.
Fort Macleod, Alta. T0L 0Z0
✆ (403) 553-4404 oder 1-800-540-9229
www.empresstheatre.ab.ca
In dem historischen Gebäude werden auch heute noch Stücke zum Thema Abenteuer und Romantik sowie Musik und Geistergeschichten gegeben.

Brewery Hill Information Centre
1st Ave. S., an der westl. Ausfahrt vom Hwy. 3 nach Lethbridge
Lethbridge, Alta., ✆ 1-800-661-1222
Mitte Mai–Anfang Sept. 9–20, Sept./Okt. und März–Mitte Mai 9–17 Uhr

Scenic Drive Information Centre
2805 Scenic Dr. (Kreuzung Hwys. 4 & 5)
Lethbridge, Alta. T1K 5B7
✆ (403) 329-6777
www.city.lethbridge.ab.ca
15. Mai–Anf. Sept. 9–20, sonst 9–17 Uhr

Best Western Heidelberg Inn
1303 Mayor Margrath Dr. S.
Lethbridge, Alta. T1K 2R1
✆ (403) 329-0555 oder 1-800-791-8488
Fax (403) 328-8846
www.heidelberginn.com
Mit Restaurant und Pub.

Lethbridge Lodge Hotel
320 Scenic Dr.
Lethbridge, Alta. T1J 4B4
✆ (403) 328-1123 oder 1-800-661-1232
Fax (403) 328-0002
www.lethbridgelodge.com
Hotel mit großem Innenhof, drei Restaurants, Pool, Hot Tub. $$

Super 8 Lodge
2210, 7th Ave. S.
Lethbridge, Alta. T1J 4L2
✆ (403) 329-0100 oder 1-800-800-8000
Fax (403) 327-3600
Ketten-Motel mit Restaurant, Pool, Waschmaschinen. $$

Days Inn
100, 3rd Ave. S., Lethbridge, Alta.

1. Tag – Informationen: Lethbridge, Alta.

✆ (403) 327-6000 oder 1-800-661-8085
Fax (403) 320-2070
Preiswertes Ketten-Motel. $$

Henderson Lake Campground
3419 Parkside Dr. S.
Lethbridge, Alta. T1J 4R3
✆ (403) 328-5452, ganzjährig geöffnet
Schöner Platz am Henderson Park, Nähe Nikka Yuko Japanese Garden. Pool, Tennis, Geschäfte in der Nähe.

Bridgeview RV Park
Direkt neben Hwy. 3, westl. Stadtrand
7th Ave. & Mayor Magrath Dr., im Henderson Lake Park
Lethbridge, Alta. T1J 3Y5
✆ (403) 381-2357, Mitte April–Mitte Okt.
Schöner Platz mit Pool, Geschäft, Waschmaschinen, der Verkehr auf dem Highway ist deutlich zu hören.

University of Lethbridge
West Lethbridge
Führungen ✆ (403) 329-2762
Junge Universität aus dem Jahr 1967 im Wirtschaftszentrum der Region.

Fort Whoop-Up
Westende der 3rd Ave., im Indian Battle Park
Lethbridge, Alta. T1J 4A2
✆ (403) 329-0444
www.fortwhoopup.com
Mitte Mai–Ende Sept. Mo–Sa 10–18, So 12–17, sonst Di–Fr, So 10–16 Uhr, Eintritt $ 5/3
Nachbau des berüchtigsten Whisky-Händler-Forts im Westen. Die Einrichtung entspricht dem Stil der Jahre 1865 bis 1892.

Nikka Yuko Japanese Garden
9th Ave. S. & Mayor Magrath Dr., im Henderson Lake Park
Lethbridge, Alta. T1J 3Z6
✆ (403) 328-3511, www.nikkayuko.com
Ende Juni–Anfang Sept. tägl. 10–20, Mai/Juni, Sept.–Mitte Okt. tägl. 10–16 Uhr, Eintritt $ 5/3
Sehenswerter, traditioneller japanischer Landschaftsgarten.

Carole's Bistro & Bar
314, 8th St. S., ✆ (403) 328-6575
Nette Atmosphäre mit Antiquitäten, Kamin. Mennonitische Spezialitäten. $–$$

O-Sho Japanese Restaurant
1219, 3rd Ave. S., Lethbridge
✆ (403) 327-8382, tägl. 16–22 Uhr
Mit Sushi-Bar. $–$$

2. Tag – Informationen

Allgemeine Informationen unter:
www.southernalberta/worldweb.com

Remington-Alberta Carriage Centre
623 Main St.
Cardston, Alta. T0K 0K0
✆ (403) 653-5139
www.remingtoncarriagemuseum.com
Mitte Mai–Labour Day tägl. 9–18, sonst 10–17 Uhr, Eintritt $ 6.50/3
Nordamerikas größte Sammlung von Kutschen, Wagen, Schlitten und anderen von Pferden gezogenen Fahrzeugen.

Waterton Lakes National Park Visitor Centre
Entrance & Prince of Wales Rds.
Waterton Park, Alta. T0K 2M0
✆ (403) 859-2224, Fax (403) 859-2650
www.watertonpark.com, www.pc.gc.ca, www.watertoninfo.ab.ca
Mitte Mai–Ende Sept. 8–18, im Hochsommer bis 22 Uhr

Bison Paddocks
Waterton Lakes National Park
Gehege, in denen eine kleine Bisonher-

de in ihrer natürlichen Umgebung zu sehen ist.

Prince of Wales Hotel
✆ (403) 859-2231, Reservierung: Columbia Falls, MT 59912, ✆ (406) 892-2525, Fax (406) 892-1375
www.princeofwaleswaterton.com
Geöffnet Anfang Juni–Ende Sept.
Historisches Luxushotel auf einem Hügel über dem See. Im Hotel die **Windsor Lounge**, eine historische Bar mit großartigem Blick über den Waterton Lake; ideal zum Sonnenuntergang. $$$–$$$$

Kilmorey Lodge
117 Evergreen Ave.
Waterton Lakes National Park, Alta. T0K 2M0
✆ (403) 859-2334, Fax (403) 859-2342
www.kilmoreylodge.com
Gemütliches altes Hotel direkt am See; Landhausstil. $$–$$$

Aspen Village Inn
111 Windflower Ave.
Waterton Lakes National Park, Alta. T0K 2M0
✆ (403) 859-2255, Fax 859-2033
www.aspenvillage.com
Zimmer mit Aussicht auf die Berge. $$$

Bayshore Inn
111 Waterton Ave.
Waterton Townsite, Alta. T0K 2M0
✆ (403) 859-2211 oder 1-888-527-9555
Fax (403) 859-2291
www.bayshoreinn.com, Mai–Okt.
Modernes Hotel am Seeufer; Aussicht von der Kootenay Lodge. Schöner alter Speisesaal. $$$

Camping
Es gibt mehrere Campgrounds im Waterton Lakes National Park, die oft schon am frühen Nachmittag belegt sind. Auf Nachfrage erhält man am Parkeingang Hinweise auf freie private Campgrounds in der Nähe.

Bootsfahrt auf dem Upper Waterton Lake
Shoreline Cruises
✆ (403) 859-2362, Fax (403) 938-5019
Abfahrten: im Hochsommer 9, 10, 13, 16 und 19 Uhr, vor dem 1. Juli 10 und 14.30 Uhr; nach Anfang Sept. 10, 13 und 16 Uhr, Fahrtdauer: 2 1/4 Std
Zum Fotografieren und zur Tierbeobachtung ist die Fahrt nach Goat Haunt in Montana besonders bei Sonnenuntergang oder am Morgen zu empfehlen.

Cameron Lake
Der Akamina Parkway führt durch das landschaftlich schöne Cameron-Tal zum ca. 50 km entfernten, von hohen Bergen eingekesselten Cameron Lake (Boots- und Kanuvermietung) in fast jungfräulicher Landschaft. Am Seeufer der **Cameron Lakeshore Trail**, 3 km, 1 Std. hin und zurück.

Red Rock Canyon
Kurzer Wanderpfad (1,5 km/40 Min. hin und zurück) am Rande einer kleinen Schlucht aus intensiv rot gefärbtem Gestein, der lebendig die verschiedenen geologischen Schichten und die Ökologie des Canyons veranschaulicht.

Bears Hump
Eine 200 m über dem Ort gelegene Felskanzel mit grandioser Aussicht auf Waterton und den See. Ab Visitor Centre 3 km, 1,5 Std. hin und zurück.

Kootenay Brown Dining Room
Im Bayshore Inn (s. Hotels)
Waterton Townsite
Spezialität: Forelle, schöner Blick. $$

The Lamp Post Dining Room
In der Kilmorey Lodge (s. Hotels)
Stilvolles Restaurant, gute Küche und gemütliche Bar. $$

Thirsty Bear Saloon
Waterton Townsite

Im Red Rock Canyon färbt Eisenoxid den Sandstein ▷

3. Tag – Route: Waterton Lakes National Park – Writing-On-Stone Provincial Park – Medicine Hat (399 km)

km	Zeit	Route
0	9.00 Uhr	Abfahrt in **Waterton Park** auf dem Hwy. 5 bis
54		**Cardston**, auf Rt. 501 nach
168		**Milk River** am Hwy. 4 und weiter auf Rt. 501 zum
211	14.00 Uhr	**Writing-On-Stone Provincial Park**, geführte Tour zu den Felszeichnungen und/oder Wanderung auf dem Hoodoo Trail.
	15.30 Uhr	Weiterfahrt auf Rt. 501 und Rt. 879 nach
272		**Foremost**, Hwy. 61 nach Osten über **Etzikom**, kurzer Besuch des Museums. Weiter nach
323		**Orion**. Rt. 887 nach Norden zum Hwy. 3 East nach
399	19.00 Uhr	**Medicine Hat**.

Routenvariante für Wohnmobilfahrer: Von Rt. 887 in Orion den Wegweisern des CAA folgen und über 56 km gute Schotterstraße nach

379 **Elkwater** im Cypress Hills Interprovincial Park. (Wichtig: besonders an Wochenenden Campground in Elkwater reservieren.)

Abkürzung: Von Writing-On-Stone zurück nach Milk River, von dort auf Hwy. 4 und Hwy. 36 nach Brooks (222 km ab Writing-On-Stone) und weiter mit Tag 6 (s. S. 130).

3. Tag – Route: Waterton Lakes National Park – Writing-On-Stone Provincial Park – Medicine Hat (399 km)

Extratour: Wer die Weite der ursprünglichen baumlosen Prärie erleben will, fährt von Orion auf dem Hwy. 61 weiter bis **Manyberries**, dort auf der Rt. 889 nach Süden zur Rt. 501 und auf dieser ostwärts zum Hwy. 41, der nach Norden in den **Cypress Hills Interprovincial Park** und nach Elkwater führt (ca. 130 km ab Orion, davon ca. 35 km Schotter).

4. Tag – Route: Medicine Hat – Fort Walsh – Cypress Hills Provincial Park – Brooks (389 km)

km	Zeit	Route
		Karte s. S. 110.
0	9.00 Uhr	Abfahrt in **Medicine Hat*** auf Hwy. 1 nach Osten, Abzweig Rt. 21 nach Süden bis
121		**Maple Creek**, weiter auf Rt. 271 zum Besuch von
171		**Fort Walsh** mit Farwells Trading Post.
	14.00 Uhr	Rt. 271 zurück Richtung Maple Creek, nach ca 6 km am Wegweiser links ab in die **Battle Creek Road**** quer durch den **Cypress Hills Interprovincial Park** zum Reesor Lake und weiter nach
221	15.00 Uhr	**Elkwater**. Den Hwy. 41 nach Norden zum Hwy. 1 W. und über Medicine Hat nach
389	18.00 Uhr	**Brooks**.

* Wer in **Elkwater** übernachtet hat, dreht die Route um und beginnt mit der Fahrt über den Reesor Lake und die Battle Creek Road (339 km bis Brooks).

** Die **Battle Creek Road** ist vom Abzweig am Hwy. 271 bis zum Reesor Lake auf ca. 35 km eine (gut befahrbare) Schotterstraße. Nach stärkeren Regenfällen empfiehlt es sich, im Fort Walsh den Straßenzustand zu erfragen und ggf. wieder über Maple Creek zurück zum Hwy. 1 zu fahren.

Extratag(e) zum Ausspannen: Im Centre Block des **Cypress Hills Interprovincial Park** (am Hwy. 21, 3 km südlich von Maple Creek, Saskatchewan) gibt es ein angenehmes Hotel (Cypress Four Seasons Resort, ✆ 306-662-4477, Fax 306-662-3238, $$–$$$), Campgrounds, einen Badesee, einen Swimmingpool, Golfplatz, Wanderwege usw.).

3. Tag – Informationen: Medicine Hat, Elkwater

Writing-On-Stone Provincial Park
Südöstl. Milk River an Rt. 501
✆ (403) 647-2364
http://milkriver.ca
Bizarre Erosionslandschaft am Milk River mit *hoodoos* und indianischen Felszeichnungen. Badeplatz am Fluss; Wanderweg (Hoodoo Trail, 4 km hin und zurück) durch die Felsformationen zu den *Battle scene*-Felszeichnungen; geführte Touren zu den Felszeichnungen im Archäologie-Reservat Mo–Fr 10 und 14 , Sa 14 und 16, So 10, 13 und 15 Uhr. Wichtig: Die (kostenlosen) Reservierungskarten für die Führungen 1 Std. vor Beginn der Tour im Park Naturalist's Office abholen.

Vorsicht: Writing-On-Stone ist Klapperschlangen-Land, schauen Sie genau, wo Sie hintreten, und greifen Sie nicht in Löcher, in die Sie nicht hineinsehen können.

Etzikom Museum & Canadian National Historic Windmill Centre
In Etzikom, neben dem Hwy. 61 bei den Windmühlen
✆ (403) 666-3737
15. Mai–1. Sept. Mo–Sa 10–17, So 12–18 Uhr
Kleines Museum mit Exponaten aus der Zeit der ersten Siedler auf der Prärie und eine Sammlung von Windmühlen der unterschiedlichsten Typen.

Medicine Hat Tourist Information
8 Gehring Rd. S.E., Medicine Hat, Alta.
✆ (403) 527-6422

Medicine Hat Lodge
1051 Ross Glen Dr. S.E.
Medicine Hat, Alta. T1B 3T8
✆ (403) 529-2222 oder 1-800-661-8095
Fax (403) 529-1538
www.medhatlodge.com
Hotel mit Restaurant und Pub. $$–$$$

Best Western Inn
722 Redcliff Dr., am Trans-Canada Hwy.
Medicine Hat, Alta. T1A 5E3
✆ (403) 527-3700, Fax (403) 526-8689
Motel mit Pool und Waschmaschinen. $$

Travelodge Motor Inn
1100 Redcliff Dr. S.W., an der Kreuzung der Hwys. 1 & 3
Medicine Hat, Alta. T1A 5E5
✆ (403) 527-2275, Fax (403) 526-7842
Mit Restaurant, Bar und Pool mit Rutschbahnen. $$

Gas City Campground
An der 7th St. S.W.
Medicine Hat, ✆ (403) 529-8158
Großer Platz mit kompletter Infrastruktur.

Wild Rose Trailer Park
28D Camp Dr. S.W.
Medicine Hat, Alta. T1A 4N3
✆ (403) 526-2248
Großer Platz mit Münzwaschmaschinen, Strom, Wasser, Abwasser.

Cavan Lake Campground
20 km östl. Medicine Hat
Dunmore, Alta. T0J 1A0
✆ (403) 502-9187, 1. Mai–1. Okt.
Einfach-Platz ohne Strom- und Wasseranschlüsse.

Fort Walsh und **Farwells Trading Post**
Hwy. 271, 55 km südwestl. von Maple Creek
Maple Creek, Sas. S0N 1N0
✆ (306) 662-2645
www.pc.gc.ca
Mitte Mai–Anfang Sept. tägl. 9.30–17.30 Uhr, Eintritt $ 7.75/4
Fort der North West Mounted Police und Handelsposten der Whisky-Trader aus den 70er Jahren des 19. Jh. Der Trading Post ist nur im Rahmen einer geführten Tour zugänglich, der Besuch des Forts auch individuell möglich. Die letzte der 1½-stündigen Führungen durch Parkpersonal in historischen Kostümen beginnt um 16 Uhr am Visitor Centre.

Green Tree Motel
Elkwater, Alta. T0J 1C0
✆/Fax (403) 893-3811
Einfach-Motel. $$–$$$

4. Tag – Informationen: Elkwater, Brooks

Head of the Hills Inn
Am Hwy. 41, 5 km nördl. Cypress Hills Park
✆ (403) 893-2108 oder 1-888-893-2108
Fax (403) 893-2108
Geöffnet Mai–Sept.
Kleines B & B mit 4 Zimmern. $–$$

Campgrounds im Cypress Hills Interprovincial Park
Reservierungen ✆ (403) 893-3782
Es gibt verschiedene Campgrounds für Wohnmobile. Nur im Elkwater und im Beaver Creek Campground gibt es Strom- und Wasseranschlüsse. Es empfiehlt sich, Plätze auf diesen beiden einige Tage vorher telefonisch zu reservieren.

Cypress Hills Interprovincial Park Visitor Centre
Elkwater, Alta. T0J 1C0
✆ (403) 893-3833, www.cd.gov.ab.ca
www.cypresshills.com
Mitte Mai–Anfang Sept. Mo–Do 10–16, Fr 13–21, Sa/So 10–18 Uhr
Straßenzustandsbericht ✆ (403) 893-3777
Bewaldete Hügel mit Seen und Bächen bilden eine grüne Oase über der heißen und trockenen Prärie.

Heritage Inn
1217 2nd St. W.
Brooks, Alta. T1R 1B8
✆ (403) 362-6666 oder 1-888-888-4374
Fax (403) 362-7319
www.heritageinn.net/brooks.php
Mit Restaurant und Pub. $$–$$$

Super 8 Motel
1240 Cassils Rd. E.
Brooks, Alta. T1R 1C3
✆ (403) 362-8000, Fax (403) 362-8008
Ketten-Motel mit Münzwaschmaschinen, Zimmer mit Kühlschrank und Mikrowellenherd. $$–$$$

Tillebrook Park
Am Hwy. 1, 7 km östl. von Brooks
✆ (403) 362-4525
Fax (403) 362-7737
Provinz-Campground, mit Stromanschluss, Duschen.

Dinosaur Provincial Park Campground
48 km nordöstl. von Brooks
✆ (403) 378-3700, Fax (403) 378-4247
Provinz-Campground, mit Duschen und Stromanschluss.

Stützpunkt der Mounties: Fort Walsh

1–4 Der Wilde Westen Kanadas

Von Mounties, Ranchers und Indianern

1. Tag: Von Calgary über Head-Smashed-In Buffalo Jump nach Lethbridge

Die Reise beginnt mit dem Alltäglich-Durchschnittlichen: die Glas-und-Stahl-Türme Calgarys im Rücken, rollt man auf der breiten Schneise des Highway 2 durch die ausufernden Vorstädte nach Süden. Autohändler, Fastfood-Filialen, Tankstellen und Shopping Center säumen abwechselnd den Weg. Es folgt brettebene Landschaft – Felder, hier und da ein Baum und ein Farmhaus –, nur an besonders klaren Tagen zeichnen sich im Westen die gezackten Gipfel der Rocky Mountains ab. Zunächst ist keine Spur vom Wilden Westen, von Prärie, Rinderherden oder Cowboys zu sehen.

Die Weizenfelder der Prärie reichen bis zu den Rockies

Dann, kaum der Autobahn entronnen und auf der Nebenstraße 540 nach Westen unterwegs, bauen sich die vorher bestenfalls als welliger Horizont wahrgenommenen Hügel zu respektabler Größe auf. In den Lücken zwischen den nahezu baumlosen Hängen leuchten die roten Häuser und silbrigen Silos der ersten Ranches, und aus den dunklen Flecken auf den je nach Jahreszeit grünen oder gelben Hügeln werden grasende Rinder.

Die *foothills*, die Vorberge der Rockies, sind ideales Ranchland. Ihr Gras, das *rough fescue*, hat auch im vertrockneten Zustand noch einen hohen Nährwert, Wasser gibt es in den von den Bergen genährten Bächen ausreichend, und im Winter schmilzt der *chinook*, ein warmer, dem Fön der Alpen vergleichbarer Wind den Schnee und lässt die Rinder genügend Futter finden.

1881, als es fast keine Bisons mehr gab, beschloss die kanadische Bundesregierung das Land im Südwesten Albertas für einen *cent per acre* zur Pacht anzubieten. Damals entstanden binnen kürzester Zeit riesige Rinderranches, darunter die **Bar U**. 1890 weideten über 10 000 Rinder und 8 000 Pferde auf den rund 63 000 Hektar Land der Bar U. Auf den Listen der Volkszählung von 1891 ist ein gewisser Harry Longabaugh als einer der 18 Cowboys der Ranch aufgeführt. Bekannt wurde Harry allerdings als der Bankräuber »Sundance Kid« aus dem »Wild Bunch«.

Die Ranches in der ebenen Prärie mussten schon zwanzig Jahre später den in den Westen strömenden *sodbusters* – Bauern, die mit ihren Pflügen die Grasnarbe aufrissen, um Getreide zu säen – weichen. Nur die Ranches im Hügelland, darunter die Bar U, überlebten. Die 35 Originalgebäude, einige stammen noch aus den 1880er Jahren, sind heute ein *National Historic Site*, in dem die große

Tradition: Cowboy auf der Bar U Ranch

Zeit des *ranching* heraufbeschworen wird. Der Reiz der Anlage besteht im Wesentlichen in der Demonstration des klassischen Ranchbetriebs im Kontrast zur Arbeit auf einer modernen *working ranch* der Umgebung.

»Kühe sind Kühe«, sagt Connie lachend vom Rücken ihres Pferdes aus, »da hat sich in den letzten hundert Jahren nicht viel geändert«, und erzählt dann vom Einzug der Technologie auf den Ranches. »Viehtriebe gibt's im Frühling schon noch hier und dort, aber um eine Herde auf eine der weiter entfernten Weiden zu bringen, benutzen unsere Nachbarn lieber LKWs.« Als Bonbon gibt sie dann noch die Adresse der Cowboy-Homepage im Internet preis, auf der Tipps zur Arbeit und Witze ausgetauscht werden (www.canadian-cowboy.com).

Auf der Weiterfahrt nach Süden empfiehlt sich ein kleiner Schlenker durchs Land der Cowboys: Der Highway 22 führt durch beindruckende Landschaft, in deren Täler sich einsame Ranches zwischen grasbedeckte Hügel schmiegen, zum **Chain Lakes Provincial Park.** Von hier gelangt man auf der Route 533 nach Nanton am Highway 2. Auf dem

Weg über die letzten Kuppen hinunter in die endlos erscheinende Ebene schweift der Blick über das Schachbrettmuster der Getreidefelder, gelegentlich von einem Farmhaus oder einer Weide mit Rindern unterbrochen.

Der 1981 von der UNESCO zu einem Teil des Weltkulturerbes ernannte **Head-Smashed-In Buffalo Jump** ist eine Klippe am Rande der Porcupine Hills. Zu Füßen der Felswand haben die Archäologen eine mehrere Meter dicke Schicht, durchsetzt mit Knochen, Speer- und Pfeilspitzen, ausgegraben, aus der sich ablesen lässt, dass hier von den Blackfoot und ihren prähistorischen Jäger-Vorfahren 5 000 Jahre lang Bisons über den Rand des Abgrunds getrieben wurden. Das in den Rand des Steilhangs hineingebaute Besucherzentrum gibt auf mehreren Etagen eine beeindruckende Einführung in Geschichte und Lebensweise der Prärieindianer zu einer Zeit, als Ihnen weder Pferde noch Feuerwaffen zur Verfügung standen. Es werden Einblicke in die Welt der Blackfoot-Indianer und die Kultur des Stammes in der Zeit vor dem Kontakt mit den Europäern gegeben. Danach folgen Details zur Büffeljagd und die Geschichte der Verdrängung der Indianer durch die Weißen. Im Erdgeschoss wird die Arbeit der Geologen erläutert.

Bisonjagd in der Vor-Pferde-Zeit, nachgestellt am Head-Smashed-In Buffalo Jump

Die Jagd auf den Prärie-Bison erforderte sorgfältige Planung und Zusammenarbeit einer großen Zahl von Jägern. Auf der Prärie oberhalb der Klippen bildeten lange Reihen aus Steinhaufen einen Korridor, der sich zum Felskante hin verengte. Der schwierigste Teil der Jagd war es, die Leitkühe in einen dieser Korridore zu locken, wo hinter den Steinhaufen plazierte Frauen und Kinder die Herde hinderten auszubrechen. In der Nähe der Klippen wartete dann eine zweite Gruppe Jäger, die die Herde so erschreckte, dass sie die Flucht nach vorne ergriff. War eine solche *stampede* erst einmal im Gange, gab es am Rande des Abgrunds kein Halten mehr, die Herde raste blindlings in den Tod.

Unten standen weitere Jäger, die alle verletzten Tiere mit Lanzen und Pfeilen töteten. Die getöteten Tiere wurden komplett verwertet: das Fleisch wurde getrocknet und mit Fett und Saskatoon-Beeren als *pemmikan* haltbar gemacht, aus dem Fell fertigte man Kleidung und die Bespannung der Tipis, aus den Sehnen wurden Schnüre und aus den Knochen Werkzeuge hergestellt.

Seinen Namen Head-Smashed-In erhielt der Ort nach einer alten Blackfoot-Legende, die besagt, dass sich einst ein junger Krieger unter den überhängenden Sandsteinfelsen versteckte, um aus der Nähe zu beobachten, wie die Bisons in die Tiefe stürzten. An diesem

Höher als der Kirchturm: die Getreidesilos der Prärie

Tag war die Jagd besonders gut, und als das Schlachten begann, fand man ihn mit zerschmettertem Kopf unter den toten Büffeln begraben.

Die Getreide-Silos von **Fort Macleod** draußen in der brettebenen Prärie sind an klaren Tagen von der Höhe des Buffalo Jump aus zu sehen. Fort Macleod entwickelte sich aus dem ersten Stützpunkt, den die North West Mounted Police (NWMP) 1874 am Ende ihres langen Marschs über die Prärie anlegte. Der denkmalgeschützte Kern dieser ältesten Ansiedlung im Süden Albertas umfasst etwa 30 Häuser aus der Pionierzeit gegen Ende des 19. Jahrhunderts. Sehenswert ist die **Bar im Queen Hotel**, die authentische Western-Atmosphäre verbreitet, und das immer noch im Stil von 1912 eingerichtete **Empress Theatre**. Hauptattraktion von Fort Macleod ist jedoch das originalgetreu wiederaufgebaute und eingerichtete Fort der NWMP. Im Fort findet sich eine Ausstellung, die die Geschichte der Polizeitruppe von ihrer Gründung als Ordnungsmacht und Friedensstifter im damals noch sehr wilden Westen bis hin zur Umwandlung in die heutige RCMP schildert. Andere Gebäude zeigen eine Sammlung von Indianer-Tipis, das Haus des Pelz-(und Whisky-) Händlers Fred Kanouse, eine Pionier-Schmiede, Kapelle und das Büro von F. W. G. Houltain. Houltain war der erste Rechtsanwalt in Fort Macleod und 1897 erster Premierminister der damals auch Alberta und Saskatchewan umfassenden Northwest Territories. Eine besondere Attraktion des Forts ist der »Musical Ride«. Viermal am Tag zeigen im Juli und August Reiter in den Uniformen der North West Mounted Police von 1878 eine Serie von mit Musik unterlegten Kavallerie-Manövern.

Das Etappenziel **Lethbridge** ist das kommerzielle Zentrum für das umliegende Farm- und Ranchland. Die Stadt auf dem Hochufer des Oldman River schmückt sich mit Gärten, Parks und der drittgrößten Konzentration von Einkaufsmöglichkeiten in Alberta. Die sieben Shopping Centers der Stadt sollen über 300 000 Quadratmeter einnehmen.

Ordentlich und aufgeräumt wirkt die Stadt. Nichts weist mehr darauf hin, dass unten im Flusstal die letzte große Schlacht zwischen Indianerstämmen auf kanadischem Boden stattfand. Eine Streitmacht aus etwa 800 Cree und Assiniboine attackierte im Oktober 1870 eine am Fluss kampierende Gruppe von Blackfoot- und Blood-Indianern. Streitpunkt waren die büffelreichen Jagdgründe. Die Angreifer hofften die durch eine Pockenepidemie geschwächten Erzfeinde Blackfoot (und ihre Verbündeten) zu vertreiben. Dummerweise hatten die Cree aber ihre Rechnung ohne die flussauf lagernden und mit modernen Repetiergewehren ausgestatteten Peigan gemacht, die ihren »Brüdern« zu Hilfe eilten. Unter der Führung von Jerry Potts brachten sie den Angreifern in mehrtägigen Kämpfen eine vernichtende Niederlage bei.

Im **Indian Battle Park**, der Stelle des historischen Schlachtfelds, steht eine weitere Erinnerung an die wilde Vergangenheit des Westens. **Fort Whoop-Up** ist das detailgetreue Replikat des Whisky-Händler-Forts Hamilton. Whoop-Up war einer von mehreren befestigten Handelsposten, die gegen Ende der 1860er Jahre an mehreren Orten im Süden von Saskatchewan und Alberta von Amerikanern aus Fort Benton in Montana gegründet wurden. Hier tauschten die Indianer Bisonfelle, Wolfspelze und Pferde gegen Gewehre und vor allem »Feuerwasser« ein.

Feuerwasser war eine teuflische Mixtur aus Alkohol und einer oder mehreren

Tradition: »Musical Ride« in Fort Macleod

Holzpalast mit Aussicht: Prince of Wales Hotel im Waterton Lakes National Park

der folgenden Zutaten: Tee, Melasse, Pfeffer, Kautabak, Tinte und Ingwer. Das Teufelszeug hatte eine verheerende demoralisierende Wirkung auf die Indianer, die im Rausch sogar ihre eigenen Stammesbrüder umbrachten. Ein Umstand, der mitverantwortlich für die Gründung der North West Mounted Police war.

Der Highway 61, auf dem es weiter nach Osten geht, trägt den Beinamen »Red Coat Trail« – in Erinnerung an den Marsch der neugegründeten North West Mounted Police über 1 600 Kilometer von Manitoba nach Südwest-Alberta. Nachdem die kanadische Regierung 1869 das Land der Hudson's Bay Company gekauft hatte, gab es westlich von Manitoba bis zu den Rocky Mountains weder Polizei noch Militär, die für Recht und Ordnung sorgten.

Whisky-Händler kamen ins Land und tauschten ihr giftiges Gebräu gegen die Bisonhäute und Pelze der Blackfoot-Indianer. Binnen kürzester Zeit hatte der Alkohol die gefürchteten Herren der Prärie zu einem traurigen Haufen degradiert, der im Rausch Amok lief und wahllos weiße Händler und seine eigenen Stammesmitglieder umbrachte.

Im Juli 1874 zogen unter der Führung von Commissioner French 300 Mann mit voller militärischer Ausrüstung plus über 100 Ochsenwagen, Kühen und landwirtschaftlichem Gerät wie Pflügen, Mähmaschinen usw. nach Westen. Ihr Ziel war Fort Whoop-Up, das berüchtigtste unter den Whisky-Händler-Forts. Mitte September war der Trupp in einer verzweifelten Lage: Die Vorräte waren so gut wie aufgebraucht, Fort Whoop-Up konnten sie nicht finden, für die Pferde gab es nicht genug Futter und der Winter stand vor der Tür.

French und Macleod ritten nach Fort Benton in Montana, dem Endpunkt der Schifffahrt auf dem Missouri, um Nachschub zu organisieren. Dort schlossen sie mit der Handelsfirma I. G. Baker, ausgerechnet einer der Firmen, die den illegalen Whisky-Handel mit den Indianern betrieben, einen Vertrag zur Versorgung der Truppe und heuerten Jerry Potts als Führer und Dolmetscher an.

Potts, Sohn eines Schotten und einer Blood-Indianerin, war ideal für den Job. Er sprach mehrere Indianerdialekte und kannte das Land wie kein anderer. Die Kehrseite der Medaille, Potts Liebe zum Whisky, entdeckten die Mounties erst nach und nach während der 25 Jahre, die er im Dienst der NWMP stand: Nach jeder Beschlagnahme illegalen Whiskys hatten die Mounties alle Hände voll zu tun, ihren Scout am Vertilgen der Beweismittel zu hindern. Von Fort Benton führte Potts die Truppe zum Fort Whoop-Up, aus dem die Händler rechtzeitig verschwunden waren, und dann einen Tagesritt weiter nach Westen, wo Fort Macleod, der erste Polizeiposten im Westen, entstand.

In Fort Whoop-Up präsentiert ein Video die Geschichte des Forts im Kontext der Eroberung der Prärie. Die Räume sind im Stil der Zeit eingerichtet und vermitteln einen Eindruck von Leben und Arbeit in einem isolierten Handelsposten in der Prärie. Sehr schön und interessant – aber der Fort Walsh National Historic Site in den Cypress Hills schildert das gleiche Thema noch einmal, noch schöner und lebendiger.

Sehr friedlich geht es im **Nikka Yuko Japanese Garden** zu. Dieses schöne Beispiel für formelle japanische Gartenarchitektur mit kunstvoll gestutzten Büschen, Wasserbecken, Bach, Stein- und Sandgarten liegt am Rand des Henderson Lake. Es gibt keine bunten Blumen, nur das Grün von Büschen und Rasen, das Grau der Steine, der leuchtende Sand und die Reflexionen im Wasser ergänzen sich zum Bild einer friedvollen Oase. Das Teehaus im Zentrum der Anlage stammt aus Japan, seine Teile sind ohne Nägel oder Schrauben zusammengefügt. Der Nikka Yuko Japanese Garden soll Ausdruck der kanadisch-japanischen Freundschaft sein – und wohl auch ein Tribut an die 6 000 Kanadier japanischer Abstammung, die während des Zweiten Weltkriegs in Lethbridge interniert waren.

Interessante Architektur zeigen die Gebäude der **University of Lethbridge.** Der kanadische Star-Architekt Arthur Erickson passte die ungewöhnlichen Gebäude in den Hang des westlichen Flussufers ein. Vom Scenic Drive am Ostufer, kurz hinter der Brücke des Whoop-Up Drive hat man einen guten Blick auf die Anlage, die viele Betrachter an ein großes, in den Hügeln gestrandetes Schiff erinnert.

2. Tag: Wo Prärie und Berge aufeinander treffen: Waterton Lakes National Park

Die Route des zweiten Tages führt aus der Prärie zurück zu den Gipfeln der Rocky Mountains. Hinter Cardston durchquert der Highway 5 eine wellige Landschaft, die nach den bewässerten Feldern zum ersten Mal Anklänge an das ursprüngliche Grasland der Prärie erkennen lässt. Wahrzeichen der von Mormonen gegründeten Stadt **Cardston** ist der schon von außerhalb der Stadt sichtbare Tempel aus weißem Granit. Die Mormonen waren die Pioniere der Bewässerung, mit der Ende des 19. Jahrhunderts aus der trockenen Kurzgrasprärie fruchtbares Ackerland geschaffen wurde.

Das **Remington Alberta Carriage Centre** in Cardston zeigt eine hervorragende Sammlung von Fahrzeugen aus der Zeit, als Pferd und Wagen die gängigen Transportmittel waren. Die Sammlung umfasst über 200 mit viel Liebe zum Detail restaurierte Vehikel, die zum größten Teil aus dem 19. Jahrhundert stammen. Es gibt Schlitten, eine Postkutsche, Planwagen, mit denen die Pioniere nach Westen zogen, einen Schulbus, eine Feuerspritze und Kutschen in vielen Variationen. Dazu eine Hufschmiede, Stellmacherei, Sattlerei und einen Einblick in eine Kutschenfabrik aus den ersten Jahren des 20. Jahrhunderts.

Der Highway 5 endet im **Waterton Lakes National Park**, oft beschrieben als »die Gegend, wo die Prärie die Berge trifft«. Die über dreitausend Meter hohen Berge des östlichen Hauptkamms der Rocky Mountains gehen hier ohne die Übergangszone der *foothills* über in die sonnenverbrannte Ebene der Prärie. Waterton Lakes ist das kanadische Anhängsel des achtmal so großen Glacier National Park in den USA, mit dem er hinsichtlich Geologie, Flora und Fauna eine Einheit bildet. Auch wenn es zur Ferienzeit im Juli und August voll wird: Der kleine Bruder von Banff und Jasper ist bisher von den Besuchermassen, wie sie Banff oder Lake Louise heimsuchen, verschont geblieben, steht diesen aber an Attraktionen in nichts nach.

Eine blau schimmernde Kette von Seen zieht sich in den von eiszeitlichen Gletschern ausgehobelten Tälern tief in die schroffen, von Schneefeldern gekrönten Gipfel hinein, unzählige Bäche rauschen über weiß, rot oder grün gefärbte Felsen ins Tal. Elche, Bighorn-Schafe, Bergziegen, Rehe, Wapiti-Hir-

Liebling der Kinder: zutrauliches Streifenhörnchen

sche, Schwarzbären und eine (eingezäunte) Herde Prärie-Bisons haben sich an die Begegnung mit hektisch fotografierenden Menschen ganz gut gewöhnt.

Wenige Kilometer nach der Einfahrt in den Park fällt der Blick auf das historische **Prince of Wales Hotel**. Der Holzpalast mit der irgendwo zwischen Schlosshotel und norwegischer Stabkirche angesiedelten Architektur thront in bester Lage auf einer Endmoräne über dem Ende des Upper Waterton Lake. Der Panoramablick vom Hotel über den See auf den Ort Waterton und die Berge ist einmalig und einen Abstecher – zum Beispiel zu einem Sonnenuntergangsdrink in der Hotelbar – wert.

Eine Bucht weiter liegt der kleine Ort **Waterton** auf dem Schwemmland-Delta des Cameron River. Waterton ist das Zentrum aller Aktivitäten im Park. Von hier fahren die Ausflugsboote nach Goat Haunt in Montana am anderen Ende des Sees, hier stehen das Informationszentrum des Nationalparks, alle Hotels und Restaurants, und eine Anzahl der *trails* in die Berge beginnen hier.

Von Waterton führt der Akamina Parkway am Cameron Creek entlang hinauf in die Wälder zum bergumstandenen **Cameron Lake**, an dem sich ein genüsslicher Nachmittag mit Picknicken in der Sonne, Kanufahren oder einem Spazier-

gang am Seeufer verbringen lässt. Der Red Rock Parkway folgt dem Blakiston Creek durch beeindruckende Landschaft zum kleinen **Red Rock Canyon**, dessen von oxidiertem Eisen intensiv rot gefärbter Sandstein einen reizvollen Kontrast zum tiefen Grün der Vegetation bildet. Ein kurzer Wanderpfad, der am Rande der kleinen Schlucht entlangführt, veranschaulicht die verschiedenen geologischen Schichten und die Ökologie des Canyons.

Auf der Fahrt zum Red Rock Canyon lohnt es sich, links und rechts der Straße nach Tieren Ausschau zu halten. Es ist nicht ungewöhnlich, am selben Tag hier einen Elch in einem Tümpel, dort einen Beeren fressenden Schwarzbären und am Parkplatz eine neugierige Gruppe von Bergziegen anzutreffen.

Zum Abschluss des Tages hat man noch einmal die Qual der Wahl: *sunset cruise* auf dem See, mit der Chance, Adler, Bergschafe und andere Vertreter der einheimischen Fauna zu sehen; den steilen Aufstieg zum Bear Hump zu bewältigen, um von diesem Aussichtsbalkon hoch über dem Ort zuzuschauen, wie sich die Schatten der Berge langsam über den See schieben; oder lieber doch zum *sundowner* an die Bar des Prince of Wales, um mit einem Glas in der Hand den Abend zu erwarten?

3. Tag: Durch die Prärie nach Medicine Hat

Mit dieser Etappe beginnt nun endgültig die Reise durch die Prärie, die allerdings nur zum Teil den romantischen europäischen Vorstellungen entspricht. Die unendliche, nahezu baumlose Grasebene, über die Bisonherden ziehen, ist Geschichte. *Prairie,* darunter versteht man heute in Kanada die sich über-

Beliebt: Paddeln auf dem Cameron Lake

◁ *»Wo die Prärie auf die Berge trifft«: Waterton Lakes National Park*

Getreidefelder bedecken die Prärie

gangslos bis zum Horizont erstreckenden endlosen Getreidefelder des *wheat belt*. Was wir als Prärie bezeichnen würden, heißt hier *grassland* und ist meist nur noch im trockenen Südwesten nahe der US-Grenze zu finden, wo es nicht genug Wasser zur Bewässerung der Felder gibt.

Ab Cardston führt der Weg auf der Route 501 nach Osten zur trockenen Grassteppe der *short grass prairie* am Milk River, der Heimat von Kojoten, Rehen, Pronghorn-Antilopen und vielen Vögeln, vom Adler über den Präriefalken bis zu Kuckuck, Bluebird und – in den *prairie sloughs* (kleinen Teichen) – Enten und Gänsen. Im kleinen Ort **Milk River** fletscht ein Dinosaurier vor imitierter Badlands-Kulisse die Zähne. Er ist das Wahrzeichen des Visitor Welcome Centre, des ersten Anlaufpunkts für die von der 20 Kilometer entfernten amerikanischen Interstate 15 heranrollenden Touristen und letzte Gelegenheit für uns, Straßenkarte, Hotel- und Campground-Verzeichnis und allerlei bunte Prospekte einzusammeln, die die tatsächlichen, aber auch die weniger wichtigen Attraktionen in Alberta anpreisen.

Writing-On-Stone Provincial Park am Ufer des Milk River ist ein magischer Ort. Sandsteinwände mit jahrhundertealten Felszeichnungen *(pictographs)* und eingeritzten Abbildungen *(petroglyphs)* begrenzen das grüne Flussufer, *hoodoos*, bizarr erodierte Sandsteinformationen, bilden einen Irrgarten am Hang, und über dem gegenüberliegenden Ufer schimmern die Sweetgrass Hills von Montana im blauen Dunst des heißen Präriesommers.

Seit Jahrtausenden schreiben die Indianer diesem Ort und den Felszeichnungen an den Sandsteinwänden magische Kräfte zu. Sie glauben, dass alle Dinge in der Welt, Pflanzen, Tiere, auch Felsen, mit übernatürlichen Geistern beseelt sind und deshalb die *hoodoos* und Felsformationen von Writing-On-Stone die Heimat besonders mächtiger Geister sind. Interessant ist die in den Sandstein geritzte Darstellung einer großen Schlacht, die so etwa um die Mitte des 18. Jahrhunderts entstanden sein muss. In der *battle scene* sind 115 Menschen, 44 Gewehre und 11 Pferde abgebildet. Man erreicht diese Stelle über einen Wanderweg quer durch die Felsformationen (Hoodoo Trail) oder über einen kurzen, aber steilen Pfad vom Parkplatz aus.

Lohnend ist auch die geführte Tour zu den Felszeichnungen im sonst nicht zugänglichen archäologischen Reservat. Der *warden*, das kanadische Gegenstück zum Park Ranger in den USA, erklärt, wie die Bilder aufgrund ihrer unterschiedlichen Stile datiert werden können, und gibt eine Einführung in die Vorstellungswelt der indianischen Urheber. Während dieser Tour sind auch die Gebäude des ehemaligen Postens der NWMP am gegenüberliegenden Flussufer zu sehen, dessen Hauptaufgabe es war, während der Prohibition in Südalberta die Alkohol-Schmuggler zu fangen. Diese versuchten das zu umgehen, was Major Sam Steele von der NWMP ein »verabscheuungswürdiges Gesetz ... und eine Beleidigung für freie Bürger« nannte.

Ein Museum der frühen Besiedlung der Prärie haben die Einwohner des kleinen Ortes **Etzikom** zusammengestellt. Die »Alternativen Energiequellen«, sprich eine Sammlung unterschiedlichster Windmühlen, kann man besichtigen.

Tagesziel **Medicine Hat:** Die Übernachtungs- und Fabrikstadt am Trans-Canada Highway entstand aus einem

Erosionsskulpturen im Writing-on-Stone Provincial Park

Baucamp der Eisenbahnbrücke über den Saskatchewan River. Später entwickelte die Stadt durch die Ausbeutung der örtlichen Erdgasvorkommen eine gewisse Prosperität. Das Erdgas war auch beteiligt an zwei der drei Ursachen für die zeitweilige überregionale Bekanntheit von Medicine Hat: die Steingutmanufaktur und Rudyard Kiplings Beschreibung als »die Stadt mit der Hölle als Keller«. Nummer drei war eine Tochter der Stadt: Fay Wray, die Heroine aus der Urfassung des Films »King Kong«.

Neben den üblichen Gebäuden aus der Pionierzeit in der hübsch restaurierten Downtown, gibt es in Medicine Hat am Flussufer eine neue City Hall in interessanter, preisgekrönter Architektur und ein stilisiertes, 65 Meter hohes Riesen-Tipi am Highway, mit dem die Kultur der Ureinwohner gewürdigt werden soll. Auf dem Gelände der ehemaligen Steingutmanufaktur finden industriegeschichtlich Interessierte das Clay Products Interpretive Centre mit Brennöfen, einer Ausstellung und Töpfern, die die alten Produktionstechniken erläutern und vorführen.

»Writing-On-Stone«: Ritz-Zeichnungen …

… in den Sandsteinwänden des Flusstals

4. Tag: Zu den Mounties in Fort Walsh und durch den Cypress Hills Interprovincial Park

»A perfect oasis in the desert we have travelled«, schreibt John Palliser über die Hügel, in denen er 1859 kampierte. Eine passende Charakterisierung der wild- und vegetationsreichen **Cypress Hills** in der Region zwischen dem südlichen Alberta und Saskatchewan. Wie eine grüne Fata Morgana erheben sie sich 400 Meter über die sonnenverbrannte, baumlose Grassteppe der Prärie. In den Tälern zwischen bewaldeten Hügeln spiegelt sich das Blau des Himmels in

»Freizeitgestaltung« in Fort Walsh

kleinen Seen, grüne Wiesen und Bäche ernähren Rehe, Hirsche und Elche. Mehrere Orchideenarten wachsen an den Ufern der Teiche und etwa 200 Arten von Vögel leben hier. Nur Zypressen gibt es keine; der Name entstand aus einer schlechten Übersetzung der Bezeichnung »montagne des cyprès«, mit der die ersten *voyageurs* die Hügel bezeichneten, weil sie die auf den Höhen wachsenden *lodgepole pines* mit den ihnen aus dem Osten bekannten *jack pines* (französisch: *cyprès*) verwechselten.

Zurück im Herzen der Cypress Hills, umgeben von Rinderranches, liegt der **Cypress Hills Interprovincial Park**, der den höchsten Teil des Hügellandes umfasst. Am Südwestrand des Parks, schon in Saskatchewan, liegt der **Fort Walsh National Historic Site**. Fort Walsh entstand 1875 nahe dem Ort des Cypress-Hills-Massakers, um den illegalen Whisky-Handel im Gebiet zu unterbinden. 1873 hatte hier eine Gruppe betrunkener Wolfsjäger ein Indianercamp in der Nähe zweier Handelsposten angegriffen und 36 Bewohner getötet. Sie wollten sich für den Verlust ihrer Pferde rächen, die ihnen von anderen Indianern gestohlen worden waren.

Die Nachricht von diesem Vorfall hatte maßgeblichen Einfluss auf die Entscheidung der Regierung in Ottawa, die North West Mounted Police zu gründen, um ihrem Herrschaftsanspruch über die von der Hudson's Bay Company übernommenen neuen Territorien im Westen Nachdruck zu verleihen und für Ruhe und Ordnung zu sorgen.

Der *National Historic Site* umfasst Fort Walsh und den nahe liegenden Trading Post von Abel Farwell, beide originalgetreue Rekonstruktionen, in denen »Be-

Endlos: Wege durch die Prärie

wohner« und »Mounties« in historisch korrekter Kostümierung vom Leben auf einem isolierten Außenposten und dem Handel mit den Indianern erzählen.

Nach so viel Geschichte folgt als Kontrastprogramm eine gemütliche Fahrt quer durch das immergrüne Herz der Cypress Hills hinüber nach **Elkwater** in Alberta. Unterwegs vorbei an Seen und Wäldern gibt es hier und da – als Vorgeschmack auf die Highway-Kilometer bis nach **Brooks** – einen Fernblick auf die in der Sommersonne flimmernde Prärie.

Mounty im Dienst

5. Tag – Route: Brooks – Dinosaur Provincial Park – Drumheller (192 km)

km	Zeit	Route
0	9.00 Uhr	Abfahrt in **Brooks** auf Rt. 873 nach Norden zur Rt. 544, diese Richtung Osten nach Patricia und zum
48		**Dinosaur Provincial Park:** hier an der Badlands-Bustour und/oder einer anderen Führung teilnehmen und Spaziergang auf dem Badlands Trail.
	14.00 Uhr	Zurück zum Hwy. 1 W. und bis zum
104		Abzweig des Hwy. 56 nach Norden.
168		In Rosedale rechts abbiegen auf den Hwy. 10 und zur
176		**Hoodoos Provincial Recreation Area**. Dann zurück nach Rosedale und auf dem Hwy. 56 nach
192	18.00 Uhr	**Drumheller**.

Empfehlenswerte Alternativroute: Wer die Fahrt auf einer gelegentlich nicht geteerten Landstraße nicht scheut, fährt auf der Rt. 544 nicht nach Patricia, sondern Richtung Westen zum Hwy. 36 nach Norden und nach 73 km links auf der Rt. 570 über Dorothy nach **East Coulee**. Diese Route führt durch die Prärie ins Tal des **Red Deer River**. Von East Coulee sind es noch 7 km auf dem Hwy. 10 nach Norden zur **Hoodoos Provincial Recreation Area**. – Eine kürzere Alternative der Route über Brooks und den Hwy. 1 biegt vom Hwy. 56 nach 51 km in Dalum rechts ab in die Rt. 569 (oder schon 8 km früher in die Rt. 564) und folgt den Wegweisern nach **East Coulee**.

6. Tag – Route: Drumheller – Edmonton (335 km)

km	Zeit	Route
0	9.00 Uhr	In **Drumheller** Besuch des **Royal Tyrrell Museum** und Fahrt auf dem Dinosaur Trail nordwestl. von Drumheller.
48		Lunch in Drumheller.
	13.30 Uhr	Abfahrt auf dem Hwy. 56 nach Norden,
90		kurzer Abstecher nach Rowley, zurück auf Hwy. 56 und über Stettler und
206		**Camrose** zum Hwy. 26 W. nach
245		**Wetaskiwin**. Über den Hwy. 2A S. zum Hwy. 13, den Schildern zum

6. Tag – Route: Drumheller – Edmonton (335 km)

km	Zeit	Route
247		**Reynolds-Alberta Museum** folgen (Besichtigung).
265		Zurück auf Hwy. 2A und auf diesem nach Norden. In Leduc auf Hwy. 2 nach
335	18.00 Uhr	**Edmonton**.

Anschlussroute: Siehe Route 1, 5. Tag Ost-Route, S. 92.

Alternativroute: Wer auf dem schnellsten Weg zurück nach Calgary will, fährt von Drummheller den Hwy. 9/72 zum Hwy. 2 (140 km bis Calgary).

km	Zeit	Route
0	9.00 Uhr	In Drumheller Besuch des **Royal Tyrrell Museum of Paleontology** und Fahrt auf dem **Dinosaur Trail** nordwestl. von Drumheller.
48		Lunch in Drumheller.
	14.00 Uhr	Abfahrt auf dem Hwy. 9 und Hwy. 72 über Beiseker zum
146		Hwy. 2 und auf diesem südwärts nach
188	16.00 Uhr	**Calgary** und ggf. Anschluss an Route 1 bis Banff.

Zusatztag in der Prärie: Vom Präriestädtchen **Stettler** aus zuckelt jedes Wochenende der museumsreife **Alberta-Prairie-Dampfzug** aus den 1920er Jahren auf einer ansonsten nicht mehr genutzten Nebenlinie der Bahn durch die Prärie. Er hält in kleinen, abseits der Durchgangsstraßen gelegenen Dörfern, in denen die Zeit stehen geblieben zu sein scheint (u. a. auch in Rowley). Unterwegs gibt es Unterhaltung und ein von den Dorfbewohnern serviertes *country dinner*. Auskunft und Reservierung: Alberta Prairie **Railway Excursions**, www.absteamtrain.com, Fahrten von Mai–Okt., im Sommer Mi–So, sonst seltener (vgl. S. 133). Für die Übernachtung in Stettler: Grandview Motel, 5720, 44th Ave., Stettler, Alta. T0C 2L0, ✆ (403) 742-3391.

5. und 6. Tag – Informationen

Dinosaur Provincial Park
Nordöstl. von Patricia
Patricia, Alta. T0J 2K0
✆ (403) 378-4342, Fax (403) 378-4247
www.cd.gov.ab.ca/parks/dinosaur
Einer der reichsten Fossilienfundorte der Welt. Im Herzen der Alberta Badlands hat die Erosion die Hänge des Red-Deer-River-Tals zerfurcht und dabei die Reste von Dinosauriern freigelegt. Eine 3 km lange Straßenschleife führt durch die Badlands, vorbei an zwei Skeletten. Die interessantesten Formationen und Fossilienfundstätten der Badlands sind allerdings nur auf den geführten Touren zugänglich, denn 90 %

des rund 6 000 km² großen Parks sind für Besucher gesperrt. Die einstündige Badlands-Bustour (Anfang Mai–Ende Aug. 10, 14, 15 und 16, außerdem Di, Do 11.30, Sa/So 11 Uhr, Reservierung ✆ 403-378-4344) führt durch das Herz des Schutzgebietes zu bizzaren Erosionsgebilden und Dinosaurierresten und bietet den besten allgemeinen Überblick.

Der etwa zweistündige *Centrosaurus Bone Bed Hike* besucht eines der Hauptausgrabungsareale, ein fußballfeldgroßes Gebiet mit einer hohen Konzentration an Dinosaurierknochen. Auf der Fossil-Safari suchen die Besucher unter Anleitung eines Rangers nach Fossilien.

Tage und Zeiten erfährt man vom Park Office; angeschlossenes Museum. Einfacher Campingplatz, Reservierung ✆ (403) 378-3700.

Restaurant im Heritage Inn
An der Rt. 873, 1 km südl. vom Hwy. 1
1217 2nd St. W., Brooks, Alta. T1R 1B8
✆ (403) 362-6666
Hamburger, Sandwiches, Salatbar – das übliche Lunch-Menü. $–$$

Hoodoos Provincial Recreation Area
Am Hwy. 10, 8 km südöstl. von Rosedale
Wind und Wetter haben bizarre Säulen mit einem »Hut« aus hartem Gestein aus dem Hang des Flusstals gewaschen. Bequemer Zugang zu einem Erosionshang der Badlands.

Drumheller Inn
100 S. Railway Ave. (Hwy. 9)
Drumheller, Alta. T0J 0Y0
✆ (403) 823-8400, Fax (403) 823-5020
Hotel mit Bar, Schwimmbad und Whirlpool. $$–$$$. Restaurant $–$$.

Badlands Motel
801 N. Dinosaur Trail
Drumheller, Alta. T0J 0Y0
✆ (403) 823-5155, Fax (403) 823-7653
Motel außerhalb Drumhellers. Zimmer mit Einbauküche. $$

Heartwood Manor
320 N. Railway Ave. E.
Drumheller, Alta. T0J 0Y4
✆ (403) 823-6495 oder 1-888-823-6495
Fax (403) 823-4935
www.innsatheartwood.com
Sieht von außen etwas merkwürdig aus, hat aber sehr komfortable Zimmer. $$$

River Grove Campground
25 Poplar St.
Drumheller, Alta. T0J 0Y0
✆ (403) 823-6655, Fax (403) 823-4935
Mit *hookups*, Duschen, Waschmaschinen; am Flussufer gelegen.

Dinosaur Trail R.V. Resort
838 Secondary Rd., 11 km außerhalb von Drumheller am S. Dinosaur Trail
✆ (403) 823-9333, Fax 403) 823-2090
Großer Campground mit allen Einrichtungen und geheiztem Pool.

Bleriot Ferry Provincial Recreation Area
Am Dinosaur Trail, 23 km nordwestl. von Drumheller, ✆ (403) 823-1749
Einfacher Campground in der Nähe der Fähre über den Red Deer River.

Mother's Mountain Tea House and Country Store
102, 1st Ave. W., Delia, an der Rt. 251
✆ (403) 364-2057
In einem schönen, restaurierten, alten Gebäude mit antiker Einrichtung. Suppe, Sandwich, Salat. $–$$

Stavros Family Restaurant
190 Railway Ave. W., Drumheller
✆ (403) 823-6362, Preiswert und gut. $–$$

Bridge Restaurant
71st Bridge St. N., Nordseite der Gordon Taylor Bridge, Drumheller
✆ (403) 823-3225
Bekanntes griechisches Restaurant, in dem viele Prominente verkehren. Der Joghurt für das Zaziki wird selbst hergestellt. $$

5. und 6. Tag – Informationen

Royal Tyrrell Museum
N. Dinosaur Trail, Drumheller
✆ (403) 823-7707 oder 1-888-440-4240
www.tyrrellmuseum.com
Mitte Mai–Anfang Sept. tägl. 9–21, sonst 10–17 Uhr, Mitte Okt.–Mai Mo geschl., Eintritt $ 10/6, unter 7 Jahren frei
Weltberühmtes Museum mit der international größten Sammlung von kompletten Saurierskeletten und anderen Fossilien. Neben der vielseitigen und interessanten Darstellung der Dinosaurier vermittelt das Museum anhand von Fossilien und Dioramen einen Überblick über die Entstehung der Arten von den Trilobiten bis zu den Säugetieren der letzten Eiszeit.

Dinosaur Trail
48 km lange Straße nordwestl. von Drumheller
Hauptattraktionen sind die Aussichtspunkte mit Blick auf die Landschaft der **Alberta Badlands**, das Tal des **Red Deer River** und, für technisch Interessierte, die Fähre über den Fluss.

Rowley
Kleines Präriedörfchen mit 13 Einwohnern. Das Dorf im Wildwest-Look mit dem urigen »Sam's Saloon« (nur jeden 4. Sa im Monat oder wenn ein Zug kommt geöffnet) diente schon mehrfach als Filmkulisse. Im Bahnhof von 1923 zeigt das **Rowley Yesteryear Artifacts Museum** (✆ 403-368-3816) die Ausstattung einer Eisenbahnstation in der Prärie und die Wohnung des Bahnhofsvorstehers.

Alberta Prairie Railway Excursions
4611 47th Ave., Stettler, Alta. T0C 2L0
✆ (403) 742-2811, www.absteamtraim.com
Von April bis Okt. kann man etwa 5-stündige Ausflüge mit historischen Dampf- oder Dieselzügen unternehmen, die jeweils unter einem bestimmten Motto stehen wie *Special Events, Fine Dining* u.a. Entsprechend variieren die Preise von $ 69–125 pro Person, Kinder ermäßigt.

Reynolds-Alberta Museum
Am Hwy. 13, 2 km westl. von Wetaskiwin
✆ (780) 361-1239 oder 1-800-661-4726
www.reynoldsalbertamuseum.com
Juli/Aug. tägl. 10–18, Juni bis 17, sonst 10–17 Uhr, Mo geschl., Eintritt $ 6.50/3, unter 6 Jahren frei
Gelungene Dokumentation der Mechanisierung von Transport, Landwirtschaft und Industrie in Alberta. In einem Hangar nebenan zeigt die Canadian Aviation Hall of Fame einen Querschnitt kanadischer Flugzeuge von den Anfängen der Fliegerei bis zur DC 3.

Informationen zu Edmonton finden Sie S. 56 ff.

»Dinny« wirbt für Drumheller

5–6

Der Wilde Westen Kanadas

Dinosaurier und Hoodoos – Eine Reise ins Erdaltertum

5. Tag: Im Dinosaur Provincial Park

Vom satten Grün der Cypress Hills geht die Reise weiter zur Mondlandschaft der Badlands, der Erosionsgebiete im Tal des Red Deer River. Nach der Fahrt durch die Prärie Süd-Albertas ist der erste Kontakt mit den Badlands des **Dinosaur Provincial Park** überraschend abrupt. Ohne Übergang reißt der Ozean aus Gras auf, eine Schlucht mit von Mineralien rot, grün, grau und braun gestreiften Wänden tut sich auf, und man starrt hinunter in die Badlands, deren nackte, bizarre Hügel und labyrinthische Schluchten den Boden des Red-Deer-River-Tals bedecken. Der Name »Badlands« ist eine verkürzte Übersetzung des Ausdrucks »mauvaises terres à traverser«, den frühe französische Trapper für die Gegend des White River in North Dakota prägten und der im Laufe der Zeit zum Synonym für schwieriges, raues und unfruchtbares Terrain wurde.

Spurensuche: Begutachtung eines Fundes bei der Fossil-Safari

Schmelzwasser gruben vor 10 000 bis 15 000 Jahren, am Ende der letzten Eiszeit, das Tal in die weichen Sedimentschichten. Erosion durch Wind und Wasser hat seitdem die Landschaft weiter geformt. Tiefe Rillen ziehen sich die Hänge hinunter, und wo schützende Lagen aus härterem Stein über den weichen Sedimenten liegen, blieben *hoodoos*, Säulen mit einem hutähnlichen Abschluss, stehen. Die bei gelegentlichen Sommergewittern vom Himmel stürzenden Wassermassen waschen die weichen Lehm- und Sandsteinhänge immer weiter aus. Teilweise verschwinden die Regenbäche durch Risse in die Erde und treten irgendwo an einer Hangflanke wieder zutage.

Mit der Zeit können diese Kanäle so groß werden, dass sie unter dem Gewicht der darüberliegenden Erde einstürzen und kraterförmige *sink holes* bilden. Bentonit, ein lehmiges Verwitterungsprodukt vulkanischer Asche, und Tuffe bedeckten in trockenen Zeiten an manchen Stellen wie bröckeliges graues Popcorn den Boden. Wenn es regnet, absorbiert Bentonit Unmengen an Wasser und wird zu einer graugrünen, schlüpfrigen Schmiere. Tückisch sind die Bentonit-Hänge, wenn nach dem Regen die Sonne wieder hervorkommt. Die noch feuchte Schicht unter der schon zum vertrauten Popcorn-Bild getrockneten Oberfläche hat ganz ausgezeichnete Schmiereigenschaften und transportiert

Regen und Wind formen die Badlands

den nichtsahnenden Wanderer mitsamt einer Lage graugrünen Schlamms zum Fuß des Hügels.

Der **Dinosaur Provincial Park** ist eine der reichsten Fossilienfundstätten der Welt. Seit Joseph Burr Tyrrell 1884 auf der Suche nach ausbeutbaren Kohlevorkommen in der Nähe von Drumheller den ersten Schädel eines Albertosaurus entdeckte, wurden mehr als 150 Skelette von über 30 verschiedenen Sauriern und Überreste von prähistorischen Krokodilen, Schildkröten, Fischen und fliegenden Reptilien gefunden. Vier der Skelette blieben, durch kleine Häuschen geschützt, im Park. Zwei davon sind über eine kurze Straße durch den für Besucher freigegebenen Teil des Parks zu erreichen, zwei weitere werden auf der geführten Badlands Bus Tour besucht. Ebenfalls frei zugänglich sind der 1,5 Kilometer lange Badlands Trail durch die Erosionslandschaft und der **Cottonwood Flats Trail**, der die grüne ökologische Nische direkt am Flussufer erschließt.

Immer wieder werden in den Badlands neue Fossilienfunde gemacht. Jeder Regenguss, so scheint es, wäscht irgendwo irgendetwas frei. So ist dann auch der größte und landschaftlich beeindruckendste Teil der Badlands wegen der vielen Fundstellen abgeriegelt und nur auf einer der von Rangern begleiteten Touren betretbar. Sehr empfehlenswert ist die Badlands-Bustour. Sie führt mitten durch eine spektakuläre Erosionslandschaft mit *hoodoos*, Türmen, Zinnen und steilkegeligen Hügeln zu zwei an Ort und Stelle belassenen Saurierskeletten. Wer sich mehr für alte Knochen interessiert, kann während des zweistündigen **Centrosaurus Bone Bed Hike** eine Fundstelle besuchen, an der auf kleiner Fläche die Knochen von etwa 60 Exemplaren liegen. Karten für diese Touren kauft man in der Field Station des Royal Tyrrell Museum of Paleontology bis spätestens eine Viertelstunde vor Beginn der Tour.

Am Eingang zum Campground des Provinzparks steht die restaurierte Hütte von John Ware, einem der frühen Siedler Albertas. Nach dem amerikanischen Bürgerkrieg aus der Sklaverei entlassen, kam er als Cowboy mit den großen *cattle drives* von Texas über Montana ins südliche Alberta und errichtete eine eigene Ranch, auf der bald über 1 000 Rinder grasten.

Wer es sich zeitlich erlauben kann, sollte vor der Weiterfahrt noch das kleine, aber interessante Museum, eine Nebenstelle des Royal Tyrrell Museum, und dessen Diashow besuchen. Ansonsten gibt es morgen das Gleiche in allerdings wesentlich größerem Rahmen im Royal Tyrrell Museum in Drumheller zu sehen.

Der weitere Weg nach Norden ist problemlos. Schnurgerade zieht sich das Asphaltband durch die Prärie, das Verkehrsaufkommen ist gering und **Rosedale** bald erreicht. Zunächst begleiten die bewässerten Weizenfelder den Weg, dann werden die Abstände zwischen den Farmen größer und die Ranches der Shortgrass-Prärie bestimmen das Bild.

Wer sich nicht scheut, auch einmal abgelegene Nebenstraßen zu fahren, sollte die Routenalternative über den Highway 36 wählen. Man muss die Weite der baumlosen, nur leicht gewellten Prärie, über der sich ein unendlicher blauer Himmel wölbt, selbst durchfahren, um verstehen zu können, worin der Reiz dieser durch ihre Weite und klare Gliederung beeindruckenden Landschaft

liegt. Die Strecke ist unkompliziert, denn es gibt selbst an den Sträßchen durch die Prärie kleine Hinweisschilder, die den Weg weisen.

Wie auch immer – der Weg führt zu den *hoodoos* am Highway 10 im Tal des **Red Deer River**. Nicht weit von **East Coulee**, einer Fast-Geisterstadt aus der Zeit der

Die »hoodoos« am Highway 10 sind Prachtexemplare ihrer Art

Kohlebergwerke, stehen prächtige, übermannshohe Exemplare dieser von Wind und Wetter aus dem Hang des Talrandes herausgearbeiteten Säulen. Die Indianer der Region glaubten, es seien versteinerte Riesen, die nachts zum Leben erwachen und mit Felsbrocken nach kecken Eindringlingen werfen würden. Große *cap rocks* aus eisenhaltigem, hartem Sandstein schützten das weiche Gestein stellenweise vor Erosion, und während rundherum die ungeschützten Bereiche viel schneller abgetragen wurden, blieben die Säulen unter dem Deckstein stehen.

Das Gelände rund um die *hoodoos* bietet die Möglichkeit, die Erosionsformationen der Badlands unmittelbar aus der Nähe zu sehen. Nehmen Sie sich Zeit, am Hang herumzuklettern und ein wenig in den Formationen zu beiden Seiten herumzulaufen. Drumheller ist nah, und im flachen, warmen Abendlicht geben die *hoodoos* und Hänge ganz vortreffliche Fotomotive ab.

Drumheller ist ein freundliches kleines Städtchen und ganz auf Dinosaurier eingestellt. Die Wimpel an den Straßenlaternen schmückt ein freundliches Dinosaurierporträt, im örtlichen Fastfood-Schuppen gibt es Dinoburger statt Hamburger, und im Park vor dem Visitor Centre fletscht »Dinny«, ein Tyrannosaurus Rex in Lebensgröße, freundlich die Zähne. Begonnen hat die Geschichte von Drumheller im Jahr 1910. Schon 1902 waren die ersten Siedler in die Gegend gekommen, aber erst die Gründung des ersten Kohlebergwerks brachte einen Aufschwung. Binnen weniger Jahre förderten 40 Bergwerke Kohle, und die Eisenbahnverbindung nach Calgary ließ auch nicht lange auf sich warten.

Nach dem Zweiten Weltkrieg endete der Aufschwung. Erdöl und Erdgas verdrängten die Kohle als Energierohstoff, und Drumheller hielt sich als Versorgungszentrum für die umliegenden Farmen und Ranches nur mühsam über Wasser. Erst die Erdöl- und Erdgasfunde – heute wird aus mehr als 3 000 Bohrlöchern im Umkreis von 50 Kilometern Öl gefördert – und das 1985 eröffnete Royal Tyrrell Museum of Paleontology als Touristenattraktion brachten einen neuen Auftrieb.

6. Tag: Von Drumheller nach Edmonton

Der nächste Tag beginnt mit dem Besuch einer weltberühmten Attraktion: des **Royal Tyrrell Museum.** Unter dem Motto »a celebration of life« präsentiert das Museum die Geschichte von 3,6 Billionen Jahren Leben auf der Erde. Es beginnt mit der Vorstellung von Fossilien und einer Einführung in die Paläontologie. Durch Panoramascheiben kann man den Wissenschaftlern des Museums beim Präparieren von Fossilienfunden zuschauen.

Auf die Darstellung der Kontinentalverschiebung folgt die Dokumentation von Darwins Theorien zur Evolution, nach denen sich die Arten an immer neue Umweltbedingungen anpassen. Über Trilobiten, Fossilien aus der Burgess-Shale-Formation, frühe Pflanzen und Fische, Insekten und Reptilien führt der Rundgang zur großen Saurierhalle mit Skeletten und lebensgroßen Modellen von 35 Dinosauriern. Ein drei Meter großer Albertosaurus mit massivem Kiefer und scharfen Zähnen herrscht über eine Ecke der Halle, und an der gegenüberliegenden Wand schaut ein zwei Stockwerke hoher Tyrannosaurus Rex nach Beute aus. Daneben steht das zehn Meter lange Skelett eines Edmontosaurus mit »Entenkopf« und stachelbewehrtem Panzer, ein

Knöchern: im Royal Tyrrell Museum

fliegender Pterosaurus schwebt über einem Dromeosaurus-Rudel, das einen Lambeosaurus erlegt. Am Ausgang der Halle werden verschiedene Theorien über das Aussterben der Dinosaurier präsentiert. Der Rundgang endet mit Exponaten der ersten Säugetiere und Informationen zur menschlichen Besiedlung während der Eiszeit.

Zum Museum gehört auch ein rund 350 Quadratmeter großes **Gewächshaus** mit über 100 verschiedenen Pflanzen, die mit der Flora Albertas zur Zeit der Dinosaurier verwandt sind. 350 Millionen Jahre alte Fossilienfunde zeigen, dass gerade einige der primitiveren Pflanzen bis heute fast unverändert auf der Erde wachsen.

Die Rundfahrt auf dem **Dinosaur Trail** führt zum Horsethief Canyon von dessen Rand der Blick über ein Labyrinth aus engen, gewundenen Tälern und Schluchten zwischen den steilen, farbig geschichteten, von der Erosion geformten Hügeln schweift. Die Gegend scheint wie geschaffen für die Pferdediebe, die hier noch zu Beginn dieses Jahrhunderts ihre Beute versteckt haben sollen. Die Felsbrocken mit den schwarzen Flecken am Rand des unteren Plateaus erweisen sich bei näherem Hinsehen als versteinerte Austernbänke aus dem prähistorischen Bearpaw-Meer.

Umkehrpunkt des Dinosaur Trail ist die Bleriot-Fähre über den Red Deer River. Die nach einem der ersten Siedler, nach dem Bruder von Louis Blériot, der als Erster den Ärmelkanal im Flugzeug überquerte, benannte Seilfähre benutzte bis 1958 die Kraft des strömenden Flusswassers als Antrieb und wird heute von einer Motorwinde über den Fluss gezogen. Auf der anderen Talseite klettert die Straße durch die Badlands hinauf zum

Plateau der Prärie. Vom **Orkney Hill Viewpoint** ergibt sich dann noch einmal ein großartiger Panoramablick auf den Fluss und die Badlands, deren von der Erosion zerfurchte Hügel sich wie die Finger einer knorrigen Hand in die Wiesen des Talgrundes krallen.

Zurück in Drumheller ist die Entscheidung des Tages fällig: Zurück nach Calgary und eventuell auf der Route 1 in die Rockies (s. S. 71 ff.) oder weiter nach Norden zu einem Besuch in der Provinzhauptstadt Edmonton (s. S. 54 ff.).

Auf dem Weg nach Norden zweigt eine Straße vom Highway 56 in das Präriedörfchen **Rowley** ab, Drehort für den Film »Bye Bye Blues«, dessen Kulisse immer wieder in Werbespots zu sehen ist. 13 Einwohner führen hier ein beschauliches Leben, ausgenommen an den Tagen, an denen ein antiker Dampf- oder Dieselzug voller Tagesausflügler aus **Stettler** am alten Bahnhof von 1923 hält. Dann laufen die *locals* zu Hochform auf: 300 Gäste werden verköstigt, und das Hämmern des Honky-tonk-Klaviers aus »Sam's Saloon« ist auf der ganzen, fünf Häuser langen Main Street zu hören.

Die Trockengras-Prärie geht während der Fahrt nach Norden langsam in Parkland über, in dem sich Wälder von Weiden, Espen, Pappeln und Fichten mit Schwingelgras-Wiesen und kleineren und größeren Seen abwechseln. Einige davon sind als Provincial Parks zu Erholungsgebieten geworden. Genau richtig, um an einem warmen Sommertag einen Bade- und Ruhetag am Ufer einzuschieben. Schilder am Highway weisen den Weg dorthin.

Das **Reynolds-Alberta Museum** nahe Wetaskiwin ist ein Tempel der Technik. In dem modernen Glasbau wurde der Mechanisierung von Transport, Land-

Die Badlands am Dinosaur Trail

Hochbetrieb in Sam's Saloon in Rowley

wirtschaft und Industrie ein großartiges Denkmal gesetzt. Am Eingang läuft zischend ein Gasmotoren-Monstrum aus der Jugendzeit der Motorisierung, und der erste Blick in die große Halle fällt auf ein Ensemble aus Dreschmaschine mit vorgeschalteter mobiler Dampfmaschine als Antrieb und einen monströsen Dampfmaschinentraktor daneben. Jeden technisch interessierten Besucher wird die funktionelle Klarheit und Geradlinigkeit der Exponate aus der Anfangszeit des modernen Maschinenbaus begeistern. Da hat jedes Hebelchen, jedes Rädchen seinen Sinn, Funktion und Anordnung sind nachvollziehbar. Rundherum stehen wunderschön restaurierte Personenwagen, Motorräder, Traktoren, Feuerwehrautos und Lastwagen aus der Vorkriegszeit.

Im großen Hangar hinter dem Museum ist die Heimat der »Canadian Aviation Hall of Fame« mit Porträts der derzeit 137 ernannten Mitglieder. Interessanter ist aber die dazugehörige Sammlung historischer Flugzeuge: von der Curtiss JN 4 des Luftfahrtpioniers Wop May über Segelflugzeuge bis zum »Arbeitstier« DC 3 findet sich hier eine Reihe liebevoll instand gehaltener Veteranen.

Die Weiterfahrt nach Edmonton führt über **Leduc**, wo an einem Nachmittag im Februar 1947 mit einer Erdölfontäne die erste erfolgreiche Bohrungen den Öl-Boom einleitete, der den heutigen Reichtum der Provinz Alberta entscheidend mitbegründet hat.

Letzter Stopp vor dem Tagesziel ist das **Visitor Centre** am Bohrturm zwischen den beiden Fahrbahnen des Highway: Hier gibt es einen Stadtplan von **Edmonton**, und freundliche Helfer erklären den Weg zum Campground oder zum Hotel in der Stadt.

Route 3 – Der Süden von British Columbia: Vancouver – Kamloops – Revelstoke – Banff – Cranbrook – Nelson – Vernon – Osoyoos – Vancouver (2 574 km)

1. Tag – Route: Vancouver – Whistler – Cache Creek (351 km)

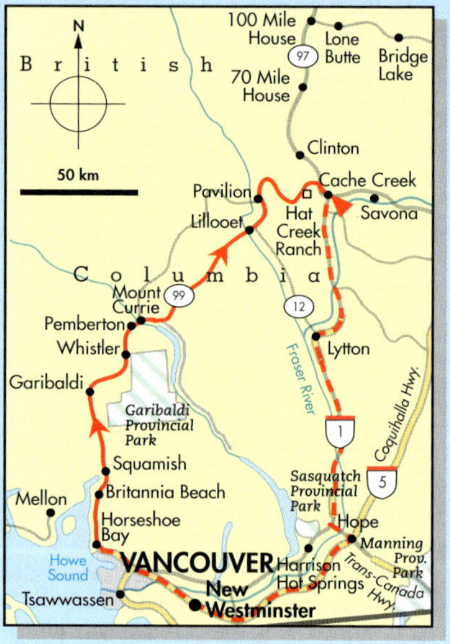

km	Zeit	Route
0	9.00 Uhr	Abfahrt in **Vancouver**. Auf der Georgia St. Richtung Lions Gate und auf dem Hwy. 99 (der bis Horseshoe Bay gleichzeitig der Hwy. 1 ist) am Howe Sound entlang nach
52		**Britannia Beach**. Dort Besuch des B.C. Museum of Mining. Danach Weiterfahrt über den Hwy. 99 zu den
62		**Shannon Falls**. Über Squamish weiter nach
123	12.30 Uhr	**Whistler:** Spaziergang und/oder Gondelbahnfahrt auf den **Whistler Mountain**. Von dort aus auf dem Hwy. 99 nach
	15.30 Uhr	**Pemberton** und rechts ab nach **Mount Currie**, wieder rechts ab und nach wenigen Kilometern links (Hwy. 99; die Straße ist meist nur von Juni bis Sept. befahrbar) in die Duffey Lake Rd. nach
267		**Lillooet***. Nun über den Hwy. 12/99 nach
351	19.00 Uhr	**Cache Creek***.

* Übernachtungs-Optionen

In Cache Creek haben Sie Anschluss an die Routen 4 (S. 186 ff.) und 5 (S. 222 ff.).

Alternativroute: Vancouver – Hope – Hells Gate – Cache Creek (347 km)

km	Zeit	Route
0	9.00 Uhr	Von **Vancouver** auf dem Trans-Canada Hwy. (Hwy. 1) nach Osten bis
154	10.00 Uhr	**Hope** und weiter auf dem Hwy. 1 nach Norden.
169		Beginn des **Fraser Canyon**. Über den Hwy. 1 erreicht man
208		**Hell's Gate** und
263		**Lytton** sowie
347	19.00 Uhr	**Cache Creek**.

1. Tag – Route: Vancouver – Whistler – Cache Creek (351 km)

Extratag: Diese Route lässt sich auch gut in zwei geruhsame Tage aufspalten. Am ersten Tag bis Whistler, am zweiten bis Cache Creek.

1. Tag – Informationen

B.C. Museum of Mining
Am Hwy. 99 in Britannia Beach
✆ 1-800-896-4044, Fax (604) 896-2260
www.bcmuseumofmining.org
Anfang Mai–Anfang Okt. tägl. 9–16.30 Uhr, sonst nur Mo– Fr Eintritt $ 13/11
Kupferbergwerk, hergerichtet als Bergbaumuseum.

Shannon Falls
Am Hwy. 99, südl. von Squamish
300 m hoher Wasserfall, spektakulär während der Schneeschmelze und nach heftigen Regenfällen; bei Frost entstehen riesige Eiskaskaden.

Whistler Visitor Information Centre
4230 Gateway Dr.
Whistler Village, B.C. , V0N 1B4
✆ (604) 932-5922, Fax (604) 932-3755
www.whistlerchamberofcommerce.com
Juni–Sept. tägl. 9–20, sonst So–Mi 9–18, Do–Sa bis 20 Uhr
Im Sommer Seilbahn auf den Whistler Mountain, im Winter unzählige Lifts und Bahnen an Whistler und Blackcomb Mountain. In der Fußgängerzone von Whistler Village gibt es mehrere kleine Restaurants, die mittags geöffnet sind.

Araxi
4222 Village Sq., Whistler, B.C. V0N 1B4
✆ (604) 932-4540, www.araxi.com
Eines der besten Restaurants in Whistler mit französisch und italienisch beeinflusster Küche; Terrasse. $$–$$$

Chef Bernard's
4573 Chateau Blvd., Whistler
✆ (604) 932-5071
Suppe, Salat, Sandwiches, Quiche usw. $–$$

Duffey Lake Road
Wunderschöne Panoramastraße von **Mount Currie** nach **Lillooet** durch die Bergwildnis der **Coast Mountains**. Die ersten 9 km durch das Indianerreservat am Lillooet Lake sind Schotter, danach beginnt der Asphalt. Die Straße ist meist von Okt.–Mai gesperrt. Auskünfte dazu gibt das Vancouver Visitor Info Centre, ✆ (604) 683-2000.

Sandman Inn
P.O. Box 278, am Hwy. 1
Cache Creek, B.C. V0K 1H0
✆ (250) 457-6284, Fax (250) 457-9674
www.sandmanhotels.com
Motel mit Restaurant. $$

Sage Hills Motel
1390 Cariboo Hwy. N.
Cache Creek, B.C. V0K 1H0
✆/Fax (250) 457-6451
Preiswertes Motel. $$

Bonaparte Motel
1395 Hwy. 97/Cariboo Hwy. N.
Cache Creek, B.C. V0K 1H0
✆ (250) 457-9693, Fax (250) 457-9697
Motel mit Pool und Whirlpool. $$–$$$

Hotel Victoria
667 Main St.,
Lillooet, B.C. V0K 1V0
✆ (250) 256-4112, Fax (250) 256-4997
Hotel im Western-Look mit Restaurant und Bar. $$–$$$

Mile-0-Motel
616 Main St., Lillooet, B.C. V0K 1V0
✆ (250) 256-7511 oder 1-888-766-4530
Fax (250) 256-4124, www.mileomotel.com

1. Tag – Informationen: Cache Creek

Einfaches Motel, es gibt auch Zimmer mit Kücheneinrichtung. $$–$$$

Marble Canyon Provincial Park
Am Hwy. 12, zwischen Lillooet und Cache Creek
Idyllischer Platz zwischen bizarren Felsen. Bademöglichkeit im See.

White Moose Resort
Loon Lake Rd., RR1
Cache Creek, B.C. V0K 1H0
✆/Fax (250) 459-2258
April–Okt. geöffnet
Privater Platz mit Hütten und Stellplätzen mit *hookups*, Duschen.

Brookside Campsite
Am Hwy. 1, 1,1 km östl. von Cache Creek
Cache Creek, B.C. V0H 1H0
✆ (250) 457-6633
Geöffnet April–Okt.
Mit *hookups*, Pool und Waschmaschinen.

Informationen zur Alternativroute vgl. Route 4, Seite 186 ff.

2. Tag – Route: Cache Creek – Kamloops – Revelstoke (314 km)

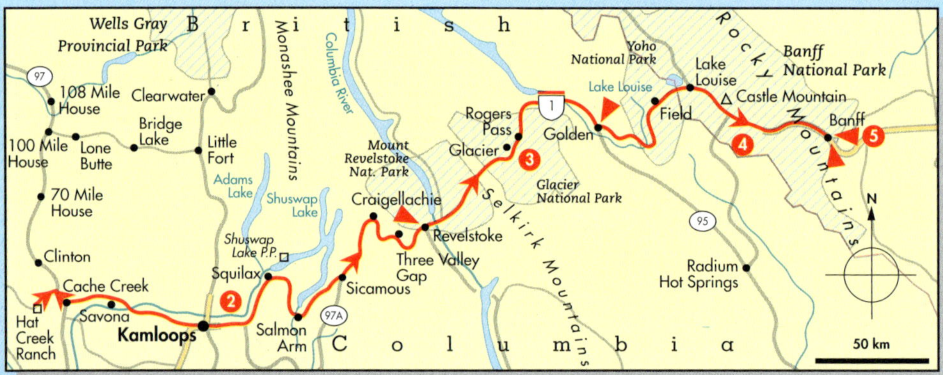

km	Zeit	Route
0	9.00 Uhr	Von **Cache Creek** auf dem Hwy. 97 nach Norden, Abzweig auf Hwy. 12 zum Besuch der
12		**Hat Creek Ranch**. Von dort aus zurück nach
	11.00 Uhr	**Cache Creek** und auf dem Trans-Canada Hwy. (Hwy. 1) nach Osten. Hinter **Savona** kurzer Stopp am Aussichtspunkt hoch über dem **Kamloops Lake**. Vorbei an
108		**Kamloops** und
216		**Salmon Arm** nach
243		**Sicamous**, unterwegs kurze Stopps in
268		**Craigellachie** und
302		**Three Valley Gap** und weiter nach
314	18.00 Uhr	**Revelstoke**.

3. Tag – Route: Revelstoke – Glacier National Park – Golden/Field (200/251 km)

km	Zeit	Route
		Karte s. S. 144.
0	9.00 Uhr	Von **Revelstoke** Hwy. 1 ostwärts, Stichstraße in den **Mt. Revelstoke National Park** (Summit Rd.) zum Parkplatz am
26		**Balsam Lake**, Shuttle Bus oder ca. 1 km langer Pfad zum Gipfel des **Mount Revelstoke** und dort Spaziergang, z. B. auf dem Meadows in the Sky Trail.
	11.00 Uhr	Zurück zum Hwy. 1 nach Nordosten zum **Glacier National Park**, unterwegs Spaziergang auf dem **Giant Cedars Trail**
	14.30 Uhr	über **Canyon Hot Springs** weiter zum
122		**Rogers Pass Centre** auf der Passhöhe. (Zeitzonenwechsel: Uhr eine Stunde vorstellen!)
200	18.00 Uhr	**Golden*** (Ortszeit = 17 Uhr Revelstoke-Zeit)
251	19.00 Uhr	**Field***.

* Übernachtungs-Optionen

4. Tag – Route: Golden – Yoho National Park – Lake Louise/ Banff (117/186 km)

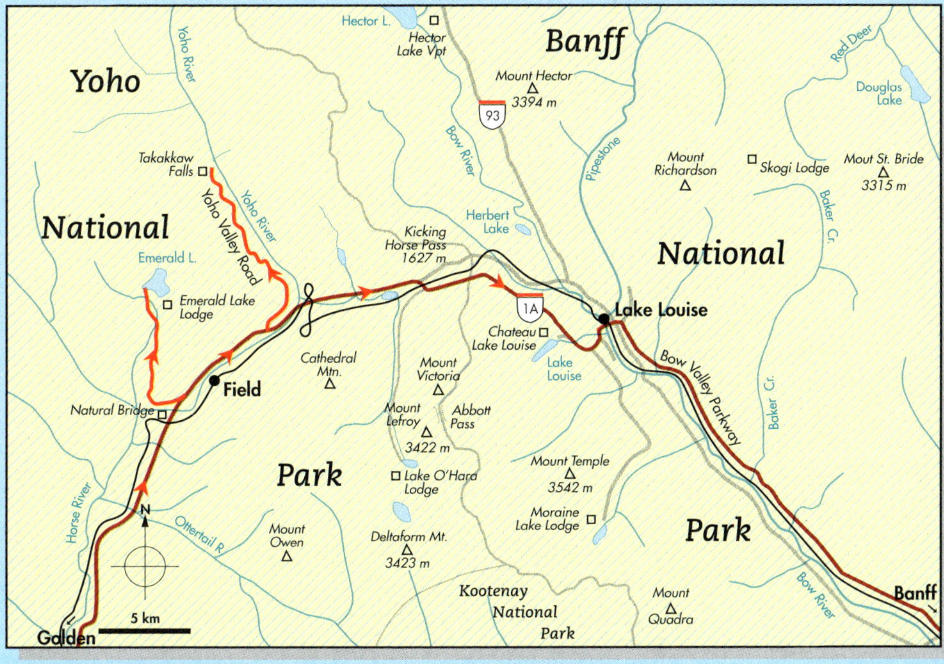

4. Tag – Route: Golden – Yoho National Park – Lake Louise/ Banff (117/186 km)

km	Zeit	Route
0	9.00 Uhr	Abfahrt in **Golden** auf dem Hwy. 1 E.
48		Abzweig der Straße zum **Emerald Lake**
50		Natural Bridge
56		**Emerald Lake**, Spaziergang am See.
	12.00 Uhr	Zurück zum Hwy. 1 nach
66		**Field**, Besuch im Visitor Centre.
72		Über den Abzweig der Yoho Valley Rd. zu den
85		**Takakkaw Falls**.
	15.00 Uhr	Zurück zum Hwy. 1. In den Hwy. 1A zum
95		**Kicking Horse Pass** abbiegen, vom Pass weiter zum
104		**Lake Louise** und
117		**Moraine Lake**, Spaziergang auf Rock Piles Trail.
		Zurück nach **Lake Louise Village***.
Option:		
	18.00 Uhr	Fahrt auf dem Bow Valley Pkwy. nach
186		**Banff***.

* Übernachtungs-Optionen

Informationen zu diesem Tag finden Sie unter Route 1, 1. Tag (s. S. 72 ff.) und 2. Tag (s. S. 76).

5. Tag – Programm: Banff

km	Zeit	Route
0	9.00 Uhr	Abfahrt in **Lake Louise** auf dem Bow Valley Pkwy. nach Banff. Unterwegs Spaziergang in den **Johnston Canyon**. Weiterfahrt nach
69	11.00 Uhr	**Banff:** Besuch des Banff Information Centre, Bummel auf der Banff Avenue zum Bow River und Lunch.
	Nachmittag	Besuch des **Luxton Museum** und des **Cave & Basin National Historic Site**, Seilbahnfahrt auf den **Sulphur Mountain** und ggf. abends Baden im **Upper Hot Springs Pool**.

Informationen zu diesem Tag finden Sie auf den Seiten 72 ff.

2. Tag – Informationen: Kamloops, Revelstoke

Hat Creek Ranch
11 km nördl. vom Cache Creek an der Kreuzung der Hwys. 97 & 99
✆ (250) 457-9722 oder 1-800-782-0922
www.hatcreekranch.com
Mitte Mai–Ende Sept. tägl. 9–17 Uhr, Eintritt $ 7
1863 erbaute Ranch und Roadhouse an der Cariboo Waggon Road.

Chapters Viewpoint
610 W. Columbia St.
Kamloops, B.C. V2C 1L1
✆ (250) 374-3224
Spektakuläre Aussicht auf die Stadt und die umgebenden Berge. Mexikanische und amerikanische Küche. Reservieren. $$

Three Valley Gap Ghost Town
Three Valley Gap, B.C.
✆ (250) 837-2109, www.3valley.com
Mai–Sept. tägl. 8–17 Uhr geführte Touren
25 hierher translozierte Gebäude, darunter eine Kirche, zwei Schulgebäude und ein General Store.

Revelstoke Chamber of Commerce
204 Campbell Ave., P.O. Box 490
Revelstoke, B.C. V0E 2S0
✆ (250) 837-5345, Fax (250) 837-4223
www.revelstokecc.bc.ca/vacation

MacPherson Lodge B & B
7 km südl. am Hwy. 23, 2135 Clough Rd.
Revelstoke, B.C. V0E 2S0
✆ (250) 873-7041 oder 1-888-875-4924
www.mcphersonlodge.com
In einem rustikalen Holzhaus außerhalb des Ortes in ruhiger Lage. $$$

Revelstoke Lodge
601, 1st St. W., Revelstoke, B.C. V0E 2S0
✆ (250) 837-2181 oder 1-888-559-1979
www.revelstokelodge.com
Motel in Downtown, mit Pool. $$

Camping in Revelstoke
Mit einer Ausnahme (Williamson's Lake) liegen alle Campgrounds zwischen Highway und Eisenbahnlinie. Groß ist die Lärmbelastung während der Nacht.

Williamson's Lake Campground
1818 Williamson Lake Rd.
Revelstoke, B.C. V0E 2S0
✆ (250) 837- 5512, Mitte April–Mitte Okt.
www.williamsonlakecampground.com
Ruhig gelegen, am See. Anfahrt über Victoria Ave. S., 4th St. und Airport Way.

Blanket Creek Provincial Park
30 km südl. von Revelstoke am Hwy. 23
✆ (250) 825-3500, Mai–Okt. geöffnet
Einfacher Campground am Arrow Lake.

The Ol' Frontier
An der Kreuzung der Hwys. 1 & 23 N.
Revelstoke, ✆ (250) 837-5119

One Twelve Restaurant
112 1st St. E., im Regent Inn
✆ (250) 837-2107, www.regentinn.com
Eingerichtet im Stil der Anfangsjahre der Canadian Pacific Railway. $$$

3.–5. Tag – Informationen

Summit Cycle Tours
1st St. E., im Hotel Regent Inn
Revelstoke, B.C. V0E 2S0
✆ (250) 837-3734 und 1-888-700-3444
www.summitcycle.com
Fahrradtouren für jedes Bedürfnis, auch Abfahrten vom Mt. Revelstoke.

Giant Cedars Trail
Reizvoller Wander-Lehrpfad durch den Regenwald mit teilweise über 800 Jahre alten Riesenbäumen.

Canyon Hot Springs
Am Hwy. 1, 35 km östl. von Revelstoke

✆ (250) 837-2420, Fax (250) 837-3171
www.canyonhotsprings.com
Mai–Sept. geöffnet
Campground und zwei von heißen Quellen gespeiste Pools mit 26 °C und 40 °C Wassertemperatur.

Rogers Pass Centre
Hwy. 1, auf der Passhöhe
✆ (250) 837-7500
Mitte Juni–Anfang Sept. 8–19, sonst 9–17 Uhr
Infocenter, Tankstelle, Restaurant mit Blick auf die umliegenden Gipfel. Im Info Centre informieren Displays und Filme über die Geschichte des Passes.

Golden Visitor Info Centre
500, 10th Ave. N., Golden, B.C. V0A 1H0
✆ (250) 344-7125, Fax (250) 344-6688
www.goldenchamber.bc.ca

Prestige Inn
1049 Trans-Canada Hwy.
Golden, B.C. V0A 1H0
✆ (250) 344-7990, Fax (250) 344-7902
www.prestigeinn.com
Vier-Sterne-Hotel mit Restaurant, Pool usw. $$$

Golden Super 8 Motel
1047 Trans-Canada Hwy.
Golden, B.C. V0A 1H0
✆ (250) 344-0888, Fax (250) 344-7288
Ketten-Motel. $$$

Golden Rim Motor Inn
1416 Golden View Rd.
Golden, B.C. V0A 1H0
✆ (250) 344-2216, Fax (250) 344-6673
Mit Restaurant, Swimmingpool, Sauna. $$–$$$

Hillside Lodge
1740 Seward Frontage Rd.
13 km westl. Golden, Golden, B.C. V0A 1H0
✆/Fax (250) 344-7281
www.hillsidechalets.com
Ruhig und schön am Blueberry River gelegen, deutsche Küche. $$–$$$

Whispering Spruce Campground
1422 Golden View Rd.
Golden, B.C. V0A 1H0, ✆ (250) 344-6680
www.whisperingspruce.net
Mitte April–Mitte Okt.
Mit Duschen, Waschmaschinen, *hookups*, Feuerholz.

DeGagne RV Park
Am Hwy. 1, 25 km westl. von Golden in Donald Station
2739 Big Bend Hwy., ✆/Fax (250) 340-8482
Duschen, Waschmaschinen und *hookups.*

Field Visitor Centre
Am Hwy. 1
Field, B.C. V0A 1G0
✆ (250) 343-6783, Fax (250) 343-6012
Mai–Juni 9–17, Juli/Aug. 9–19, sonst 9–16 Uhr
Displays und Videos zum Park und den Fossilienfunden im Burgess Shale.

Emerald Lake Lodge
8 km nördl. vom Hwy. 1, Emerald Lake Rd.
Field, B.C. V0A 1G0
✆ (250) 343-6303, Fax (250) 343-6724
Reservierung unter ✆ 1-800-663-6336
www.crmr.com, emlodge@rockies.net
Auf einer Halbinsel im Emerald Lake gelegen. Schöne, nicht ganz billige Übernachtungsalternative zu Field. $$$$

Cathedral Mountain Lodge
Yoho Valley Rd., 4 km östl. von Field
Field, B.C. V0A 1G0
✆ (250) 343-6442, Fax (250) 343-6424
www.cathedralmountain.com
Mitte Mai–Mitte Okt. geöffnet
Ruhige Lage im Wald am Kicking Horse River. Restaurant. $$$$

Kicking Horse Lodge
100 Centre St., Field, B.C. V0A 1G0
✆ (250) 343-6303, Fax (250) 343-6355
Zentrale Lage in Field. $$$

Informationen zum 4. und 5. Tag finden Sie S. 76 und S. 72 ff.

Der Süden von British Columbia

Vom Pazifik in die Rockies

1–5

1. Tag: Der Weg über die Berge

Die Route beginnt mit einer kurzen Fahrt auf dem Trans-Canada Highway (Hwy. 1 W.) von Vancouver zum Hafen **Horseshoe Bay**, von dem aus Autofähren die Verbindung zum Westende des Trans-Canada Highway auf Vancouver Island herstellen. Sie wechselt dort zum Highway 99, der sich fast 40 aussichtsreiche Kilometer am Ufer des Howe Sound entlang nach Squamish schlängelt. Unterwegs blickt man immer wieder auf das im Sonnenlicht tiefblau glitzernde Wasser der Bucht, die umrahmt wird von dunkelgrünen, dicht bewaldeten Bergen. **Britannia Beach** taucht auf und gleichzeitig ein malerisch am Ufer liegender weißer Dampfer.

Attraktion des Ortes ist aber nicht der Dampfer, sondern der gegenüber liegen-

Britannia Beach am Howe Sound

de elfstöckige *concentrator* des Britannia-Beach-Kupferbergwerks, in dem früher Kupfer-Erz zermahlen und chemisch angereichert wurde. Das einst größte Kupferbergwerk im britischen Empire wurde 1974 stillgelegt und später zum Industriedenkmal erklärt. Heute beherbergt es das **B.C. Museum of Mining**. Interessierte Besucher können mit der Grubenbahn ein kleines Stück in die einst über 200 Kilometer langen Stollen hineinfahren und sich eine Demonstration der Abbautechnik ansehen.

Zehn Kilometer nördlich von Britannia Beach ragt die Granitwand des Stawamus Chief, ein Dorado der Felskletterer, fast 700 Meter in den Himmel, und nicht weit davon entfernt stürzt das gischtende Wasser der **Shannon Falls** zur Erde. Am Ende der Bucht liegt **Squamish**, die Stadt der Holzfäller, die schon seit über 100 Jahren die Wälder der Coast Mountains abholzen. Im Wasser schwimmen die riesigen Flöße aus Baumstämmen, mit denen das qualmende Zellulosewerk am anderen Ufer gefüttert wird. Bei der Weiterfahrt auf dem Highway 99 hinauf in die Berge nach Whistler begegnet man immer wieder hochbeladenen, bergab donnernden *logging trucks*.

In **Whistler**, der Super-Skistation zu Füßen der schneesicheren Pisten auf Whistler und Blackcomb Mountain, ist es im Sommer verhältnismäßig ruhig. In der Fußgängerzone gehen sich Flaneure und Radfahrer mühelos aus dem Weg, und rund um den Dorfplatz des Ortes

Gemächlicher Sommerbetrieb am Dorfplatz von Whistler

Am Seton Lake beginnt der Abstieg nach Lillooet im Tal des Fraser River ▷

sind in den Straßencafés noch Plätze frei. Keine Spur von den Besucherströmen der »Hauptsaison« (bis zu 25 000 sollen es sein, die an schönen Winterwochenenden nach Whistler kommen), und selbst an der Gondelbahn auf den Whistler Mountain gibt es keine Warteschlangen. Ohne Aufenthalt schwebt sie mit Mountainbikers und Wanderern hinauf zu den Bergwiesen oberhalb der Baumgrenze.

Nach dem Lunch auf dem Dorfplatz oder hoch oben auf dem Whistler Mountain, mit Blick auf Felsgrate und schneebedeckte Gipfel, geht die Fahrt über **Pemberton** und durch das Indianerreservat am Lillooet Lake zur **Duffey Lake Road.** Die ehemalige *logging road*, unbefestigt, rauh, voller Schlaglöcher und enger Kurven, hat sich in den letzten Jahren zu einer geteerten Panoramastraße mitten durch das Herz der Coast Mountains gemausert. Über einen niedrigen Pass führt die Route durch stille Bergwälder: Bergbäche rauschen und gurgeln neben der Straße, und im waldgesäumten Duffey Lake spiegeln sich die firngekrönten Gipfel der Coast Mountains.

Wald, Berge, Einsamkeit und Ruhe, dann schwingt sich die Straße in weiten Bögen vom Seton Lake hinab zum Fraser River, aus dessen tiefen Kolken Angler immer wieder meterlange Störe, wahre Prachtexemplare, ziehen.

Lillooet, unten im Tal des Fraser River, war bis zum Bau des Weges durch den Fraser Canyon der Ausgangspunkt der Cariboo Waggon Road zu den Gold-

In der Gaststube der Hat Creek Ranch kehren keine Postkutschen-Passagiere mehr ein

feldern des Cariboo-Gebietes. Als Highway 12 folgt die Straße dem einstigen Trail der Goldgräber, Händler und Halunken über die Berge nach Cache Creek. Unterwegs wartet ein *demonstration forest* auf informationshungrige Besucher, und der **Marble Canyon Provincial Park**, idyllisch zwischen bizarren Felsformationen an einem kleinen See gelegen, lädt Camper und Wohnmobilfahrer ein, hier die Tagesetappe zu beenden.

2. Tag: Zurück in die Pionierzeit

Cache Creek, einige Kilometer weiter, ist ein nichtssagendes Straßendorf mit Motels, Campgrounds und Supermarkt. Einst ein Rastplatz für die *miners* auf dem Weg zu den Goldfeldern, hat es heute die gleiche Funktion für die Trucker auf dem Weg zwischen Produzent und Verbraucher. Wie Lytton ist Cache Creek Basis für Wildwasser-Schlauchbootfahrten durch die tief eingeschnittenen Täler von Thompson und Fraser River. Wenige Kilometer nördlich von Cache Creek, wo der Highway 12 und der Highway 97 aufeinander treffen, hält die **Hat Creek Ranch** die Erinnerung an die Pionierzeit wach. Sie war Halte- und Versorgungspunkt der rot-gelben B.X.-Postkutschen auf der Cariboo Waggon Road zu den Goldfeldern bei Barkerville (s. Route 4, S. 194 f.).

Auf dem Trans-Canada Highway geht es weiter durch das Tal des Thompson River nach Osten. Das hügelige Land beiderseits der Straße liegt im Regenschatten der Küstenberge. In der trockenen Savanne gedeiht wenig außer *short grass* und *sagebrush* – und Ginseng, der unter der schwarzen Folie, die hier und da die Felder bedeckt, heranwächst. Die Savanne ist das Land der Rinderranches,

Wassersport ist Trumpf auf den Shuswap Lakes

nur ein kleiner bewässerter Streifen des Landes am Fluss leuchtet in sattem Grün. Beim Winzlings-Ort **Savona** verschwindet der Thompson River im Kamloops Lake und der Highway klettert hinauf zu einem Aussichtspunkt in den Hügeln. Vom Parkplatz schweift der Blick weit über den azurblauen See und das ausgedörrte grau-gelb-braune Land mit einem leuchtend grünen Flickenteppich bewässerter Felder am Ufer des Sees.

Vorbei an **Kamloops** (s. S. 230), dem früheren »Rindfleisch-Zentrum« Kanadas, das sich zu einer prosperierenden Industriestadt entwickelt hat, führt der Highway Richtung Osten. In der Nähe des kleinen Ortes Squilax fließt der **Adams River**, in dem sich alle vier Jahre gegen Ende Oktober das Schauspiel eines gigantischen Lachszuges abspielt. Bis zu zwei Millionen Sockeye-Lachse laichen dann hier nach ihrem Hunderte Kilometer langen Weg durchs turbulente

Im Stil der frühen Eisenbahnzeit: das Hotel von Three Valley Gap

Wasser des Fraser und Thompson River. Im Jahr 2006 wird es wieder so weit sein: Von den Pfaden am Ufer des Adams River wird man das rote Fisch-Heer beobachten können. Im **Roderick Haig-Brown Provincial Park** begleitet dann das informative »Salute to Salmon«-Programm dieses Naturschauspiel.

In den beiden Wassersportzentren **Salmon Arm** und **Sicamous** an der Seenplatte der Shuswap Lakes werden Hausboote für Ferien auf dem Wasser vermietet. Freizeitkapitäne können ihre Route aus über tausend Kilometer Wasserwegen auf den Seen zusammenstellen. Bei Sicamous wird die Landschaft wieder grün, aus Hügeln werden Berge. Der Trans-Canada Highway und der Schienenstrang der Canadian Pacific Railway zwängen sich auf ihrem Weg in die Monashee-Berge gemeinsam ins Tal des Eagle River. Am Weg liegt **Craigellachie**. Flatternde Fahnen, ein Bremserwagen und ein Denkmal markieren hier die Stelle, an der sich am 7. November 1885 nach vierjähriger Bauzeit die gleichzeitig von Osten und Westen vorangetriebenen Schienenstränge der ersten transkontinentalen kanadischen Eisenbahn trafen. Donald Alexander Smith fiel es an diesem regnerischen Novembermorgen zu, den letzten Schwellennagel einzuschlagen, was ihm beim zweiten Anlauf auch gelang. William Cornelius van Horne, Generalmanager der Canadian Pacific Railway, fasste den historischen Moment in 15 Worten zusammen: »All I can say is that the work has been done well in every way.« Im enger werdenden Tal steigt die

Straße jetzt steiler an, bevor sie, kurz vor dem höchsten Punkt – dem Eagle Pass – den von Felswänden umstandenen Three Valley Lake erreicht, an dessen Ende die roten, mit mehreren Reihen Giebeln bestückten Dächer von **Three Valley Gap** leuchten.

Das weitläufige Three Valley Gap Motel umschließt einen hübschen kleinen Park voller Blumenbeete am Seeufer. Daneben stehen historische Eisenbahnwaggons und eine *ghost town* aus Gebäuden – Spielhöllen, Kneipen und Wohnhäusern –, die der Besitzer im ganzen Westen erstanden und hierher transportiert hat und die mit authentischen Einrichtungsgegenständen aus ihrer Zeit ausgestattet sind – einer Long Bar, Roulette-Rädern und Spucknäpfen.

Revelstoke, auf der anderen Seite des Passes am Columbia River gelegen, pflegt seine viktorianische Architektur: Holzhäuser mit verschnörkelten Veranden, Steingebäude mit verzierten Simsen und ein repräsentatives Gerichtsgebäude mit Kuppel und Turm. Auch die Häuser der Innenstadt an der kleinen, von zwei Bären bewachten Fußgängerzone wurden in den letzten Jahren fein herausgeputzt. Revelstoke war und ist eine *railway town*, zwar gibt es die Werkstätten und den Güterbahnhof nicht mehr, aber noch immer wird die Innenstadt an drei Seiten von Eisenbahngeleisen umschlossen (die vierte Grenze ist der Columbia River), und das Grummeln und traurige Heulen der Diesellok-Signale schallt genauso eindringlich durchs Tal wie früher das schrille Pfeifen und Puffen der Dampfloks.

Eisenbahnliebhaber zieht es ins nostalgische Eisenbahnmuseum von Revelstoke, in dem mit historischen Wagen, einer Mikado-Lok und Fahrgeräuschen vom Band die Erinnerung an die »gute alte Dampf-Zeit« gepflegt wird.

3.–5. Tag: Blumenwiesen und Bergkulissen

Die Hauptattraktion von Revelstoke liegt außerhalb der Stadtgrenze und 1 600 Meter höher: der **Mount Revelstoke National Park**. Der Summit Parkway schlängelt sich über 27 Kilometer durch dichten Wald aus Cedar- und Hemlock-Tannen in Serpentinen hinauf bis zum Gipfel des Mount Revelstoke. Unterwegs gibt es einen Aussichtspunkt mit Blick auf Stadt, Berge und Fluss. Oben angekommen schweift der Blick über die vergletscherten Selkirk-Berge im Nordosten, das tief eingegrabene Bett des Columbia River und die Monashees im Westen.

Keinesfalls versäumen sollte man den etwa einen Kilometer langen »Meadows in the Sky«-Wanderpfad im Gipfelgebiet. Er führt zu Aussichtspunkten auf die grandiose Bergwelt und durch alpine Wiesen, die von Juli bis August mit

Die Farben des Sommers: Blumenwiese auf dem Mount Revelstoke

einem leuchtend bunten Blütenteppich aus Wildblumen überzogen sind.

In Revelstoke beginnt der **Trans-Canada Highway** vom Tal des Illecillewaet River seinen Aufstieg durch die dunklen, feuchtigkeitstriefenden Regenwälder am Westhang der **Selkirk-Berge** hinauf zum Rogers Pass im Glacier National Park. Unterwegs gibt es auf dem **Giant Cedars Trail** eine Möglichkeit, den Urwald mit seinen teilweise über 800 Jahre alten Riesenbäumen und dichtem Unterholz kennen zu lernen. Ein anderer Spazierweg zeigt, wie Biber die Landschaft für ihre Zwecke umgestalten, und der Skunk Cabbage Trail führt durch einen Dschungel, in dessen Feuchtbiotop Bisamratten, Biber und viele Vögel leben.

Das letzte Stück Straße über den Rogers Pass verläuft durch eine der wildesten Landschaften in West-Kanada: Schroffe Felsberge erheben sich aus den Tälern, Hunderte von Gletschern, die jedes Jahr von den gewaltigen Schneefällen des Winters gespeist werden, und reißende Schmelzwasserströme ließen das Land lange Zeit unzugänglich erscheinen. Erst 1962 wurde dieser Abschnitt des Trans-Canada Highway vollendet und durch Lawinengalerien vor den Schneemassen des Winters einigermaßen geschützt. Er folgt der ursprünglichen Trasse der Canadian Pacific Railway, die 1916 nach dem Bau eines acht Kilometer langen, wintersicheren Tunnels durch den Berg aufgegeben worden war. Gesucht und gefunden hat diesen Weg durch die Berge 1882 ein Major Albert Rogers, dem die Eisenbahnchefs versprochen hatten, den zu findenden Pass nach ihm zu nennen. Die Aussicht auf Unsterblichkeit war Rogers wichtiger

Grün und feucht: Regenwald am Giant Cedars Trail

Der Trans-Canada Highway durchquert die beeindruckende Bergwelt der Selkirk Mountains

als die zusätzlich ausgelobte Prämie: Den Scheck über 5 000 Dollar, damals eine beträchtliche Summe, ließ er rahmen und hängte ihn in sein Büro.

Trotz der schroffen Felswände und der vergletscherten Gipfel, die die Straße umstehen, ist die Fahrt hinauf zum Rogers Pass eher einfach: keine Serpentinen, keine steilen Anstiege oder über dem Abgrund in Felswände gesprengte Fahrspuren. Von spektakulären Passstraßen, wie man sie aus den Alpen kennt, hat der breite Highway eher wenig. Erst im Winter, wenn die vom Pazifik herantreibenden, feuchtigkeitsbeladenen Wolken Unmengen Schnee (die mittlere jährliche Schneefallmenge beträgt 9,40 Meter, in Ausnahmejahren können es bis zu 25 Meter werden) auf die Selkirk Mountains schütten und die Lawinen zu Tal donnern, wird klar, warum der Übergang über diesen Pass solch ein großes Problem war.

Oben auf der Passhöhe erzählt das **Rogers Pass Centre** die Geschichte des Baus von Eisenbahnlinie und Straße über den Pass und veranschaulicht den winterlichen Kampf gegen den Schnee mit Exponaten und Filmen.

Jenseits der Passhöhe zwängt sich der Highway durch ein enges von Lawinenschneisen gezeichnetes Tal und folgt dann dem Beaver River hinunter in das Städtchen **Golden**. Golden liegt wie Revelstoke am hier noch jungen Columbia River. Das Tal ist ein Teil des Rocky Mountain Trench, eines Grabenbruchs, der die Grenze zwischen den Rockies im Osten und dem Columbia Massiv, bestehend aus Selkirk-, Monashee-, Purcell- und Cariboo-Bergen, bildet. Von Golden führt der Weg nach Osten in den **Yoho National Park** und über den Kicking Horse Pass nach **Lake Louise** und **Banff** im **Banff National Park** (vgl. Route 1, 1. und 2. Tag, Seite 77 ff.).

6. Tag – Route: Banff – Kootenay National Park – Fort Steele/ Kimberley (261/302 km)

km	Zeit	Route
0	9.00 Uhr	Abfahrt in **Banff** auf dem Hwy. 1 W. bis **Castle Junction**, dort in den
30		Hwy. 93 (Banff-Windermere Hwy.) und über den
40		**Vermilion Pass** zum
47		**Marble Canyon**, Spaziergang. Weiterfahrt zum Parkplatz an den **Paint Pots**, Spaziergang. Weiterfahrt nach
132		**Radium Hot Springs** und durch die Schlucht des Sinclair Canyon zum
135	13.00 Uhr	Hwy. 95. Auf diesem über Windermere und Canal Flats nach Süden bis
261	15.00 Uhr	**Fort Steele**, Besuch im Fort Steele Provincial Heritage Park. Übernachtung in Fort Steele, in
279		**Cranbrook** oder in
302	17.30 Uhr	**Kimberley**.

Zusatztage: Der **Kootenay National Park** ist ein Bergwander-Paradies. Der **Simpson Trail** führt vom Hwy. 93 in die beeindruckende Landschaft des **Mount Assiniboine Provincial Park** mit vielen schönen Pfaden und einem Campground (ein Tag oder mehrere). Sehr schön ist auch der Pfad zum **Stanley Glacier** (ca. 4 Std.). Einer der beliebtesten mehrtägigen Ausflüge führt über den **Rockwall Highline Trail** zu Füßen der 500 m hohen Felswand der Kootenay Wall von den 300 m hohen Helmet Falls zum Floe Lake. Für diese Tour sollte man sich 3–4 Tage Zeit nehmen. Ein möglicher Ausgangspunkt sind die **Paint Pots**. Informationen und *backcountry permits* gibt es im **Kootenay Park Information Centre** (s. S. 160).

7. Tag – Route: Kimberley – Nelson (252 km)

km	Zeit	Route	Karte s. S. 158.
0	9.00 Uhr	Von **Kimberley** auf Hwy. 95 A nach	
31		**Cranbrook**, Besuch des **Museum of Rail Travel** (Zeitzonenwechsel: Uhr um eine Stunde zurückstellen).	
	10.30 Uhr	Weiterfahrt auf Hwy. 95 nach Yahk und auf Hwy. 3 nach	
140	12.00 Uhr	**Creston**. Auf Hwy. 3A – über Boswell (Besuch von **Boswell Glass House**) und Gray Creek (Besuch **Gray Creek Store**) nach	
218		**Kootenay Bay**. Fährüberfahrt nach **Balfour**, und weiter nach	
252	17.00 Uhr	**Nelson** (17 Uhr Ortszeit = 18 Uhr Kimberley-Zeit). Spaziergang auf der Baker St.	

Alternativstrecke nach Gray Creek: Von Juni bis Oktober kann man auf der (allerdings recht holprigen) Gray Creek – Kimberley Forestry Road vom St. Mary Lake bei Kimberley über den **Baker Pass** in den Purcell Mountains direkt nach Gray Creek fahren und sich den langen Umweg über Creston sparen. Der Zustand der 86 km langen, landschaftlich schönen Strecke ist vom Wetter und den Holzfällerarbeiten abhängig. Auskunft im **Kimberley Visitor Info Centre** oder im Gray Creek Store.

Extratag: Das Marschland der **Creston Valley Wildlife Management Area** beherbergt während der Vogelzüge im Frühling und Herbst unzählige Vögel. Es werden geführte Wanderungen und Kanutouren angeboten. Informationen unter ✆ (250) 402-6900, www.crestonwildlife.ca.

8. Tag – Route: Nelson – Kaslo – Nakusp – Vernon (360 km)

km	Zeit	Route	Karte s. S. 158.
0	9.00 Uhr	Abfahrt in **Nelson** auf dem Hwy. 3A nach Balfour, weiter auf dem Hwy. 31 nach	
50		**Ainsworth Hot Springs**, Besuch des Thermalbads.	
	12.00 Uhr	Weiterfahrt nach	
70		**Kaslo**, Besichtigung des Raddampfers »S. S. Moyie«. Auf Hwy. 31A Richtung New Denver mit einem Abstecher nach **Sandon**. Von	
131		**New Denver** den Hwy. 6 nach	
178		**Nakusp** und	
235		**Fauquier**. Mit der Fähre übersetzen nach Needles und Weiterfahrt nach	
360	19.00 Uhr	**Vernon.**	

8. Tag – Route: Nelson – Kaslo – Nakusp – Vernon (360 km)

Extratage: – Das **Slocan Valley** südlich von New Denver und der **Valhalla Provincial Park** bieten Wanderwege durch die sehr schöne Landschaft (B.C. Parks, ✆ 250-825-4421). – Im 40 km südlich von New Denver gelegenen Castlegar zeigt die **Dukhobor Historical Village**, wie das Leben in einer der Dukhobor-Kommunen in der ersten Hälfte des 20. Jh. verlief (9–17 Uhr, ✆ 250-365-6622).

6. Tag – Informationen

Kootenay National Park Visitor Centre
7556 Main St. E. neben dem Radium Hot Springs Pool
Radium Hot Springs, B.C. V0A 1M0
✆ (250) 347-9505, Fax (250) 347-6307
www.pc.gc.ca
Ende Juni–Anfang Sept. tägl. 9–19, Mai–Ende Juni und Sept. 9–17 Uhr

Marble Canyon
Kurzer Wanderpfad am Rande eines schmalen, 60 m tiefen Canyon zu einem Wasserfall.

Paint Pots
Ein ca. 1 km langer Pfad führt zu drei Quellen in intensiv gelb und rot gefärbter Erde. Eine traditionelle Ocker-Quelle der Indianer.

Radium Hot Springs
Nahe dem Westeingang zum Kootenay National Park
Radium Hot Springs, B.C. V0A 1M0
✆ (250) 347-9485
Mitte Mai–Mitte Okt. tägl. 9–23, sonst bis 21 Uhr
35–47° heiße Quellen speisen die unterschiedlich warmen Swimmingpools.

Fort Steele Heritage Town
9851 Hwy. 93/95, 16 km nordöstl. von Cranbrook
Fort Steele, B.C. V0B 1N0
✆ (250) 417-6000, www.fortsteele.bc.ca
Ende Juni–Ende Aug. tägl. 9.30–18, Mai/Juni und Sept.–Mitte Okt. bis 17 Uhr, Eintritt $ 8.50/5, gilt für zwei aufeinander folgende Tage
Museumsdorf, das auf den Stand von etwa 1900 restauriert wurde. Interessantes Museum im Wasa Hotel, Fahrten mit Kutsche und Dampfzug. Im Rahmen des Living-History-Programms inszenieren zeitgerecht kostümierte »Bewohner« kurze Episoden aus dem Leben in Fort Steele vor 100 Jahren.

Fort Steel Resort & RV Park
Am Hwy. 93/95, gegenüber Fort Steele Heritage Town
Fort Steele, B.C. V0B 1N0
✆ (250) 489-4268, Fax (250) 489-4233
Großer Platz mit allen Einrichtungen, geheizter Pool.

Fort Steele Campground
Am Hwy. 93/95, 2 km südl. von Fort Steele, Kelly Rd.
Cranbrook, B.C. V1C 4H9
✆ (250) 426-5117
www.fortsteelecampground.com
Anfang Juni– Anfang Sept.
Ruhige Lage im Wald.

Norbury Lake Provincial Park
An einer Seitenstraße hinter Fort Steele, 16 km nach Süden
✆ (250) 422-4200
Einfacher, aber schöner Platz am See mit herrlichem Blick über die Rocky Mountains.

6. Tag – Informationen: Cranbrook, Kimberley

Cranbrook Visitor Info Centre
2279 Cranbrook St., Hwy. 3195
Cranbrook, B.C. V1C 4H6
✆ (250) 426-5914, Fax (250) 426-3873

Model A Inn
1908 Cranbrook St. N.
Cranbrook, B.C. V1C 3T1
✆ (250) 489-4600, Fax (250) 489-0906
Mit Restaurant. $$

Best Western Coach House
1417 Cranbrook St., Cranbrook, B.C.
✆ (250) 426-7236, Fax (250) 426-7236
Modernes Kettenhotel im Zentrum. $$$

Cranbrook City Centre Campground
14th Ave. & 1st St. S., Cranbrook, B.C.
✆ (250) 426-2162, März–Nov. geöffnet
Downtown, mit kompletter Infrastruktur.

Jimsmith Lake Provincial Park
4 km westl. Cranbrook an Hwy. 3/95
✆ (250) 422-4200
Einfach-Platz ohne *hookups.*

Kimberley Visitor Info Centre
350 Ross St., Kimberley, B.C. V1A 2Z9
✆ (250) 427-3666, Fax (250) 427-5378
www.city.kimberley.bc.ca

Mountain Edge Resort Inn
930 Dogwood Dr., Kimberley, B.C. V1A 2Y5
✆ (250) 427-5381 oder 1-800-525-6622
Fax (250) 427-7167
www.kimberleycondos.com
Wintersport-Hotel am Skigebiet; Apartments mit Küche und offenem Kamin; günstig im Sommer. $$–$$$

Inn of the Rockies
300 Wallinger Ave.
Kimberley, B.C. V1A 1Z4
✆ (250) 427-2266, Fax (250) 427-7621
Downtown-Motel, am Platzl. $$

Travellaire Motel
2660 Warren Ave., Kimberley, B.C. V1A 1T5
✆ (250) 427-2252, Fax (250) 427-7809
Downtown-Motel. $$

Kimberley Riverside Campground
Vom Hwy. 95A abzweigen auf St. Marks Lake Rd., 3 km von Downtown Kimberley
Kimberley, B.C. V1A 3B9
✆ (250) 427-2929 oder 1-877-999-2929
Fax (250) 427-2917
www.kimberleycampgound.com
Mai–Okt. geöffnet
Städtischer Campingplatz mit *full hookups*, Swimmingpool, Waschmaschinen.

Old Bauernhaus
280 Norton Ave., Kimberley
✆ (250) 427-5133
Importiertes bayerisches Haus mit Blick über Kimberley. $$

Gasthaus am Platzl
Am Platzl, Kimberley, ✆ (250) 427-4851
So stellt man sich in Kanada ein »gemütliches« Gasthaus vor. $–$$

7. Tag – Informationen

Canadian Museum of Rail Travel
57 Van Horne St. S. (Hwy. 3/95)
Cranbrook, B.C. V1C 4H9
✆ (250) 489-3918, www.crowsnest.bc.ca
Anfang April–Mitte Okt. tägl. 10–18, sonst Di–Sa 12–17 Uhr
Alte Eisenbahnwagen, mit Salonwagen des Luxuszuges »Trans-Canada Limited«.

Boswell Glass House
Am Hwy. 3 A, südl. von Crawford Bay
✆ (250) 223-8372
Im Sommer tägl. 8–20 Uhr, Eintritt $ 5
Der frühere Besitzer, ein Bestattungsunternehmer, baute sich ein Haus ganz aus Flaschen, die ursprünglich Öl zur Einbalsamierung von Leichen enthielten.

Gray Creek Store
Gray Creek, © (250) 227-9315
Ein General Store, seit 1913 von derselben Familie betrieben, voller Kuriositäten.

Wedgewood Manor
16002 Crawford Creek Rd.
Crawford Bay, B.C. V0B 1E0
© (250) 227-9233 oder 1-800-862-0022
http://wedgewoodcountryinn.com
Bed & Breakfast; nachmittags *high tea* auf der Veranda; altes Herrenhaus mit Garten. $$–$$$

Fähre Kootenay Bay – Balfour
An langen Feiertagswochenenden (z. B. 1. Juli oder erstes Augustwochenende) kann es an der Fähre zu längeren Wartezeiten kommen. Reservierung nicht möglich.

Nelson Visitor Info Centre
225 Hall St., Nelson, B.C. V1L 5X4
© (250) 352-3433, Fax (250) 352-6355
www.discovernelson.com

Prestige Lakeside Resort
701 Lakeside Dr.
Nelson, B.C. V1L 6G3
© (250) 352-7222 oder 1-877-737-8443
Fax (250) 352-3966
www.prestigeinn.com
Direkt am Seeufer, mit Pool und *hot tub*, Restaurant-Terrasse am Seeufer, Sushi-Bar. $$$–$$$$

Heritage Inn
422 Vernon St., Nelson, B.C. V1L 4E5
© (250) 352-5331 oder 1-877-568-0888
Fax (250) 352-5214
www.heritageinn.org
Renoviertes Hotel von 1898; voller Antiquitäten aus den Jahren der großen Silberfunde; Bar mit Kaminfeuer ($$). Das **The General Store Restaurant** im Hotel bietet kanadische Durchschnitts-Küche mit historischem Ambiente. $$

Inn at the Garden B & B
408 Victoria St., Nelson, B.C. V1L 4K5
© (250) 352-3226 oder 1-800-596-2337
Fax (250) 352-3284
www.innthegarden.com
In einem schön restaurierten alten Herrenhaus, Downtown. $$–$$$$

North Shore Inn
687 Hwy. 3A, Nelson, B.C, V1L 5P7
© (250) 352-6606 oder 1-800-593-6636
Am Stadtrand, vor der Brücke. $$

Kokanee Creek Provincial Park
Am Hwy. 3A, 20 km vor Nelson
Reservierungen © (250) 825-3500
Fax (250) 825-9509
Großer Provinz-Campingplatz am Seeufer, mit gutem Badestrand, kein Strom. Im Aug. und Sept. sind die *spawning channels* voller laichender Kokanee-Lachse; Schautafeln zum Leben der Lachse.

City Tourist Park
90 High St., Nelson
© (250) 352-9031
Campground in Downtown Nelson, *full hookups.*

Baker Street
Nelson
Zahlreiche alte Gebäude aus der großen Zeit des Edelmetallbergbaus an der Baker St. und den Seitenstraßen im Zentrum.

Main Street Diner
616 Baker St., Nelson, © (250) 354-4848
Bei den Einheimischen beliebter Diner; griechische Küche und Steaks. $–$$

All Seasons Cafe
620 Herridge Lane, Nelson
© (250) 352-0101, www.allseasonscafe.com
Empfehlenswert, große Portionen, gute Weinkarte. $$–$$$

The Rice Bowl
459 Ward St., Nelson, © (250) 354-4129
Hübsches Ambiente, Restaurant mit Kunstausstellung, Sushi, *organic food*. $$

8. Tag – Informationen: Kaslo, Sandon, Vernon

Ainsworth Hot Springs Resort
Am Hwy. 31, Ainsworth Hot Springs, B.C. V0G 1A0
✆ (250) 229-4212 oder 1-800-668-1171
www.hotnaturally.com
Tägl. 10–21.30, für Hotelgäste ab 8 Uhr
Thermalbad mit direktem Zugang zu einem Bergwerkstollen, in dem das heiße Wasser aus den Wänden kommt.

»S. S. Moyie« National Historic Site
Front St., Kaslo, B.C. V0G 1M0
✆ (250) 353-2525, www.klhs.bc.ca
Mitte Mai–Mitte Okt. tägl. 9.30–17 Uhr
Der originalgetreu restaurierte Raddampfer dient jetzt als Travel Information Centre und Museum.

Tree House Restaurant
419 Front St., Kaslo, ✆ (250) 353-2955
Lunch rund um einen Baum. $

Sandon Historical Society Museum
Sandon
✆ (250) 358-7920
www.slocanlake.com/sandon
Historische Fotografien und Mining-Relikte; Auskünfte und »Stadtplan«.

The Tin Cup Café
Sandon
Kleiner, restaurierter Coffee Shop in den Überresten von Sandon aus den 1890er Jahren. $

Vernon Visitor Information Centre
701 Hwy. 97 S., Vernon, B.C. V1T 6M4
✆ (250) 542-1415, Fax (250) 542-3114
www.vernontourism.com

Prestige Inn
4411, 32nd St., Vernon, B.C. V1T 9G8
✆ (250) 558-5991, Fax (250) 558-5996
www.prestigeinn.com
Angenehmes, ausgezeichnet ausgestattetes Hotel. $$$–$$$$

The Village Green Hotel & Casino
4801, 27th St., Vernon, B.C. V1T 4Z1
✆ (250) 542-3321 oder 1-800-563-4433
Fax (250) 549-4252
www.villagegreen.bc.ca
Geräumiges Hotel mit Swimmingpool; gutes Steak-Restaurant. $$–$$$

Best Western Vernon Lodge
3914, 32nd St. (Hwy. 97)
Vernon, B.C. V1T 5P1
✆ (250) 545-3385 oder 1-800-663-9400
Fax (250) 545-7156
www.bestwesternvernonlodge.com
Mit tropischen Pflanzen gefülltes dreistöckiges Atrium mit Restaurant ($$) und Pool. $$$

Castle on the Mountain
10 km östl. von Vernon
8227 Silver Star Rd., Vernon, B.C. V1B 3M8
✆ (250) 542-4593, Fax (250) 542-2206
www.pixsell.bc.ca/bb/3221.htm
Komfortables Bed & Breakfast. $$–$$$

Wray's Lakeview B & B
7368 L & A Rds., Vernon, B.C. V1B 3S6
✆ (250) 545-9821, Fax (250) 545-9924
Am Stadtrand, die Wirtin spricht deutsch. $$$

Tween Lakes Resort
15970 Oyama Rd., Oyama, B.C. V4V 2E4
✆ (250) 548-3525, Fax (250) 548-3528
Am südwestl. Ende des Kalamalka Lake, direkt am Strand, mit Waschmaschinen; *hookups*; man spricht deutsch.

Newport Beach Recreational Park
Westside Rd., Vernon, B.C. V1T 6M6
✆ (250) 542-7432, Fax (250) 542-8359
Privater Campingplatz am Okanagan Lake, Bootsvermietung und Bademöglichkeit; Golf und Tennis nahebei.

Ellison Provincial Park
Am Ostufer des Okanagan Lake, 16 km südwestl. von Vernon
✆ (250) 494-6500
Schöner, noch nicht überlaufener öffentlicher Campground.

6–8

Der Süden von British Columbia

Pioniere, Mounties und Ersatzbayern – Von den Rockies zum Okanagan

Die Klamm des Marble Canyon …

6. Tag: Bayern in Kanada – lebendige Geschichte

Der Weg von **Banff** nach Westen beginnt mit einem landschaftlichen Höhepunkt. Auf halbem Weg zwischen Banff und Lake Louise zweigt zu Füssen der imposanten Zinnen und Türme des Castle Mountain der Highway 93 ab und steigt aus dem Tal des Bow River hinauf zum 1 651 Meter hohen **Vermilion Pass** auf der kontinentalen Wasserscheide. Hier oben auf dem Pass, an der Grenze der Provinzen Alberta und British Columbia, beginnt der **Kootenay National Park**. Die Straße folgt den Tälern von Vermilion und Kootenay River bergab, durchquert dann den ockergelben Sinclair Canyon, der stellenweise so eng ist, dass die Straße die ganze Breite der Schlucht einnimmt, und trifft bei Radium Hot Springs auf den Highway 95 im Tal des Columbia River.

Die Route durch den Kootenay National Park wurde von den Indianern schon jahrelang benutzt, bevor die ersten Europäer sie »entdeckten«. Auf vereinzelte Pelzhändler, darunter George Simpson, Gouverneur der Hudson's Bay Company, folgte James Hector von der Palliser Expedition. Hector (derselbe, dessen »Kicking Horse« am gleichnamigen Pass weiter im Norden für Aufregung sorgte) erkundete und empfahl den Weg über den Vermilion Pass als gangbare Route nach Westen. Bis die Straße durch die zentralen Rockies tatsächlich gebaut wurde, gingen allerdings noch 65 Jahre ins Land; erst 1923 rollten die ersten Fahrzeuge durch den Kootenay National Park.

Die knapp hundert Kilometer lange Strecke ist reich an landschaftlichen Höhepunkten. 3 000 Meter hohe Felsgipfel säumen die mit dichtem Nadelwald bewachsenen Täler, ihre Schneefelder speisen unzählige milchiggrüne Bäche und Wasserfälle. In den grauweiß gestreiften Kalkstein des **Marble Canyon** hat solch ein Bach eine fast 40 Meter tiefe Klamm gegraben, deren Wände stellenweise bis auf drei Meter zusammenrücken. Ein Pfad führt am Rande der Klamm und auf Brücken darüber hinauf zu einem Wasserfall am Ende der Schlucht.

Bei den **Paint Pots** befördern kalte Mineralquellen eisenhaltigen, gelb und rot gefärbten Lehm an die Oberfläche. Die intensiv ockerfarbigen Tümpel und die Lagerstätten farbigen Lehms drum herum waren *great medicine*, ein wichtiger spiritueller Ort für die Indianer, die hier die Farbrohstoffe für Zeremonien und Tipi-Bemalung gewannen.

Am Ende des Sinclair Canyon liegt **Radium Hot Springs**, das Tor zum Tal des Columbia River. Wie die Reisenden unserer Tage, rund 300 000 pro Jahr sollen es sein, die ihre steifen Glieder in 27 Grad Celsius warmen Swimmingpools wärmen, schätzten schon die Ktunaxa (Kootenay-Indianer) die heißen Quellen als Badeplatz.

Die Ferienorte Invermere, Windermere und Fairmont Hot Springs sind auf dem ebenen Highway im Columbia-Tal schnell erreicht. Im Sommer sind sie Ziel für Golfer, Angler und Bergsteiger. Im Winter zieht es Skifahrer hierher. Ganz in der Nähe, in den nördlichen Purcell Mountains, liegt das für seine phantastischen Pulverschnee-Abfahrten berühmte Heli-Skiing-Gebiet der Bugaboos.

... und die Paint Pots gehören zu den Attraktionen des Kootenay National Park

Auf einem Hügel in **Windermere** ist die Beute des zumindest vom Volumen her größten doppelten Diebstahls in British Columbia zu besichtigen: die anglikanische Kirche **St. Peter**. Ursprünglich stand St. Peter im kleinen Eisenbahnort Donald nördlich von Golden. Nach der Gründung des Eisenbahnknotens Revelstoke zogen die meisten Einwohner von Donald weiter in die sich schnell entwickelnde Stadt. Zwei andere beschlossen nach Windermere zu gehen, aber nicht ohne ihre Kirche! Also luden sie sie für den Weg nach Süden auf einen Eisenbahnwagen. Irgendwo unterwegs kam allerdings die fast 300 Kilogramm schwere Kirchenglocke abhanden. Und so steht heute die Kirche von Donald in Windermere und die Glocke von Windermere hängt im Kirchturm von Golden.

Auf Windermere folgen der Columbia Lake, Ursprung des Columbia River, und der Ort **Canal Flats** am Kootenay River. Ein flacher Landstreifen, keine zwei Kilometer breit, trennt den Kootenay hier vom Columbia River, in den er erst nach einem langen Umweg Richtung Süden über Montana und Idaho bei Castlegar mündet.

Canal Flats hat seinen Namen von dem misslungenen Projekt eines Schifffahrtskanals zwischen Kootenay River und Columbia Lake. Die Schleuse war so klein und es war so problematisch in sie hineinzufahren, dass nur zwei Schiffe den Kanal je benutzten. Das zweite beschädigte die Schleuse so nachhaltig, dass damit das Ende des »Schifffahrtswegs« gekommen war.

Auch in **Fort Steele** schlug das Pendel des Schicksals in eine ganz ähnliche Richtung aus. Nach den Goldfunden am Wildhorse Creek entwickelte sich an John Galbraiths Fähre über den Kootenay River schnell ein Dorf. Durch die Blei-, Silber- und Zink-Funde in den umliegenden Bergen entstand ein prosperierendes Städtchen, und die North West Mounted Police errichtete hier einen Stützpunkt, um den Streit um

Kutschfahrt durch die Geschichte: Fort Steele Heritage Town

das Weideland am Fluss zwischen den ins Land strömenden Siedlern und den Kootenay-Indianern zu schlichten. Superintendent Sam Steele erledigte das mit Bravour, und die Bewohner von Galbraiths Ferry tauften ihren Ort ihm zu Ehren um in Fort Steele.

1897 erreichte die Zahl der Einwohner die Viertausender-Marke. Die Eisenbahn aus Südalberta über den Crowsnest Pass war im Bau und die Grundstückspreise stiegen in immer neue Höhen. Zu hoch für die Eisenbahngesellschaft, die stattdessen das nahe gelegene Cranbrook als Knotenpunkt wählte. Die Spekulationsblase war geplatzt, 1902 lebten gerade noch 150 Seelen in Fort Steele, der letzte Kaufladen schloss in den fünfziger Jahren seine Türen. Zehn Jahre später entsann sich die Provinzregierung der historischen Bedeutung des Orts und hauchte der *ghost town* neues Leben ein.

Ein hoher Palisadenzaun umgibt die über 60 historischen Gebäude von **Fort Steele Heritage Town**. Vor dem Tor speit eine Dampflok Rauch und setzt sich nach einem melancholisch heiseren Pfeifen zur nächsten Rundfahrt des Tages in Bewegung. Hinter der Palisadenwand stellen die »Bewohner« in historischer Kleidung das Leben in Fort Steele um 1895 dar: Vor den Stallungen von Geary & Doyle belädt »Sophie the Packer« ihr Muli und erzählt von den beschwerlichen Reisen, die sie zur Versorgung der Prospektoren in den Bergen mit der Mulikarawane unternimmt. In Johnson's Schmiede gegenüber schlägt der Hammer auf dem Amboss, und eine Kutsche rumpelt von zwei Clydesdale-Pferden gezogen durch die Straßen. Aus der Druckerei des Prospector tönt das rhythmische Zischen und Klacken der Druckmaschine. Auf der Straße vor seiner Praxis gibt Dr. Watt zum Besten, mit

Bayern-Look in Kimberley

welch drastischen Kuren er seine Patienten »heilt«, und aus der City Bakery lockt der unwiderstehliche Duft von frisch gebackenem Brot und *cinnamon rolls*.

Von hier aus ist es über Cranbrook nur noch ein Katzensprung bis nach **Kimberley**. Auch die Stadtväter von Kimberley ersannen ein erfolgreiches Projekt, um ihr Städtchen zu retten. Als nach fast hundert Jahren die Vorräte an Blei-, Zink- und Silber-Erz im Berg zu Ende gingen und der Wohnstadt für Bergarbeiter das Aus drohte, verpasste man der kleinen Fußgängerzone im Ortszentrum einen »Oberbayern-Look« mit Lüftlmalerei an den Häusern und aufgemalten Lederhosen auf den Hydranten, nannte sie »Platzl« und begann den Ort erfolgreich als Bayern in Kanada zu vermarkten – ganz so, wie sich das der Durchschnitts-Kanadier vorstellt: mit Akkordeonspielern, Bratwurst und Apfelstrudel im eigens aus dem Tegernseer Land importierten Original-Gasthaus, Dirndl und alpenländischem

Nippes in den Geschäften und einer Riesen-Kuckucksuhr, aus der es zur vollen Stunde vom Tonband jodelt. Inzwischen gibt es außer einem Skigebiet am Northstar Mountain zwei 18-Loch-Golfplätze und Busladungen voller »Gemuutligkheit«-begeisterter nordamerikanischer Touristen. Auch wenn das Cominco-Bergwerk im Jahr 2001 endgültig den Betrieb einstellt – Kimberley wird weiterleben.

7. Tag: Wasser, Wald und Nelson, die viktorianische Metropole

Heute geht es weiter auf dem Highway 3 durch große Wälder und am Ufer des Moyie Lake entlang. Unterwegs wird die Grenze zwischen *Mountain* und *Pacific Time* überquert, dann ist Creston im Kootenay Country erreicht.

Doch zuerst führt der Weg nach **Cranbrook**. Der Ort löste den Niedergang von Fort Steele aus und verdankt seine Existenz der Eisenbahn, der er mit dem **Canadian Museum of Rail Travel** ein Denkmal gesetzt hat. Glanzstück des Museums sind die neun Originalwagen des Trans-Canada Limited, der 1929 als rollendes Hotel für die Strecke von Montreal nach Vancouver gebaut wurde.

Die **Kootenay-Region** ist ein stilles Urlaubsgebiet zwischen den parallelen Ketten der Purcell-Berge im Osten, der Monashees im Westen und der Selkirks

Stilles Urlaubsland: am Kootenay Lake bei Creston

Nach dem Regen: Abendstimmung am Kootenay Lake bei Nelson

mittendrin. Zu Füßen der Felsgipfel und Gletscher liegen einsame Täler mit lang gestreckten Seen und fruchtbarem Farmland, eingerahmt von dichten, immergrünen Wäldern. Das Kootenay Country bietet keine berühmten Sehenswürdigkeiten, es besticht eher durch seine weitgehend intakte Natur, eindrucksvolle Landschaft und hübsche, aber freundlich-verschlafene Städtchen, die ihre große Zeit als Zentren des Kupfer-, Gold- und Silberbergbaus schon lange hinter sich haben.

Creston liegt am Rande eines breiten, fruchtbaren Tals südlich der Mündung des Kootenay River in den Kootenay Lake. Die **Creston Valley Wildlife Management Area** in der Marsch südlich des Sees ist die Heimat von mehr als 250 Vogelarten. Während der Vogelzüge im Frühling und Herbst ist das Gebiet Rast- und Futterplatz für Hunderttausende Schwäne, Enten, Gänse und andere Zugvögel. Das Visitor Centre organisiert Wanderungen und Kanutouren, die Naturfreunden den Mikrokosmos der Marsch näher bringen sollen.

Von Creston bis Kootenay Bay windet sich der Highway 3A immer am Ostufer Kootenay Lake entlang nach Norden. Die beeindruckende Landschaft verleitet immer wieder zum Anhalten und Schauen. Unterwegs passiert man eine Mischung aus luxuriösen Ferienhotels, Golfplätzen und leicht skurrilen Sehenswürdigkeiten.

Gray Creek gehört dazu, in dessen General Store es so ziemlich alles gibt, was man für eine Urlaub am See brauchen könnte (einschließlich einer Kiste undefinierbaren Inhalts mit dem Schild »Wenn Du weißt, was es ist, kannst Du es behalten«), und das Glashaus von Boswell, das sich ein Bestattungsunternehmer aus etwa einer halben Million leerer Flaschen baute, die ursprünglich Einbalsamierungsflüssigkeit enthielten.

In **Kootenay Bay** stellt eine Fähre in vierzigminütiger Fahrt die Verbindung hinüber nach **Balfour** am Westufer her. Dann reihen sich bis Nelson Campingplätze, Wohnhäuser und Motels in nahezu ununterbrochener Folge entlang dem Seeufer.

Nelson, selbst ernannte »Queen of the Kootenays«, wurde Ende des 19. Jahrhunderts als Wohnstadt für die reiche Silver King Mine im nahe gelegenen Toad Mountain gegründet. Ihr Gründer, Gold Commissioner Gilbert Malcolm Sproat, träumte davon, »dass hier, wo die Natur so großzügig ist, die zivilisierteste Stadt aller Städte entstehen könnte, wenn wir nur Zeitungen und Rechtsanwälte fern halten können.« Sein Traum ging nicht in Erfüllung, aber heute, über hundert Jahre später, ist in Nelson noch viel vom Glanz der großen Zeit des Silber-Booms zu verspüren. Die Silber-Barone und Bergbauingenieure hinterließen ein bemerkenswertes Ensemble von Gebäuden im *High Victorian*-Stil.

Nicht viktorianisch: Marina und …

Bemerkenswert auch deshalb, weil die überladenen, prunkvollen Fassaden, die dem Geschmack der neureichen Bauherren entsprachen, 20 bis 30 Jahre nach dem Höhepunkt dieser Epoche gebaut wurden. Besonders sehenswert ist die Gegend um Baker und Ward Street, deren Mischung aus Viktorianischem und Western-Stil schon mehrfach als Filmkulisse diente. Um 1900 stand die Stadt in voller Blüte: Der elektrische Strom kam aus einem eigens gebauten Kraftwerk, man holte F. M. Rattenbury (den Architekten von Parlamentsgebäude und Empress Hotel in Victoria), um die City Hall und das Gerichtsgebäude zu bauen, sogar elektrische Straßenbahnen gab es von 1899 bis 1946. Heute fährt die restaurierte Tram Nummer 23 von der City Wharf am Seeufer entlang bis zum Lakeside Park unterhalb der Straßenbrücke über den Westarm des Kootenay Lake.

8. Tag: Bergbaugeschichte und Natur

Wenn die Sonne vom klarblauen Himmel scheint und eine leichte Brise kühlend vom sauberen Wasser des Sees heranstreicht, ist man versucht, noch ein wenig auf der Caféterrasse in Nelson am Seeufer sitzen zu bleiben, um den Blick auf Berge und See zu genießen oder dem Treiben im Sportboothafen gegenüber zuzusehen. Aber der Weg ins Okanagan ist weit, und unterwegs warten die heißen Quellen von Ainsworth, eine *ghost town* und noch viel mehr Berge, Wälder und Seen.

In **Ainsworth Hot Springs** stießen die Bergleute bei der Suche nach Silbererz schon nach wenigen Metern mit ihrem Stollen auf eine reichlich sprudelnde, heiße, mineralreiche Quelle. Das war genauso gut wie das bisschen Silber im

... ein Wirtshausschild in Nelson

Gestein. Also baute man ein Hotel und einen Pool, in dem die Pioniere ihre steifen Glieder wärmen konnten. Hotel und Pool, mit direktem Zugang zum Stollen, gibt es heute noch – ideal für eine genüssliche Pause mit Blick auf Berge und Wälder.

Früher waren die 40 bis 60 Meter langen Raddampfer das wichtigste Verkehrsmittel neben der Eisenbahnlinie. Das erste einer ganzen Flotte dieser weißen Schiffe auf dem Kootenay Lake wurde 1891 in Nelson gebaut. Mit ihrem geringen Tiefgang und dem weit überkragenden Deck konnten sie dicht ans Ufer heranfahren, um Passagiere und Fracht zu entladen.

Bis zum Bau der Straßen in den 1950er Jahren hielten sie die Verbindung zwischen der Eisenbahnlinie und den entlegenen Ufersiedlungen der Bergarbeiter, Farmer und Holzfäller. Der letzte dieser Raddampfer, die »S. S. Moyie« wurde erst 1957 aus dem Verkehr gezogen. Sie liegt originalgetreu restauriert und eingerichtet neben der Front Street in **Kaslo** auf dem Trockenen.

Kaslo war während des Silberbooms ein Verschiffungshafen für das in Sandon gewonnene Erz. Fünf Jahre lang beförderte die Kaslo & Slocan Railway

Die Pracht vergangener Zeit: Der Salon der »S. S. Moyie« …

Fracht und Passagiere auf einer haarsträubenden Strecke zwischen den Minen oben in den Selkirk Mountains und dem Bootssteg am Seeufer.

Sandon war damals eine boomende Bergbaumetropole mit 5 000 Einwohnern, zwei Eisenbahnlinien, 24 Hotels, 23 Kneipen, sogar einem Rotlichtdistrikt und einem Opernhaus. Hier gab es schon elektrisches Licht, als man sich in Vancouver und Victoria noch mit Kerzen und Petroleumfunzeln bescheiden musste. Heute ist von der alten Pracht nichts geblieben. Eine Hand voll Häuser steht noch in dem hübschen, aber engen Tal, in das die Sonne nur wenige Stunden am Tag scheint.

Das kleine Historical Museum erinnert an Sandons vergangene, glanzvolle Zeiten, und im alten Kraftwerk wird heute noch wie vor hundert Jahren ein Berg-

Holztransport auf dem Arrow Lake

bach zur Stromerzeugung genutzt. Ansonsten gibt es nur Schutthalden und zerfallende Fundamente in diesem Ort.

Das etwas verschlafen wirkende **New Denver** am Ufer des Slocan Lake ist eine der wenigen *boomtowns*, die das Ende des Silberbergbaus überlebt haben. Heute ist das idyllisch gelegene Örtchen ein beliebter Ausgangspunkt für Bergwanderer, Angler und Skifahrer, die es in die Bergwildnis des Valhalla und des Kokanee Glacier Provicial Park zieht.

In Nakusp wird der 230 Kilometer lange **Arrow Lake** erreicht, der 1965 durch die Aufstauung des Columbia River durch den Hugh-Keenleyside-Damm nahe Castlegar entstand. Dabei versanken viele der kleinen Orte aus der Bergbauzeit im Wasser des Sees. Nur **Nakusp** überlebte, weil es auf einer Terrasse hoch über dem Fluss lag, und das »neue« Fauquier, das am Seeufer wieder erbaut wurde. Nach knapp 50 kurvenreichen Kilometern am Ostufer des Arrow Lake setzt von **Fauquier** eine Fähre über nach Needles zur Fortsetzung des Highway 6 nach Westen.

... und ein Haus in Sandon

Die Route durchquert jetzt die **Monashee Mountains**, die niedrigste der drei von Norden nach Süden verlaufenden Bergketten der Kootenay-Region. Westlich des nur noch knapp 1 200 Meter hohen Monashee Pass lockern die dichten Nadelwäder der Monashee-Berge langsam auf, und jenseits von Lumby beginnen die Obstplantagen im fruchtbaren Farmland des Coldstream Valley. **Vernon** am Ufer des Kalamalka Lake liegt bereits in der trockenen braunen Savanne auf den sanft gerundeten Hügeln des Okanagan Valley.

9. Tag – Route: Vernon – Osoyoos (199 km)

km	Zeit	Route
0	9.00 Uhr	Von **Vernon** auf dem Hwy. 97 nach Norden zur
12		**O'Keefe Ranch**.
	11.00 Uhr	Zurück nach Vernon, kurzer Stopp am
29		Aussichtspunkt südlich von Vernon und weiter nach **Winfield**. Hier entweder Besuch des Weinguts **Gray Monk Cellars** oder Weiterfahrt nach
90		**Kelowna**, Besuch von **Calona Wines** oder Weiterfahrt zum Baden im
111		**Okanagan Lake Provincial Park**.
	14.00 Uhr	Weiter nach
134		**Penticton***, Besuch des »S. S. Sicamous« und/oder der
148		**Okanagan Game Farm** oder
157		an der Brücke in **Okanagan Falls** abbiegen und den Schildern folgen zu den **Hawthorne Mountain Vineyards** (LeComte Estate Winery, 10 km zusätzlich).
163		Kurzer Halt am **Vaseux Lake**. Weiterfahrt nach
199	18.00 Uhr	**Osoyoos***. Wer den Verlockungen der Seen bisher nicht erlegen ist, findet in Osoyoos einen schönen Strand für das Bad zum Abschluss des Tages.

*Übernachtungs-Optionen

Abkürzung: Wer schnell nach Vancouver will, kann von **Kelowna** über den (gebührenpflichtigen) Coquihalla Highway in 2 1/2 Std. nach **Hope** fahren.

9. Tag – Route: Vernon – Osoyoos (199 km)

Extratouren: – Ein Tag zum Baden, z. B. im **Kalamalka Lake Provincial Park** in der Nähe von Vernon, der nicht so überfüllt ist wie viele der anderen Strände am Westufer von Kalamalka und Okanagan Lake. Der Penticton River Channel ist ein 6 km langer Kanal zwischen dem Skaha und dem Okanagan Lake, den man im gemieteten Reifen oder Schlauchboot heruntertreiben kann. – Weingüter-Tour mit Weinprobe, z. B. **Cedar Creek** (✆ 250-764-8866) und **St. Hubertus** (✆ 250-764-7888) bei Kelowna, **Sumac Ridge** (✆ 250-494-0451) bei Summerland und **Quails' Gate** (✆ 250-769-4451) bei Westbank (Kelowna). Ausführliche Informationen bei www.bcadventures.com/bcwines/bcwineries.htm. – **Mountainbike-Tour** auf der aufgelassenen Trasse der Kettle Valley Railroad durch die Berge (Adventure Okanagan, ✆ 250-549-3742 oder 1-800-549-1114). Weitere Veranstalteradressen von Tourism Kelowna, 544 Harvey Ave., Kelowna, B.C. V1Y 6C9, ✆ (250) 861-1515. – Besuch in der **Osoyoos Lake Ecological Reserve**, einer Mini-Wüste mit Sanddünen, Kakteen, Schildkröten und Eidechsen, am Ostufer des Osoyoos Lake (an der Straße Nr. 22 bei Osoyoos).

10. Tag – Route: Osoyoos – Hope – Vancouver (410 km)

Karte s. S. 174.

km	**Zeit**	**Route**
0	9.00 Uhr	Abfahrt in **Osoyoos** auf dem Hwy. 3 nach Westen bis nach (alternativ: Hwy. 97 Penticton–Kaleden und Hwy. 3A Kaleden–Keremeos)
50		**Keremeos**, Besuch der **Grist Mill**.
	11.00 Uhr	Weiterfahrt auf dem Hwy. 3 nach Westen bis
117		**Princeton**. Weiter zum
180		**Manning Provincial Park Visitor Centre**. Fahrt zum Cascades Lookout. Im Park kurze Spaziergänge, z. B. **Rain Orchid Trail** oder **Beaver Pond Trail**.
	15.00 Uhr	Weiterfahrt auf dem Hwy. 3 nach Westen über
241		**Hope Slide** und
262		**Hope** und auf dem Hwy. 1 W. bis
410	19.00 Uhr	**Vancouver**.

Extratage: – Die **Cathedral Lakes Lodge** (✆ 250-226-7560, www.cathedral-lakes-lodge.com, $$$$) liegt tief in der beeindruckend schönen Bergwildnis des Cathedral Provincial Park. Zufahrt nur mit dem Fahrzeug der Lodge, keine privaten Fahrzeuge. – Eine ländliche, allerdings sehr langsame Alternativroute zur Highway-Fahrt von **Hope** nach **Vancouver** verläuft am Nordufer des Fraser River. An dieser Route liegt der Ferienort **Harrison Hot Springs** am Harrison Lake (Hotels, Sandstrand, Baden in den heißen Quellen; Campingplätze im Sasquatch Provincial Park). – Eine Vorstellung von der Zeit der Pelzhändler vermittelt das restaurierte **Fort Langley** (vgl. Vancouver-Ausflüge, S. 29).

9. Tag – Informationen: Okanagan Valley

Übernachtungsalternativen im Okanagan Valley
Das Okanagan Valley ist ein beliebtes Ferienziel und besonders im Juli und Aug. oft total überlaufen. Alle Hotels, Motels und Campgrounds am Seeufer sind dann komplett ausgebucht. Man weicht am besten auf die Motels entlang dem Hwy. 97 in Penticton aus. Wohnmobilfahrer können ab Kaleden den Hwy. 3 A in Richtung Keremeos fahren, hier findet sich fast immer ein Platz.

Thompson-Okanagan Tourism Association
1232 Water St., Kelowna, B.C. V1Y 9P4
✆ (250) 860-5999, Fax (250) 860-9993
www.thompsonokanagan.com

O'Keefe Ranch
Am Hwy. 97, 12 km nordwestl. von Vernon, Vernon, B.C. V1T 6M8
✆ (250) 542–7868, www.okeeferanch.bc.ca
Anfang Mai–Anfang Okt. tägl. 9–17 Uhr
1867 gegründete, restaurierte Ranch mit originalem Haus der O'Keefe-Familie, *general store*, *post office* und Schmiede.

Okanagan Lake Provincial Park
Am Hwy. 97, 11 km nördl. von Summerland
Hübsches Plätzchen zum Baden und Picknicken.

Gray Monk Estate Winery
1055 Camp Rd.
Okanagan Centre, B.C. V4V 2H4
✆ (250) 766-3168, www.graymonk.com
1. April–31. Okt. tägl. 10–17, Juli/Aug. bis 18 sonst Mo–Sa 11–17, So 12–16 Uhr
Führungen zur vollen Stunde; Weinproben; guter Blick über den See.

Calona Wines
1125 Richter St., Kelowna, B.C. V1Y 2K6
✆ (250) 762-9144, www.calona.kelowna.com
Tägl. 9–18 Uhr
Das älteste und größte Weingut im Okanagan. Ausstellung alter Werkzeuge und Geräte für die Weinerzeugung.

Hotel Eldorado
500 Cook Rd., Kelowna, B.C.
✆ (250) 763-7500, Fax (250) 861-4779
Restaurant am Seeufer mit vorzüglicher Küche; sehr guter Fisch. $$

Earl's Restaurant
211 Bernard Ave., Kelowna, B.C. V1Y 6N2
✆ (250) 763-2777
Schickes Lokal mit Terrasse am Seeuferpark; gute Salate. $–$$

»S. S. Sicamous«
1099 Lakeshore Dr. W., am Seeufer
Penticton, B.C. V2A 1B7
✆ (250) 492-0403, www.sssicamous.com
Juli–Aug. tägl. 9–21, sonst Mo–Fr 10–16 Uhr, 22. Dez.–22. Jan. geschl., Eintritt $ 5/4
Raddampfer, der während der Pionierzeit auf dem See verkehrte.

Okanagan Game Farm
Hwy. 97, 8 km südl. von Penticton
✆ (250) 497-5405
Tägl. 8 Uhr bis Sonnenuntergang
Weitläufiger Zoo mit 5 km langem Rundweg. Landschaftlich schöne Lage.

Hawthorne Mountain Vineyards
Green Lake Rd., Okanagan Falls
✆ (250) 497-8267, www.hmvineyard.com
Tägl. 10–17 Uhr
Probierstube in einem alten Siedlerhaus und schöner Blick über das Tal.

Vaseux Lake Provincial Park
Am Hwy. 97, nördl. von Oliver
Schutzgebiet für Zugvögel; an den Felsen über dem See ist im Frühling und Herbst oft eine Herde Bighorn-Schafe zu sehen. Wildlife Centre.

Gallagher Lake KOA
Hwy. 97, 8 km nördl. Oliver
Oliver, B.C. V0H 1T0
✆ (250) 498-3358 oder 1-800-562-9017
Gepflegter Privatplatz mit eigenem Strand am kleinen Gallagher Lake; Bootsvermietung, Sandstrand.

9. Tag – Informationen: Osoyoos

Osoyoos Visitor Info Centre
Hwy. 3 & Hwy. 97
Osoyoos, B.C. V0H 1V0
✆ (250) 495-7142, Fax (250) 495-6161
www.osoyooschamber.bc.ca

Richter Pass Motor Inn
7506 Main St., Osoyoos, B.C. V0H 1V0
✆ (250) 495-7229, Fax (250) 495-6658
www.richterpass.com
Kleines Motorhotel am Ufer des Osoyoos Lake; Restaurant, Sandstrand. $$–$$$

Holiday Inn Sunspree Resort
7906 Main St., Osoyoos, B.C. V0H 1V0
✆ (250) 495-7223, Fax (250) 495-6899
www.holidayinnosoyoos.com
Urlaubshotel am Strand; Restaurant. $$$

Bella Villa Resort Motel
6904 Ponderosa Dr., Osoyoos, B.C. V0H 1V0
✆ (250) 495-6751 oder 1-888-495-6751
Fax (250) 495-6753
Am Strand, ruhige Lage. $$–$$$

Oasis RV Campground
2615, 45th St., Osoyoos
✆ (250) 495-6202, Fax 495-2678
Sandstrand, *hookups*, Waschmaschinen.

Wild Rapids Campground
E. Lakeshore Dr., Osoyoos
✆ (250) 495-7696, Fax (250) 495-7693
Am Seeufer und neben den Wasserrutschen, *hookups*, Waschmaschinen.

Shady Lagoon Campsite & RV Park
Am Hwy. 97, südl. von Osoyoos
Nähe Grenze USA/Kanada
✆/Fax (250) 495-7559
www.shadylagoon.com
Am Strand, ruhig, Strom- und Wasseranschlüsse.

Haynes Point Provincial Park
Hwy. 97, 2 km südl. von Osoyoos
✆/Fax (250) 494-6500
Sehr schöner öffentlicher Campingplatz auf einer Halbinsel im Osoyoos Lake – allerdings häufig überfüllt.

Smitty's
76th Ave. & 90th St., Osoyoos
✆ (250) 495-6333
Einfaches *family restaurant.* $

Diamond Steak and Seafood House
76th Ave. & 90th St., Osoyoos
✆ (250) 495-6233. Steaks und Fisch. $

Shaugnessy's Cove Waterfront Pub
12817 Lakeshore Dr. N., Summerland
✆ (250) 494-1212
An und über dem Wasser. Fish & Chips.

Feste:

Okanagan Spring Food & Wine Festival, erste Woche im Mai.
Okanagan Wine Festival, erste und zweite Woche im Oktober in Weingütern und Restaurants der Region (✆ 250-861-6654).
Annual Cowboy Festival, auf der O'Keefe Historic Ranch, Ende Mai (✆ 250-542-7868).

10. Tag – Informationen

Grist Mill and Garden Keremeos
Upper Bench Rd., Keremeos, B.C.
✆ (250) 499-2888, tägl. 9.30–17 Uhr geöffnet, Führungen Mi–So 9–20 Uhr
Die restaurierte Wassermühle stammt aus dem Jahr 1877.

Manning Provincial Park Visitor Centre
Hwy. 3, 68 km vor Hope
✆ (250) 840-8836
Juni–Sept. tägl. 8.30–16.30, sonst Mo–Fr 8.30–16 Uhr

10. Tag – Informationen

Informationen zu den Wanderwegen und Ausstellung zu den drei Vegetationszonen des Parks.

Im Park gibt es die **Cascade Lookout Road**, eine 8 km lange Panoramastraße zu einer hoch oben auf dem Berg gelegenen Aussichtskanzel. Zur Zeit der Bergblumen-Blüte lohnen sich die zusätzlichen 8 km auf dieser Straße zu den Alpine Meadows.

Hope Slide

Am Hwy. 3, östl. von Hope

Am 9. Januar 1965 brach hier eine ganze Bergwand ab. 46 Millionen Kubikmeter Gestein begruben das gesamte Tal unter sich.

Informationen zu Vancouver finden Sie S. 21–29, zu Fort Langley S. 29.

Museumsstück: die Keremeos Grist Mill

Der Süden von British Columbia

Von den Obstgärten des Okanagan Valley zur Pazifikküste

9–10

9. Tag: Okanagan – Weinberge, Obst und der Vetter von Nessie

Das trockene **Okanagan Valley** mit seiner langen Kette von Seen brilliert im Sommer mit dem sonnigsten und trockensten Wetter in British Columbia. Die warmen Sommer und milden Winter haben das Okanagan neben Victoria zur beliebtesten Ruhestandsregion des Westens gemacht. Im Sommer überschwemmen die urlaubenden Golfer, Wassersportler und Angler das Okanagan; die Region beherbergt dann ein Vielfaches ihrer ständigen Einwohner. Höhepunkte sind die Monate Juli und August: Dann ist auch das letzte und schäbigste Strandmotel ausgebucht, und auf den Campingplätzen in Seenähe herrscht drangvolle Enge. Der Mai, wenn die Hügel rund um die Seen hinter einem Meer aus Obstbaumblüten verschwinden, und der Oktober, wenn während des Okanagan Wine & Food Festival Weinproben, Radtouren durch die Weinberge und kulinarische Veranstaltungen angeboten werden, sind im Okanagan fast noch schöner, da weniger überlaufen.

Vernon, die älteste Stadt des Okanagan, ist von drei Seen mit einer Vielzahl von Sandstränden umgeben: Oakanagan, Kalamalka und Swan Lake. Da liegt es nahe, eine mehrstündige Badepause am angenehm warmen Wasser einzulegen – am umtriebigen Kalamalka Strand in Vernon oder am Ostufer des Sees im etwas ruhigeren Kalamalka Lake Provincial Park. Auf unternehmungslustigere Typen warten ein paar Kilometer im Norden die historischen Gebäude der **O'Keefe Ranch**. Cornelius O'Keefe trieb während des Goldrauschs eine Herde Rinder von Oregon nach Norden, um sie den hungrigen Goldgräbern in den Cariboos zu verkaufen. Im Tal nördlich von Okanagan und Swan Lake fand er Gras, »höher als der Bauch meines Pferdes«, und kam zu der Erkenntnis, dass es ja wohl einfacher sein müsste, hier Rinder zu züchten, als den ganzen Weg bis nach Oregon und zurück zu machen. Er kaufte

Die Zeit steht still auf der O'Keefe Ranch

das Land und begann 1867 ein über 8 000 Hektar großes Rinderimperium aufzubauen. Die restaurierten Gebäude – Ranchhaus, Kirche, Post, General Store, Schmiede und Cowboy Ranching Gallery, ein Museum mit Waffen, Sätteln und anderer Cowboy-Ausrüstung – vermitteln einen guten Eindruck von Leben auf einer großen Pionierranch. Ein interessantes Detail für deutsche Besucher ist das Haus von August und Katharina Schubert, die 1862 mit den »Overlanders« in die Region gekommen waren (s. S. 231).

Südlich von Vernon klettert der Highway 97 hinauf zu einem Aussichtspunkt auf den sonnenverbrannten Hügeln, deren steile Hänge sich ohne Übergang aus dem Wasser des Sees erheben. Vom **Kalamalka Lake Viewpoint** wandert der Blick über das tiefgrüne bis türkisfarbene Wasser nach Osten zu den Monashee-Bergen und nach Norden zu den Ausläufern von Vernon. Dazwischen schimmern die kultivierten Felder des Coldstream Valley in sattem Grün. Für die Herkunft des Namens Kalamalka gibt es mehrere Deutungen. Eine Version besagt, er stamme aus der Indianersprache und bedeute »See der vielen Farben«. Eine andere, meist hinter vorgehaltener Hand erzählte Version führt den Namen auf den Sohn eines Einwanderers aus Hawai'i zurück, der es, nicht zuletzt wegen seiner amourösen Fähigkeiten, bis zum Häuptling der Okanagan-Indianer gebracht hatte.

Weiter südlich folgt **Kelowna**, die älteste Stadt der Region und ein Zentrum der Obst- und Weinindustrie des Okanagan. Die Anfänge des Weinbaus gehen auf Father Pandosy zurück, einen von drei Missionaren, der hier gegen 1860 Reben und Apfelbäume zur Versorgung der Missionsstation pflanzte. Bis die Weinproduktion in nennenswertem Umfang begann, wurde es allerdings 1926. Mister Hughes, Besitzer einer Rosenzucht, legte damals den ersten kommerziellen Weinberg an. Als Vater der Weinproduktion gilt allerdings Dr. Eugen Rittich, der ab 1932 systematisch erkundete, welche Reben hier am besten gedeihen. Sein Lehrbuch des Weinbaus war die Grundlage für die weitere Entwicklung dieses Wirtschaftszweigs im Okanagan. Trotzdem produzierte man hier lange Zeit Massenweine der Qualitätsstufen »na ja« bis »wirklich schlecht«. Erst als in den 1980er Jahren das Ende der staatlichen Subventionierung des Weinbaus drohte, bemühten sich die Winzer des Okanagan ernsthaft, die Qualität ihrer Produkte auf internationales Niveau zu bringen. 1994 gewann ein Chardonnay aus dem Okanagan bei Wettbewerben in Europa gegen die internationale Konkurrenz. Inzwischen gibt es über zwei Dutzend Weingüter, die Weiß- und Rotweine erster Qualität produzieren.

Kelownas langer sonniger Sommer, nur 25 Zentimeter Regen im Jahr und 30 Kilometer Parks und Strände am Ufer des Okanagan Lake verschafften der Stadt einen Ruf als Urlaubs- und Wassersportzentrum. Den Familien folgten Senioren auf der Suche nach einem Ruhesitz mit angenehm mildem Klima, sie machen inzwischen über 25 Prozent der Bevölkerung aus. Seit es den neuen Autobahnzubringer gibt, ist Vancouver nur noch vier Stunden entfernt, nahe genug für einige »Pendler«, die nach vier Tagen Arbeit in der Metropole Dreitagewochenenden in Kelowna verbringen.

Das sind Gründe dafür, dass überall Obstplantagen neuen Wohnvierteln weichen und Shopping Center wie Pilze aus dem Boden schießen. Aus der gemütlichen Kleinstadt am Strand ist ein

Einstieg ins sonnenverwöhnte Okanagan: der Kalamalka Lake

Ballungsraum mit inzwischen 140 000 Einwohnern geworden.

Südlich Kelowna überquert der Highway 97 den See auf einer mehr als 600 Meter langen Brücke, deren mittlerer Teil auf großen Betonpontons schwimmt. Die Straße führt durch Obstplantagen und Weinfelder am Westufer nach Penticton am Südende des **Okanagan Lake**. Immer wieder eröffnen sich schöne Ausblicke auf das in der Sonne glitzernde Wasser des Sees, in dessen Tiefen der/die legendäre Ogopogo, die lokale Version der schottischen Nessie, leben soll. Seit 1872 gibt es Berichte von »Sichtungen« des zweiköpfigen, schlangenähnlichen Monsters. 1990 entstand sogar eine unscharfes Video von einem ungewöhnlichen Etwas im Wasser. Zoologen stellten zwar eine verdächtige Ähnlichkeit mit Aussehen und Bewegungsmuster eines Bibers fest, aber das Video reichte aus, um Ogopogo auf die Provinzliste der geschützten Fauna zu setzen. Halten Sie auf jeden Fall die Augen offen und die Kamera bereit; das lokale Fremdenverkehrsamt hat eine Prämie von einer Million Dollar für die zweifelsfreie

Dokumentation der Existenz von Ogopogo ausgesetzt.

Penticton liegt auf einer dreieinhalb Kilometer breiten Landbrücke zwischen dem Südende des Okanagan Lake und dem Skaha Lake und schmückt sich mit Stränden an zwei Seen. Verbunden sind die beiden Seen durch den Okanagan River Channel, auf dem an heißen Sommerwochenenden Hunderte von Autoschläuchen, Luftmatratzen und Dinghis mit Badenden von dem einen See zum anderen treiben.

Vor dem Ansturm der Urlauber und Pensionäre war Penticton Endpunkt der Dampferlinie auf dem Okanagan Lake, mit der das Obst von den Farmen nach Norden zur Eisenbahnstrecke bei Vernon befördert wurde (Straßen wurden erst in den 1930er Jahren gebaut). Der letzte einer ganzen Flotte von Raddampfern, die 70 Meter lange »S. S. Sicamous«, liegt heute als Museum am Seeufer von Penticton. Einige Kilometer südlich von Penticton zweigt der Highway 3A ab. Die Strecke über die trockenen Hügel und durch Kiefernwälder ist eine schnelle Alternative hinüber nach **Keremeos** im Tal des Similkameen River.

Auf dem Weg nach Osoyoos lohnt ein Halt im Natur- und Wildschutzgebiet des **Vaseux Lake Provincial Park**. In der wüstenähnlichen Landschaft leben kalifornische Bighorn-Schafe, Biber, Fledermäuse und Klapperschlangen. Bekannter ist der See allerdings als Rastplatz für die unzähligen Zugvögel, die im Frühling und Herbst einen Zwischenstopp einlegen. Bald darauf folgt der badewannenwarme **Osoyoos Lake** mit dem gleichnamigen Städtchen auf einer Halbinsel im See. Die Gegend um Osoyoos ist extrem warm und trocken. Im Regenschatten der Cascade Mountains fallen weniger als 20 Zentimeter Niederschlag pro Jahr, und im Sommer können die Tagestemperaturen schon mal auf 40 Grad Celsius steigen. Das Land um Osoyoos ist das nördliche Ende des Great Basin, des amerikanischen Wüstengürtels, der bis hinab nach Mexiko reicht. Das »spanische« Erscheinungsbild der Stadt – rote Ziegeldächer, weiß gekalkte Wände und Fenster mit Rundbögen und schmiedeeisernen Gittern – wirkt da schon beinahe echt.

Keremeos Grist Mill aus dem Jahr 1877

10. Tag: Von Großvaters Mühle über die Berge zu Rambos Spielplatz

Im Westen, hinter den gelbbraunen Hügeln und Kiefernwäldern liegt Keremeos im fruchtbaren Tal des Similkameen River. Im mit Flusswasser bewässerten Land rund um Keremeos gedeihen Obst und Getreide. Fast gleichzeitig mit den Bauern kamen die Bergwerke ins Similkameen-Tal und das Hügelland rundum, für den Absatz der landwirtschaftlichen Produkte war also gesorgt. Die **Keremeos Grist Mill** verarbeitete damals den Weizen der Farmer. Hervorragend restauriert, komplett mit vom Keremeos Creek angetriebenen Mühlrad, demonstriert sie heute mit eindrucksvollem Klappern, Rumpeln und Rauschen, wie damals das so be-

gehrte weiße Mehl gemahlen wurde. Im Garten nebenan werden die Blumen, Küchenkräuter und Gemüsesorten der Pioniere gezogen, und auf einem Getreidefeld wachsen alte Weizensorten, die Ahnen der heute üblichen Arten.

Weiter im Westen sind noch einige Reste der Bergwerksaktivitäten zu sehen. Bei **Hedley** hängen die Überreste einer Seilbahn, der Gebäude der Nickel Plate Mine und der Mascot Mine hoch oben in den Felsen des Nickel Plate Mountain.

In **Princeton** produzierte das Bergwerk im Copper Mountain bis in die 1950er Jahre Gold, Silber und Kupfer. Princeton, 1860 nach dem damals Kanada besuchenden Prince of Wales benannt, hat in den vergangenen Jahren die Westernfassaden des Ortskerns renoviert und versucht jetzt mit dem Tourismus ein Comeback. Das nahe gelegene Granite City wird seit einiger Zeit als *ghost town* vermarktet. Andere Bergwerksstädte waren Coalmont, Blakeburn und Tulameen.

Ein hübscher Abstecher führt am Tulameen River entlang von Princeton auf der **Coalmont-Tulameen Road** in diese Flecken, in denen nur noch wenige Einwohner ausharren. Angler finden in den 47 Seen der Umgebung, alles gute Forellengewässer, ausreichend Gelegenheit, ihrem Hobby zu frönen.

Nach Princeton folgt die Straße dem Similkameen River in die Cascade Mountains. Auf Kiefern, trockenes Gras und *sagebrush* folgen die dichten Fichtenwälder des **Manning Provincial Park.** Hier gibt es zahllose Wanderwege durch die dicht bewaldeten Täler und hinauf zu den Bergwiesen in den Cascade Mountains, die im Frühsommer mit einem dichten Blumenteppich überzogen sind. Kurze Spazierwege beginnen an Parkplätzen neben der Straße, zum Beispiel bei den Rhododendron Flats, wo Anfang bis Mitte Juni die roten Blüten des wilden Rhododendron zu bewundern sind. Andere Spaziergänge führen auf dem **Rain Orchid Trail** zu einem Sumpf mit Orchideen oder dem **Beaver Pond Trail** zu einem von diesen emsigen Dammbauern geschaffenen Feuchtgebiet, in dem es viele Vogelarten, Bisamratten und ab und zu auch Rehe zu sehen gibt.

Das Visitor Centre präsentiert die große Bandbreite an Vegetation im Park vom dichten Regenwald an der Ostseite der Berge bis zum trockenen Osten mit *sagebrush* und Ponderosa-Kiefern. Am Visitor Centre zweigt auch die **Cascade Lookout Road** ab, die sich acht Kilometer hinauf zu einer Aussichtskanzel auf dem Rücken der Berge schlängelt. Weit bis hinüber in die USA schweift von hier oben der Blick zu den Gipfeln über dunkelgrünen, dicht bewaldeten Berghängen und tief eingeschnittenen Tälern. Folgt man dieser Straße weitere sechs Kilometer in die Berge, kommt man zu den im Juli und August in einem wahren Farbenrausch erblühenden Bergwiesen am Fuß des Blackwall Peak. Über hundert verschiedene Blumen soll es hier zum Höhepunkt der Blütezeit Ende Juli bis Anfang August geben.

Bald nach Verlassen des Parks liegt in einem Geröllfeld zu Füßen einer schroffen Bergwand der **Hope Slide Viewpoint**. Am 9. Januar 1965 löste ein an sich unbedeutendes Erdbeben einen gigantischen Bergrutsch aus. 46 Millionen Kubikmeter Fels stürzten vom Johnson Peak und begruben den Talboden und den kleinen Beaver Lake unter sich.

Das von steilen Bergen umstandene **Hope** liegt am Ende des Fraser-River-

Cascade Lookout, Aussichtskanzel im Manning Provincial Park

Tals, dort wo der Fluss aus seiner engen Schlucht durch die Küstenberge hervorbricht. Die schöne Lage veranlasste Walter B. Cheadle, der zusammen mit Viscount Milton (vgl. S. 103) nach dem Beinahe-Desaster ihrer Rocky-Mountains-Durchquerung wahrscheinlich als erster Tourist das Fort Hope der Hudson's Bay Company besuchte, zu folgendem Tagebucheintrag: »Wir passierten Hope, einen Ort von 30 oder 40 Häusern. Er ist wunderschön gelegen, auf einem großen Stück ebenen Landes, mit einem großartigen Amphitheater von Bergen dahinter. Der hübschste Platz, den ich in der Kolonie gesehen habe.« Die Schönheit der Gegend hat auch die Filmindustrie entdeckt, die hier nicht nur »Rambo«, sondern auch noch eine ganze Anzahl weniger blutrünstiger Streifen drehte. Etwas mehr als zwei Autobahnstunden sind es von Hope nach Vancouver. Es sei denn, man zieht es vor, das historisch getreu restaurierte **Fort Langley** der Hudson's Bay Company zu besuchen oder den nördlich des Flusses verlaufenden Highway 7 zu nehmen und in **Harrison Hot Springs** einen Zwischenstopp mit einem Erholungstag am Strand des Sees und einem Bad in den heißen Quellen einzulegen.

Route 4 – Gold Rush Trail und Yellowhead Highway: Vancouver – Cache Creek – Quesnel – Prince George – Smithers – Stewart – Prince Rupert – Port Hardy (2 299 km)

1. Tag – Route: Vancouver – Hells Gate – Cache Creek (347 km)

km	Zeit	Route
0	9.00 Uhr	Von **Vancouver** auf dem Trans-Canada Hwy. (Hwy. 1) nach Osten bis
154	10.00 Uhr	**Hope**. Weiter auf dem Hwy. 1 nach Norden.
169		Beginn des Fraser Canyon. Fahrt über
208		**Hell's Gate**, ggf. Besuch der Ausstellung über die Lachszüge. Weiterfahrt zum Rafting-Zentrum
263		**Lytton** und nach
347	18.00 Uhr	**Cache Creek**.

Anschlussrouten: Route 3, 2. Tag, S. 144 und Route 5, 2. Tag, S. 222 ff.

Alternativroute: Vancouver – Whistler – Cache Creek (351 km) Routenprotokoll s. Route 3, S. 142 ff.

Extratouren: – *River rafting* auf Thompson und Fraser River (z. B. Kumsheen Raft Adventures, Trans-Canada Hwy., Lytton, B.C. V0K 1Z0, ✆ 250-455-2296 oder 1-800-663-6667, Fax 455-2297, www.kumsheen.com). – Pelzhandelsposten **Fort Langley** (s. Zusatztag Vancouver S. 29) und die heißen Quellen von **Harrison Hot Springs**.

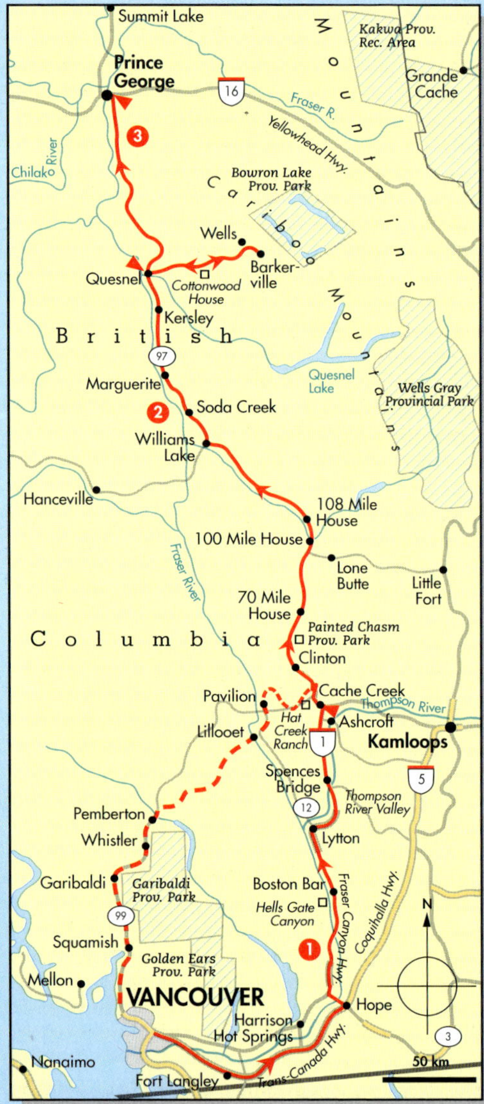

2. Tag – Route: Cache Creek – Quesnel/Wells (339/413 km)

km	Zeit	Route	Karte s. S. 186.
0	9.00 Uhr	Abfahrt in **Cache Creek** auf dem Cariboo Hwy. (Hwy. 97) nach Norden.	
11		Links in den Hwy. 12 zur **Hat Creek Ranch**. Nach Besichtigung	
	11.00 Uhr	zurück zum Hwy. 97 und Weiterfahrt nach Norden.	
43		**Clinton**, kurzer Spaziergang.	
58		Beim Wegweiser »Chasm« rechts abbiegen zum 5 km entfernten Aussichtspunkt im **Painted Chasm Provincial Park**. Über	
128		**100 Mile House** und	
142		**108 Mile Heritage Centre** nach	
218	15.00 Uhr	**Williams Lake** (hier ist der Anschluss an Route 5 möglich, s. S. 223). Weiter über	
250		**Soda Creek** nach	
339	17.30 Uhr	**Quesnel*** oder	
413	19.00 Uhr	**Wells***.	

* Übernachtungs-Optionen

Wer die Ruhe auf dem Land dem Betrieb in **Quesnel** vorzieht und auch mit einer einfacheren Unterkunft zufrieden ist, fährt die ersten 74 km der morgigen Route bis **Wells** und übernachtet dort. Wohnmobilfahrer fahren 82 km bis zum Campground in **Barkerville**.

3. Tag – Route: Quesnel – Barkerville – Prince George (285 km)

km	Zeit	Route	Karte s. S. 186.
0	9.00 Uhr	Am nördlichen Ortsrand von **Quesnel** rechts auf den Hwy. 26 abbiegen, zum Besuch des	
25		**Cottonwood House.** Weiterfahrt zum	
82		Museumsdorf **Barkerville** und Besichtigung.	
	15.00 Uhr	Rückfahrt nach **Quesnel** und weiter auf dem Cariboo Hwy. (Hwy. 97) nach Norden bis	
285	18.00 Uhr	**Prince George**.	

Anschlussrouten: Route 1, 5. Tag West, S. 92.

3. Tag – Route: Quesnel – Barkerville – Prince George (285 km)

Zusatztage in Quesnel/Barkerville: Die Gegend um Quesnel ist, wie die ganze Cariboo- und Chilcotin-Region, ideal, um einige Urlaubstage mit **Fischen, Kanufahren** oder **Reiten** zu verbringen. Adressen liefern die örtlichen Visitor Information Centres. – Im **Bowron Lakes Provincial Park** gibt es Gelegenheit, eine der schönsten Kanutouren Kanadas zu unternehmen. Der wunderschöne, 116 km lange Rundkurs führt über Seen, Bäche und Portagen in den Cariboo Mountains zum Startort zurück. Die erlaubte Anzahl der Personen auf der Route ist begrenzt. Reservierungen bei D. J. Park Contractors, 358 Vaughan St., Quesnel, B.C. V2J 2T2, ✆ (250) 992-3111, Fax 992-6624. – »Becker's Lodge« am Bowron Lake kann Ausgangs- und Endpunkt für die Kanutour über die Seen vor der Haustür sein oder Basis für erholsame Tage im Blockhaus. Die Lodge vermietet auch Kanus (1-259 McLean St., Quesnel, B.C. V2J 2N8, ✆ 250-992-8864 oder 1-800-808-4761, Fax 992-8893).

1. Tag – Informationen

Hell's Gate
43111 Trans-Canada Hwy. (Hwy. 1)
✆ (250) 867-9277
www.hellsgateairtram.com
Geöffnet Mitte April–Mitte Okt., Mitte Mai–1. Sept. tägl. 9.30–17.30 Uhr, sonst kürzer, Fahrpreis $ 13/9
Engste und steilste Stelle des Fraser Canyon. Bestes Fotolicht herrscht zwischen ca. 10.30 und 14.30 Uhr, nur dann liegen Talsohle und Fluss in der Sonne. Eine Seilbahn und ein steiler Pfad führen hinunter zum Fluss.

Hotels und Campgrounds der Region Cache Creek finden Sie bei Route 3, 1. Tag, S. 143 f.

2. Tag – Informationen: Quesnel

Hat Creek Ranch
Vgl. S. 147.

108 Mile Heritage Centre
Gebäudegruppe aus der Anfangszeit der Cariboo Waggon Road.

Visitor Information Centre
703 Carson Ave., im LeBourdais Park
Quesnel, B.C. V2J 2B6
✆ (250) 992-8716 oder 1-800-992-4922
Fax (250) 992-2181
www.city.quesnel.bc.ca

Tower Inn Best Western
500 Reid St.
Quesnel, B.C. V2J 2M9
✆ (250) 992-2201 oder 1-800-663-2009
Fax (250) 992-5201
Hotel mit Restaurant und Bar. $$–$$$

Good Knight Inn
176 Davie St.
Quesnel, B.C. V2J 2S7
✆ (250) 992-2187, Fax (250) 992-1208
Downtown-Motel; Restaurant, Waschmaschinen. $$

Robert's Roost R.V. Park
3121 Gook Rd.
Quesnel, B.C. V2J 4K7
✆ (250) 747-2015, Fax (250) 747-0015
www.bcadventure.com/robroost
April–Okt. geöffnet
Am Dragon Lake; mit *hookups*, Duschen und Waschmaschinen.

2. Tag – Informationen: Quesnel, Wells, Barkerville

Cariboo Place RV Park
Am Hwy. 97, 37 km südl. von Quesnel
✆ (250) 993-4555
Campingplatz mit *hookups*, Duschen, Waschmaschinen und Feuerholz.

Ten Mile Lake Provincial Park
Am Hwy. 97, 11 km nördl. von Quesnel
✆ (250) 398-4414
Einfacher Campground am Seeufer mit Sandstrand zum Baden.

Ulysses Restaurant
122 Barlow Ave., Quesnel
✆ (250) 992-6606
Steak, Fisch, Pasta und griechische Spezialitäten. $$

Green Leaf Restaurant
158 Barlow Ave., Quesnel
✆ (250) 992-8028
Hauptsächlich chinesische Gerichte. $$

The Wells Hotel
2341 Pooley St.
Wells, B.C. V0N 2R0
✆ (250) 994-3427 oder 1-800-860-2299
Fax (250) 994-3494, www.wellshotel.com
Das Hotel aus dem Jahr 1933 ist antik eingerichtet. Einige Zimmer mit Kamin. Angenehmes Restaurant und Cappuccino-Bar. $$–$$$$

White Cap Motor Inn & RV Park
3885 Ski Hill Rd., Wells, B.C. V0K 2R0
✆ (250) 994-3489 oder 1-800-377-2028
Fax (250) 994-3426, ganzjährig geöffnet
www.whitecapinn.bc.ca
Das Motel verfügt neben normalen Zimmern auch über Apartments mit Küche, Wohn- und Schlafzimmer, der Campground bietet *full hookups*, Waschmaschinen, Grillplatz, Feuerholz. $$

Barkerville Provincial Park
✆ (250) 398-4414, Fax (250) 398-4686 (Reservierungen)
Drei Campgrounds mit Duschen am Hwy. 26 in der Nähe von Barkerville. Keine *hookups*.

St. George Hotel
Barkerville, B.C. V0K 1P0
✆/Fax (250) 994-0008
Gebührenfrei in Noramerika ✆ 1-888-246-7690, www.stgeorgehotel.bc.ca
Renoviertes Hotel von 1890 im Barkerville Heritage Park. $$$$

3. Tag – Informationen: Barkerville, Prince George

Barkerville Historic Town
Am Ende des Hwy. 26, ✆ (250) 994-3332
www.heritage.gov.bc.ca/bark/bark.htm
Geöffnet ganzjährig ab 8 Uhr bis Sonnenuntergang, Eintritt $ 9/5.25
Von Mitte Juni–Ende Sept. ist die Goldgräberstadt von 1870 ein großes, lebendiges Museum, bevölkert von Schauspielern, die in ihren historischen Kostümen den Besuchern Lebensart und Alltag in einer Goldgräberstadt vor 100 Jahren vorspielen.

Wake Up Jake Restaurant
Barkerville
Einfache Mahlzeiten im Stil von 1870. $–$$

Lung Duck Tong
Barkerville
Chinesische Standardgerichte. $–$$

Tourism Prince George
1198 Victoria St. & 15th Ave.
Prince George, B.C. V2L 2L2
✆ (250) 562-3700 oder 1-800-668-7646
Fax (250) 649-3200
www.tourismpg.com
tourism@initiativespg.com
Im Sommer Mo–So 9–20 Uhr

3. Tag – Informationen: Prince George

Umfangreiches Informationsmaterial zu Stadt und Umgebung.

The Log House Restaurant and RV Park
10 km östl. von Prince George am Tabor Lake, nahe Hwy. 97, Lakeview Rd.
✆ (250) 963-9515
Sehr schönes Restaurant mit ausgezeichnetem Essen; Wohnmobil-Stellplätze; deutscher Besitzer. $$–$$$

Coast Inn of The North
770 Brunswick St.
Prince George, B.C. V2L 2C2
✆ (250) 563-0121 oder 1-800-663-1144
Fax (250) 563-1948
Downtown-Hotel, 3 Restaurants, Bar, Pool, Sauna, Whirlpool usw. $$$–$$$$

Best Western City Centre
910 Victoria St.
Prince George, B.C. V2L 2K8
✆ (250) 563-1267, Fax (250) 563-9904
Im Stadtzentrum; mit Pool und Waschmaschinen. $$$

Ramada Hotel
444 George St.
Prince George, B.C. V2L 1R6
✆ (250) 563-0055 oder 1-800-272-6232
Fax (250) 563-6042
www.ramadaprincegeorge.com
Hotel mit Restaurant, Bar und Pool. $$–$$$

Esther's Inn
1151 Commercial Dr.
Prince George, B.C. V2M 6W6
✆ (250) 562-4131 oder 1-800-663-6844
Fax (250) 562-4145
www.esthersinn.bc.ca
Motel/Hotel mit tropisch begrüntem, überdachtem Innenhof; mit Restaurant, Bar, Hallenbad, Sauna und Jacuzzis. $$–$$$

Sandman Inn
1650 Central St. E., am Hwy. 97
Prince George, B.C. V2M 3C2
✆ (250) 563-8131 oder 1-800-726-3626
Fax (250) 563-8613
Kleines, sauberes Kettenmotel am Ortsrand; mit Restaurant und Hallenbad. $$–$$$

Southpark RV Park
Am Hwy. 97, 5 km südl. von Prince George
✆ (250) 963-7577 oder 1-877-963-7275
Campground mit Duschen, Waschmaschinen und *hookups*.

Blue Spruce RV Park & Campground
Kimball Rd., 5 km westl. von Prince George am Hwy. 16
✆ (250) 964-7272 oder 1-877-964-7272
Fax (250) 964-7274
April–Mitte Okt.
Netter, privat betriebener Campground mit Waschsalon und Swimmingpool; etwas abseits vom Highway.

Bee Lazee RV Park & Campground
Hwy. 97, 15 km südl. von Prince George
✆/Fax (250) 963-7263
Mai–Sept. geöffnet
Pool, *hookups*, Waschmaschinen, Feuerholz.

Sintich RV Park
Hwy. 97, 5 km südl. Prince George
✆/Fax (250) 963-9862 oder 1-877-963-9862
Waschmaschinen, *hookups*, man spricht deutsch.

Rosel's Restaurant
1624, 7th Ave. & Vancouver St.
Prince George, B.C. V2L 3P6
✆ (250) 562-4972
Tägl. ab 17 Uhr geöffnet
Angenehmes Restaurant in einem alten Wohnhaus. $$–$$$

Cariboo Steak & Seafood
1165, 5th Ave.
Prince George, B.C. V2L 3L1
✆ (250) 564-1220
Nomen est omen: Meeresfrüchte und saftige Steaks. $$

Hell's Gate ist der wildeste Teil des Fraser Canyon ▷

hell's
gate
2
SKUZZY

1–3

Gold Rush Trail und Yellowhead Highway

Waggon Roads und Roadhouses – Der Weg zum Gold in den Cariboos

1. Tag: Die Schluchten von Fraser und Thompson River

Vancouvers einmalige Lage zwischen der Mündung des Fraser River und der spektakulären Kulisse der Coast Mountains bestimmt die Route des heutigen Tages. Zwei Routen stehen zur Auswahl: Die schnellere, ganzjährig befahrbare Allwetterroute folgt nach Verlassen der ausufernden Vorstädte Vancouvers dem Unterlauf des Fraser River auf dem autobahnartig ausgebauten Trans-Canada Highway (Highway 1). Durch fruchtbares Ackerland geht es im Angesicht der Berge – im Norden die Gipfel der Coast

Unterhalb des Hell's Gate überspannt die Alexandra Bridge den ruhiger gewordenen Fluss

Ein wilder Ritt: Rafting auf dem Thompson River

Mountains, im Süden die Cascade Range im US-Bundestaat Washington – auf der anfangs fast 50 Kilometer breiten Talsohle nach Osten. Irgendwann lockert die dichte Besiedlung dann doch auf (fast die Hälfte der Einwohner von British Columbia lebt im Einzugsgebiet von Vancouver und im unteren Fraser-River-Tal), und die dicht bewaldeten Hänge rücken immer näher an die Straße heran.

Im etwas verschlafen wirkenden Städtchen **Hope**, Drehort der Hollywood-Gewaltorgie »Rambo«, schwenkt der Highway 1 nach Norden zum Fraser Canyon. Mit Macht hat sich der Fluss hier seinen Weg durch die Küstenberge gebahnt und eine steile, enge Schlucht gegraben, die sich an ihrer schmalsten Stelle, dem **Hell's Gate**, auf weniger als 40 Meter verengt. Durch diesen Engpass drängt sich das Wasser des Fraser River tosend hindurch. Vom Highway gelangt man per Seilbahn 150 Meter hinunter in die Schlucht zu einer »Touristenfalle« mit Restaurant und Andenkenladen, Fischleitern, einer Fußgängerbrücke über den Fluss und einer Aussichtsplattform am Ufer.

Für unermüdliche (und leistungsfähige) Wanderer schlängelt sich ein steiler Pfad am Berghang hinab zum Fraser River. Unten angekommen, informiert eine Ausstellung über den Lebenszyklus und die Wanderung der Lachse. An den Fischleitern kann man zur Zeit der Lachswanderung beobachten, wie sich die Fische mühsam gegen die Strömung flussaufwärts kämpfen. Eine missglückte Sprengung hat 1914 beim Bau der C.-N.-Eisenbahnlinie das Flussbett so sehr eingeschränkt, dass selbst die kräftigsten Schwimmer unter den Lachsen bei hohem Wasserstand vor der nun viel stärkeren Strömung kapitulieren mussten. Zu Millionen verendeten sie hier, lange bevor sie ihre Laichplätze erreichten. Mit dem Bau der Fischleitern 1946 wurde Abhilfe geschaffen.

Bei **Lytton** wechselt die Straße hinüber ins nicht minder spektakuläre **Thompson River Valley**. Unten im Tal schießen Schlauchboote im mit Felsblöcken durchsetzten Flussbett durch die schäumende Gischt der Engstellen, drehen sich kreiselnd in einem Wirbel, bevor sie hinter der nächsten Biegung verschwinden. Gegenüber quält sich ein endlos langer Güterzug im Schneckentempo durch Tunnel und strahlend helle Felshänge talaufwärts. Wie Teile einer Miniatur-Spielzeugeisenbahn nehmen sich die sonst so massigen Dieselloks vor dem Hintergrund der riesigen Bergwand aus.

Das Tagesziel **Cache Creek**, ein Straßendorf an der Abzweigung des neuen Cariboo Highway (Hwy. 97) vom Trans-Canada Highway, liegt bereits in der trockenen Savanne im Regenschatten der Küstenberge (vgl. S. 153).

Eine attraktive Alternative ist die Fahrt von Vancouver am **Howe Sound** entlang, über **Squamish** nach **Whistler** und auf der Duffey Lake Road quer durch die Küstenberge zum Beginn des Cariboo Highway. Die hoch gelegene Duffey Lake Road ist nur während der schneefreien Zeit von etwa Juni bis Oktober befahrbar; wer sie gegen Anfang oder Ende der Saison befahren will, tut gut daran, sich vorher im Vancouver Visitor Info Centre nach dem Straßenzustand zu erkundigen (vgl. Route 3, 1. Tag, S. 142, 149 ff. und S. 22).

2. Tag: Auf der Cariboo Waggon Road nach Quesnel

Wenige Kilometer nördlich von Cache Creek, wo der Highway 12 und der Highway 97 aufeinander treffen, liegt die **Hat Creek Ranch**, eine der alten Postkutschenstationen, die es entlang

Nadelöhr: Thompson River Canyon

Reise in die Vergangenheit: die Hat Creek Ranch

der Cariboo Waggon Road gab. Hier wurden die Pferde der rot-gelben B.X.-Kutschen gewechselt, und die Fahrgäste konnten sich von der zermürbenden Tour über die Berge erholen. Die Hat Creek Ranch hält heute als Museum die Erinnerung an die Pionierzeit wach.

Am Amboss demonstriert der Hufschmied sein Handwerk, drückt dem Besucher den Hammer in die Hand und lässt ihn eigenhändig einen Nagel als Souvenir schmieden. Kühe und Pferde im *corral*, eine Remise mit Kutsche und Pferdewagen, das originalgetreu möblierte Farmhaus – ständen nicht Autos auf dem Parkplatz, die Illusion einer Zeitreise 100 Jahre zurück in die Vergangenheit auf eine abgelegene Ranch im wilden Hinterland der jungen Provinz wäre perfekt.

Von Cache Creek führt die Route hinein ins Cariboo Country, die trockene Prärie auf dem hügeligen Hochplateau am oberen Fraser River. Es ist das Land der Ranches, die einen großen Teil des Rindfleischbedarfs der Provinz decken. Am Weg liegen Orte wie **Clinton**, dessen Westernfassaden an der Main Street schon fast filmreif sind, und 108 Mile House, wo das **108 Mile Heritage Centre** mit Gebäuden an die Kindertage der **Cariboo Waggon Road** erinnert. Hier wie an vielen anderen Stellen entlang dem Cariboo Highway sind Beispiele für die ohne Draht und Nägel gebauten Zäune der Pioniere zu sehen. Eiserne Nägel mussten von weit her beschafft werden und waren entsprechend teuer; also erfanden die Siedler einen selbst tragenden Zaun aus im Zickzack übereinander gelegten Stämmen. *Russel fence* oder *post and rail fence* nennt man den sich in Schlangenlinien durch die Landschaft windenden Zaun.

Die Route folgt dem Verlauf der historischen Cariboo Waggon Road, der ersten Überlandstraße West-Kanadas. Gebaut wurde sie in mehreren Etappen ab 1860, nachdem die Goldfunde in den Cariboo Mountains und der darauf folgende Gold Rush einen Transportweg für die Versorgung der auf ihren Claims in den Tälern schuftenden *miners* notwendig machten. Die ursprüngliche Route führte von Port Douglas am Harrison Lake über Lillooet Lake, Anderson Lake und Seton Lake nach Lillooet und von hier über die Berge nach Clinton. Das ständige Umladen von den Schiffen auf die Pferdewagen für die dazwischen liegenden Überlandstrecken erwies sich als so umständlich und teuer, dass die Verwaltung der britischen Kolonie den Bau einer Straße durch den Fraser Canyon in Angriff nahm, 1863 war sie bis nach **Soda Creek** am Oberlauf des Fraser fertig gestellt. Hier wurden die Waren für den weiteren Weg bis Quesnel auf Raddampfer umgeladen, wobei der Fraser River als Wasserstraße diente. Der Packtier-Trail von Quesnel zu den Goldfeldern in den Bergen wurde 1864 durch eine Straße nach Barkerville und Richfield ersetzt.

Die neu geschaffene Route, besonders das von den »Royal Engineers« nördlich von Yale aus der Wand des Fraser Canyon herausgesprengte Teilstück, galt als ein Weltwunder und war trotz der für die damalige Zeit gigantischen Baukosten, die die junge Kolonie an den Rand des Bankrotts geführt

Cowboy-Wettkampf: Strohballenwerfen

Ohne Draht und Nägel: »russel fence« am 108 Mile House

hatten, der Stolz von British Columbia. Der neue Transportweg ließ die Lebensmittelpreise auf den Goldfeldern sinken – zum Beispiel von zwei Dollar für ein Pfund Mehl im Jahr 1862 auf 35 Cents 1864 – und ebnete Siedlern den Weg ins Innere von British Columbia. Nach Fertigstellung der transkontinentalen Eisenbahnstrecke im Jahr 1868 entwickelte sich der an der Cariboo Waggon Road gelegene Bahnhof Ashcroft oberhalb des Fraser Canyon zum neuen Tor zur Chilcotin- und Cariboo-Region. Von hier strömten Siedler nach Norden und Westen und von hier wurden die Erzeugnisse der Ranches zum Markt in Vancouver transportiert.

Die Orte **70 Mile** und **100 Mile** erhielten damals ihre Namen. Hier befanden sich *roadhouses*, Rasthäuser, an denen die Pferde der Postkutschen gewechselt wurden und die den Reisenden Unterkunft und Verpflegung boten. Der Einfachheit halber benannte man die Roadhouses nach ihrer Entfernung zu Lillooet. Richtig ernst nehmen darf man die Meilenangaben der Raststätten allerdings nicht. Die Straßenbauer wurden damals nach gebauten Straßenmeilen bezahlt und waren entsprechend »großzügig« beim Bestimmen der Entfernungen.

Williams Lake am gleichnamigen See ist das Versorgungszentrum der Ranches des trockenen Fraser Plateau im Regenschatten der Küstenberge. Benannt wurde es nach Chief Willy'um von den Shuswap-Indianern, der während des Chilcotin-Indianerkrieges die Siedler der Gegend vor einem Massaker bewahrte. In Williams Lake zweigt der Highway 20 nach Westen ab. 456 teilweise sehr einsame Kilometer führt er quer durch das trockene *Short grass and sagebrush*-Land des Fraser Plateau, auf dem die großen Rinderherden

Die Zeit steht still …

der abgelegenen Ranches weiden, durch unberührte Wälder und über die Küstenberge nach Bella Coola am Ende eines tief ins Land reichenden Pazifik-Fjords (s. Route 5, S. 235 ff.). Die Rinder des Cariboo-Chilkotin-Gebiets werden im Schlachthaus von Williams Lake zu handlichen Portionen verarbeitet, bevor sie in Kühllastern nach Süden rollen. Am 1. Juli, dem Canada Day, huldigt Williams Lake der Cowboy-Tradition der Chilcotin-Region mit einem großen, inzwischen international bekannten Rodeo.

Rindfleisch ist nicht die einzige Einnahmequelle der Stadt: Bergwerke im Hinterland müssen versorgt werden, ein Sägewerk verarbeitet die aus den Bergen herangeschafften Baumstämme, und südlich der Stadt kann man vom Straßenrand aus zusehen, wie man mit Hilfe von Motorsäge und Kran Baumstämme im großen Stil in Blockhäuser verwandelt, die nach ihrer Fertigstellung zerlegt und als Riesenpuzzle an ihren Bestimmungsort transportiert werden.

Etappenziel **Quesnel** (sprich: »Kwinell«): Die Dunstglocke und der Geruch lassen keinen Zweifel daran, wer heute der größte Arbeitgeber des Ortes ist. Sägewerk und Zellulosefabrik verarbeiten pro Jahr über zweieinhalb Millionen Kubikmeter Holz aus den umliegenden Wäldern. Am Nordende der Stadt bietet der Forest Industry Lookout einen Überblick über eines der riesigen Sägewerke. Quesnel war zur Zeit des Cariboo-Goldrauschs Tor zu den Goldfeldern und Umladestation der auf dem Fraser River von Soda Creek herangeschafften Versorgungsgüter.

3. Tag: Billy Barkers Stadt

Der moderne Highway 26 folgt über weite Strecken der alten *waggon road* zu den Goldfeldern. **Cottonwood House**, knapp 25 Kilometer von Quesnel entfernt, ist eines der ältesten Gebäude der Provinz und eines der wenigen original erhaltenen Roadhouses aus der Goldgräberzeit von 1865. Von Mai bis September führen »Bewohner« in historischen Kostümen durch die stilecht restaurierte Postkutschenstation.

Barkerville verdankt seine Existenz der Beharrlichkeit (einige Zeitgenossen nannten es Ignoranz) eines Seemanns aus Cornwall. 1862, als die Goldfunde in den Cariboos schon in aller Munde waren, verließ Billy Barker in Vancouver sein Schiff, um sein Glück auf den Goldfeldern zu versuchen. Weil im Schürfgebiet oberhalb des Williams Creek Canyon schon alle Claims abgesteckt waren, suchte er unter dem Gespött der übrigen *miners* eben unterhalb des Canyon. Als sein Schacht 15 Meter tief war und sich immer noch kein Nugget gezeigt hatte, wollte er eigentlich aufgeben und nach Norden ziehen, aber seine Partner überredeten ihn, noch eine Weile zu bleiben.

Einen Meter tiefer stieß er dann auf Gold im Wert von 600 000 Dollar, nach heutiger Kaufkraft etwa fünf Millionen Dollar. Fast über Nacht entstand rund um Barkers Claim Barkerville, zu seiner Glanzzeit die größte Stadt nördlich von San Francisco und westlich von Chicago. Billy, reicher als er es je geträumt hatte, traf auf eine Goldgräberin anderer Art. Er heiratete Elizabeth Collyer-Barker, der gelang, was die Tanzhallenmädchen und Gauner von Barkerville nicht geschafft hatten: Sie brachte in nur einem Jahr sein gesamtes Vermögen durch und verschwand danach auf Nimmerwiedersehen. Billy ging zurück zu den Goldfeldern, aber sein Glück hatte ihn verlassen: Er fand kein Gold mehr.

Barkerville teilt das Schicksal seines Namenspatrons. Bereits 1875 verließen viele Goldgräber die Stadt. Der Niedergang der Boomtown zur Ghost Town begann; um die Jahrhundertwende lebten nur noch wenige Personen in den verfallenden Gebäuden. 1959 wurden die Reste von Barkerville zum National Historic Park erklärt und ein umfangreiches Restaurierungsprogramm gestartet. Inzwischen sind über 100 Gebäude restauriert oder den alten Vorbildern entsprechend wieder aufgebaut worden. Wie in kanadischen Museumsdörfern üblich, bevölkern im Sommer kostümierte »Bewohner« den Ort. Man führt das Leben der Zeit von 1869 bis 1885 vor: Die Goldfield-Bäckerei verkauft *bannok* (einen dicken, flachen

… in Barkerville

Gold waschen in Barkerville

Fladen aus Hafermehl) und Sauerteigbrot, im Richfield Court House verdonnert Richter Begbie die Gaunern seiner Zeit zu saftigen Strafen, und im *print shop* wird die Stadtzeitung »Cariboo Sentinel« mit den aktuellen Nachrichten gedruckt. Im Theatre Royal inszeniert eine Schauspielertruppe Melodramen aus der Goldgräberzeit, aus der Schmiede von Cameron & Ames dringt der Lärm des Hammers auf dem Amboss, und im Fotostudio von L. A. Blanc werden die Besucher stil- und zeitgerecht viktorianisch kostümiert abgelichtet. Die Häuser sind stimmungsvoll und mehr oder weniger originalgetreu ausgestattet: die Saloons, in denen das gerade geschürfte Gold vertrunken und an die Tanzmädchen verschenkt wurde, der General Store, dessen Auswahl von Zylindern über Porzellan bis zu Süßigkeiten für die Kinder reicht, MacPhersons Uhrmacherladen mit Schmuck und »Zeitzwiebeln« aus den 1870er Jahren und Kwong Sang Wings Chinesenladen, in dem auch Opium an die chinesischen Bergarbeiter verkauft wurde.

Der Bummel durch Barkerville ist eine Zeitreise zurück in die farbigste und aufregendste Zeit des kanadischen Westens, nur sollte man darüber die Zeit nicht ganz vergessen: 200 Kilometer sind es noch bis Prince George.

Prince George, das wichtigste regionale Zentrum des Nordwestens von British Columbia ist die letzte Einkaufsmöglichkeit mit städtischem Flair vor dem Weg durch das dünn besiedelte Land beiderseits des Yellowhead Highway. Der kleine, unbedeutende Handelsposten Prince George – er wurde 1807 vom Pelzhändler Simon Fraser im Dienst der North West Company gegründet – verharrte lange in einer Art Dornröschenschlaf, bis mit dem Anschluss an die Grand Trunk Pacific Railroad ein Transportweg nach Edmonton im Osten und zum Pazifikhafen Prince Rupert im Westen geschaffen war. Sägewerke wurden gebaut, und die

Etappe Prince George

Ausbeutung der riesigen Wälder der Umgebung begann. In den 1960er Jahren siedelten sich Zellulosefabriken und weitere holzverarbeitende Industrie an. In und um Prince George werden heute über acht Millionen Kubikmeter Holz pro Jahr verarbeitet und gehen als Essstäbchen und Bauholz, Zellulose und Spanplatten in alle Welt.

Prince George ist eine typische, funktional angelegte Provinzstadt des kanadischen Hinterlandes. Im Schachbrettmuster der Straßen von Downtown stehen Hotels, Geschäfts- und Bürohäuser und nahebei, im Bogen des Flusses, stapelt sich der zu Brettern verarbeitete Reichtum der Wälder um eines der vielen Sägewerke. Der schöne **Connaught Hill Park** auf einem Hügel am Rand der Innenstadt bietet Gelegenheit zu einem Picknick im Schatten alter Bäume und zu einem geruhsamen abendlichen Spaziergang mit Blick auf die Stadt.

Wer noch mehr Energie aufbringen kann, fährt auf dem Highway 97 nach Norden über den Fluss und nimmt die Hoferkamp Road rechts (Wegweiser McMillan Creek Park). Kurz nach dem Parkplatz des McMillan Creek Park, dort wo die Straße wieder anzusteigen beginnt, zweigt in einer Linkskurve rechts ein Pfad zu einem Aussichtspunkt auf dem Hochufer des **Nechako River** ab – der geeignete Platz, um mit Blick auf Stadt und Wälder im Licht der untergehenden Sonne darüber nachzudenken, wie es morgen weitergehen soll: nach Osten zum Jasper National Park in den Rocky Mountains oder nach Westen zum Pazifikhafen Prince Rupert.

4. Tag – Route: Prince George – Fort St. James – Smithers (492 km)

km	Zeit	Route
0	9.00 Uhr	Von **Prince George** auf dem Yellowhead Hwy. (Hwy. 16) westwärts bis zur
104		Abzweigung des Hwy. 27; hier nach Norden abbiegen zum
161		**Fort St. James National Historic Site**. Nach der Besichtigung
	14.00 Uhr	Abfahrt zurück zum Yellowhead Hwy. und weiter nach
492	18.00 Uhr	**Smithers**.

Querverbindung und Alternative: Auf dem Yellowhead Hwy. (Hwy. 16) ostwärts nach **Jasper** und dort Anschluss an Route 1 durch die Nationalparks Banff und Jasper (vgl. S. 71 ff.) oder nach **Edmonton** (vgl. Übersichtskarte in der vorderen Umschlagklappe).

Extratage: An den fischreichen Seen im Hinterland des Yellowhead Hwy. gibt es für Angelfreunde zahlreiche Lodges. Informationen und kurzfristige Buchungen bei den Visitor Centres der Orte entlang dem Highway.

5. Tag – Route: Smithers – Hazelton – Stewart/Hyder (364 km)

km	Zeit	Route
0	9.00 Uhr	Abfahrt in **Smithers** auf dem Yellowhead Hwy. (Hwy. 16) nach Nordwesten.
36		Kurzer Halt am **Moricetown Canyon**, weiter nach
75		**New Hazelton**, rechts Abzweigung
77		nach Old Hazelton zum **'Ksan Indian Village** (Besichtigung und Lunch).

5. Tag – Route: Smithers – Hazelton – Stewart/Hyder (364 km)

km	Zeit	Route
	13.00 Uhr	Abfahrt in Hazelton, auf dem Hwy. 16 W. bis zur
129		Abzweigung des Cassiar Hwy. (Hwy. 37), auf diesem nach Norden. Nach der Brücke Abstecher rechts zu den Totempfählen von **Gitwangak.**
133		Abstecher nach links zum **Kitwanga Fort National Historic Site**.
144		**Gitanyow** (Kitwancool), kurzer Halt bei den Totems. An der
298		**Meziadin Junction** links auf den Hwy. 37A abbiegen und am Bear Glacier vorbei nach
364	18.00 Uhr	**Stewart** und **Hyder**.

Abkürzung: Stewart und Hyder auslassen und direkt nach Prince Rupert (380 km).

Extratag: Bei schönem Wetter sehr empfehlenswert: **Stewart, Hyder** und die grandiose Bergwelt rundum lieferten schon einige Male die Kulisse für Abenteuerfilme. Die Salmon Glacier (oder Granduc-) Rd., ein holpriger Schotterweg, führt 48 km von Hyder hoch hinauf, zu den Drehorten der Filme und den Überresten der Bergwerke, zu deren Versorgung die Straße ursprünglich gebaut wurde. Ab km 27 bietet sie Ausblicke auf den **Salmon Glacier**. – Wichtig: Vor der Fahrt den aktuellen Straßenzustand im Visitor Info Centre in Stewart erfragen, hier gibt es auch das Faltblatt »Salmon Glacier Guided Auto Tour«, das die Sehenswürdigkeiten am Weg beschreibt. Am Anfang des Weges (bei km 9,6) liegt **Fish Creek Wildlife Viewing Area**. Von Ende Juli bis Ende August sieht man hier die Lachse in großer Zahl zum Laichen den Bach hinaufziehen, die Fischadler und Bären an den Bach locken.

6. Tag – Route: Stewart – Prince Rupert (472 km)

Karte s. S. 202.

km	Zeit	Route
0	8.00 Uhr	Abfahrt in **Stewart** und über Meziadin Junction zurück
222		zum Hwy. 16, weiter bis
318	13.00 Uhr	**Terrace**.
455		Vor der Brücke nach **Kaien Island** links abbiegen nach Port Edward
460	16.00 Uhr	zum **North Pacific Cannery Museum**.
	17.30 Uhr	Weiterfahrt nach
472	18.00 Uhr	**Prince Rupert**. Abendspaziergang und Drinks im Stadtteil Cow Bay.

Routenvariante: Von der **Cranberry Junction** am Cassiar Hwy. führt eine 56 km lange Schotterstraße (Nass River Forest Service Rd.) durch den Wald zum Indianerdorf **New Aiyansh** im Tal des Nass River. An der landschaftlich sehr ansprechenden Strecke von New Aiyansh nach Terrace (80 km, geteert) liegt der **Nisga'a Memorial Lava Bed Provincial Park** mit der Hinterlassenschaft eines großen Vulkanausbruchs, der 1750 zwei Indianerdörfer mitsamt ihren Bewohnern verschüttete.

6. Tag – Route: Stewart – Prince Rupert (472 km)

Zusatztag: Ein Extratag in **Prince Rupert** ließe sich folgendermaßen gestalten: Besuch im Museum of Nothern British Columbia (1st Ave. & McBride St., im gleichen Gebäude wie das Visitor Centre, vgl. S. 208), danach Besuch bei den Totempfahlschnitzern im **Carving Shed** im Roosevelt Park an der Summit Ave. (beim Hospital); später Besuch des Railway Museum in der Kwinitsa Station am Ende des Bill Murray Dr. und Küstenspaziergang auf der alten Bahntrasse vom Ende des George Hills Way, am Rushbrook Dock vorbei bis zur Wasserflugzeugbasis an der Seal Cove.

7. Tag – Programm: Fährfahrt nach Port Hardy

Zeit	Route
6.30 Uhr	Check-in am Fährterminal in **Prince Rupert**
7.30 Uhr	Abfahrt der Fähre.
22.30 Uhr	Ankunft in **Port Hardy**.

4. Tag – Informationen

Fort St. James National Historic Site
✆ (250) 996-7191, www.pc.gc.ca
Mitte Mai–Ende Sept. tägl. 9–17 Uhr, im Winter geschl., Eintritt $ 5.75/3
Das Freilichtmuseum zeigt den Pelzhandelsposten der Hudson's Bay Company, wie er 1896 ausgesehen hat. Im Juli und August erzählt Parkpersonal in zeitgenössischer Kleidung vom Leben auf einem isolierten Außenposten in der Wildnis.

Visitor Info Centre
1411 Court St., Smithers, B.C. V0J 2N0
✆ (250) 847-5072 oder 1-800-542-6673
Fax (250) 847-3337
www.tourismsmithers.com

4. Tag – Informationen: Smithers

Hudson Bay Lodge
3251 Hwy. 16 E., Smithers, B.C. V0J 2N0
✆ (250) 847-4581 oder 1-800-663-5040
Fax (250) 847-4878, www.hblodge.com
Großes Hotel im Alpen-Look mit Sauna und Restaurant. $$$

Lake Kathlyn B&B
7475 Hwy. 16 W., Smithers, B.C. V0J 2N0
Lake Kathlyn, 5 km westl. von Smithers
✆/Fax (250) 847-5590
www.bulkley.net/~ve7hfy
Am Ufer des Lake Kathlyn, 3 km westlich von Smithers. Die deutschen Besitzer servieren europäisches Frühstück mit frisch gebackenem Brot und unternehmen Ausflüge mit ihren Gästen. $$

Aspen Motor Inn
4268 Hwy. 16 W., Smithers, B.C. V0J 2N0
✆ (250) 847-4551 oder 1-800-663-7676
Fax (250) 847-4492
www.hiway16.com/aspen
Motel mit Restaurant, Hallenbad. $$–$$$

Stork Nest Inn
1485 Main St., Smithers, B.C. V0J 2N0
✆ (250) 847-3831, Fax (250) 847-3852
www.storknestinn.com
Kleines Motel, deutsche Leitung. $$

Riverside RV Park
4 km vor Smithers am Hwy. 16
✆/Fax (250) 847-3229
Mitte April–Mitte Okt.
Campground am Bulkley River mit Duschen, Strom und Wasser.

Glacier View RV Park
9028 Nouch Frontage Rd., am Hwy. 16, 8 km westl. von Smithers
✆/Fax (250) 847-3961
www.glacierviewrvpark.com
Mitte Mai–Mitte Sept. geöffnet
Kleiner Platz mit Strom und Wasser, Duschen, Waschmaschinen.

Tyhee Lake Provincial Park
Am Hwy. 6 in Telkwa, 13 km vor Smithers
✆ (250) 847-7320, Fax (250) 847-7659
April–Okt. geöffnet
Herrlich gelegener, öffentlicher Campingplatz am See; im Hochsommer auch zum Baden geeignet.

5. Tag – Informationen

'Ksan Indian Village
Am Ortsrand von Old Hazelton
✆ (250) 852-5544 oder 1-877-842-5518
www.ksan.org
Anlage ganzjährig, Gebäude April–Sept. tägl. 9–17, übrige Zeit nur Museum Mo–Fr 9.30–16.30 Uhr
Originalgetreue Rekonstruktion eines Dorfes der Gitksan-Indianer; Häuser mit bemalten Fronten und Totempfählen. Führungen mit einheimischen Indianern informieren über das Leben der Indianer vor ihrem Kontakt mit europäischen Kulturen. Eines der Stammeshäuser ist als Werkstatt eingerichtet, in der man indianische Kunsthandwerker bei der Arbeit beobachten kann.

Gitwangak Totem Poles
Ca. 0,5 km nach dem Beginn des Cassiar Hwy. rechts ab. Eine Anzahl sehr schöner alter Totempfähle steht auf einer Wiese am Fluss.

Kitwanga Fort National Historic Site
An der Kitwanga Access Road Loop
Auch unter dem Namen »Battle Hill« bekannt. Auf dem Hügel stand eine hölzerne Indianer-Festung; Schautafeln erläutern die Geschichte.

Gitanyow
Das kleine Dorf der Gitksan-Indianer hieß früher Kitwancool. Hier stehen Totempfähle auf einer Wiese beim »Band

Office«, der Stammesverwaltung. Oft sind hier auch Schnitzer beim Anfertigen neuer Pfähle zu sehen.

Meziadin Lake Provincial Park
Am Hwy. 37A, 65 km östl. von Stewart
✆ (250) 847-7320
Einfacher Campground in schöner Lage am Seeufer.

Bear Glacier
Am Hwy. 37A östl. von Stewart
Nur ein kleiner Schmelzwassersee trennt die Gletscherzunge von der Straße.

Stewart Visitor Info Centre
222, 5th Ave. , Stewart, B.C. V0T 1W0
✆ (250) 636-9224 oder 1-888-366-5999
Fax (250) 636-2199
www.stewart.cmsd.bc.ca
www.stewart-hyder.com

King Edward Hotel & Motel
5th Ave. & Columbia St.
Stewart, B.C. V0T 1W0
✆ (250) 636-2244 oder 1-800-663-3126
Fax (250) 636-9160
www.kingedwardhotel.com
Restaurant und *coffee shop* angeschlossen. $$–$$$

Kathi's Place B & B
8th & Brightwell Sts.
Stewart, B.C. V0T 1W0, ✆ (250) 636-2795
Gemütliche Zimmer, die Wirtin spricht deutsch. $$

Bear River RV Park
Am Hwy. 37A bei Stewart
Stewart, B.C. V0T 1W0
✆ (250) 636-9205, Fax (250) 636-9264
Mitte Mai–Mitte Sept.
Mit Strom, Wasser, Abwasser und Duschen.

Rainey Creek Campground & RV Park
8th Ave., Stewart, B.C. V0T 1W0
✆ (250) 636-2537, Fax (250) 636-2668
Campground mit Strom und Duschen, Nähe Downtown. Geöffnet Mai–Okt.

Bitter Creek Cafe
309, 5th Ave., Stewart
✆ (250) 636-2166
Hier gibt es Salat, Pizza, Fisch und selbst gebackenes Brot. $

Pizza Factory
5th Ave., Stewart
✆ (250) 636-2727
Pizza, Suppe, Salat und Fish & Chips zum Essen vor Ort, aber auch zum Mitnehmen. $–$$

The Grand View Inn
P.O. Box 49, an der Hauptstraße
Hyder, AK 99923
✆ (250) 636-9174, Fax 636-2673
www.grandviewinn.net
Ruhig gelegenes Motel; zum Teil mit Kitchenette. $$

Sealaska Inn
An der Hauptstraße
Hyder, AK 99923
✆ (250) 636-9006 oder 1-888-393-1199
Fax (250) 636-9003
www.sealaskainn.com
Hotel mit Restaurants. $$

Camp Run-A-Muck
Hyder, AK 99923
✆ vgl. Sealaska Inn
Campground mit Duschen und Waschmaschinen, gehört zu Sealaska Inn.

Glacier Inn
Hyder
Ausgefallene Bar, deren Wände mit signierten Geldscheinen aus Dutzenden von Ländern bedeckt sind. Unbedingt ansehen!

Feste in Hyder:

Jedes Jahr am 4. Juli findet in Hyder das **International Bed Race** statt. Es endet aber keineswegs im Bett, sondern in den Bars von Hyder.

6. Tag – Informationen: Terrace, Prince Rupert

Don Diego's Restaurant
3212 Kalum St., Terrace, B.C. V8G 1M7
✆ (250) 635-2307
Zur Abwechslung mal ein mexikanischer Lunch. $$

House of Sim-oi-Ghets
Hwy. 16, 5 km westl. Terrace
Authentische indianische Handarbeiten des Kitsumkalum-Stammes.

North Pacific Historic Fishing Village
1889 Skeena Dr., Port Edward
✆ (250) 628-3538
www.cannery.ca
Mitte Mai–Mitte Sept. tägl. 9–18, Eintritt $ 12/10
Die 1889 am Skeena River gebaute Fabrik produzierte bis 1968 Konservenfisch aus den vor der Haustür gefangenen Lachsen. Sie vermittelt heute ein eindrucksvolles Bild vom Leben und Arbeiten in einer isolierten *cannery village* an der Pazifikküste.

Prince Rupert Visitor Information Centre
100–215 Cow Bay Rd.
Prince Rupert, B.C. V8J 1A2
✆ (250) 624-3207 oder 1-800-667-1994
Fax (250) 627-0992
www.rupert.bc.ca
www.tourismprincerupert.com
Im Sommer 9–21 Uhr

Wichtig: Hotels/Motels und Campgrounds in Prince Rupert sind in der Nacht vor der Abfahrt einer Fähre oft ausgebucht. Deshalb unbedingt frühzeitig reservieren, am besten gleich nach Eingang der Reservierung für die Fähre! Im Notfall können lärmunempfindliche Wohnmobilfahrer sich über Nacht auf den Parkplatz des Fährterminals stellen oder die *waiting line* am Verladeplatz zur Übernachtung benutzen.

Crest Motor Hotel
222, 1st Ave. W.
Prince Rupert, B.C. V8J 1A8
✆ (250) 624-6771 oder 1-800-663-8150
Fax (250) 627-7666
www.cresthotel.bc.ca
Das beste Haus am Platz, in schöner Lage auf einem Hügel über dem Hafen. Das Waterfront Café im Haus ist ein gutes Restaurant ($$–$$$). Von den Tischen am Fenster gibt es einen schönen Blick auf die Berge und den geschäftigen Hafen. $$$$

Coast Hotel
118, 6th St.
Prince Rupert, B.C. V8J 3L7
✆ (250) 624-6711 oder 1-800-663-1144
Fax (250) 624-3288
www.coasthotels.com/home/sites/princerupert
Ketten-Hotel Downtown, mit Blick auf den Hafen; Restaurant, Pub. $$$

Howard Johnson Highliner Plaza Hotel
815, 1st Ave. W.
Prince Rupert, B.C. V8J 1B3
✆ (250) 624-9060 oder 1-888-561-7666
Fax (250) 627-7759
www.hojoprincerupert.com
Großes, solides Mittelklassehotel am Rand der Innenstadt; Bar und Restaurant. $$–$$$

Totem Lodge Motel
1335 Park Ave.
Prince Rupert, B.C. V8J 1K3
✆ (250) 624-6761, Fax (250) 624-3831
1,6 km außerhalb Downtown, an der Straße zur Fähre gelegen. $$

Pacific Inn
909 W. 3rd Ave.
Prince Rupert, B.C. V8J 1M9
✆ (250) 627-1711 oder 1-800-663-0822
Fax (250) 672-4212
Frisch renoviertes Hotel in ruhiger Lage. Nachdem das einfache, aber gute Restaurant **Boulet's Seafood House** vom Fährhafen ins Hotel umgezogen ist, wurde das Niveau angehoben. Der fangfrische Fisch ist immer noch zu empfehlen. $$–$$$

6. Tag – Informationen: Prince Rupert

Rainforest Bed & Breakfast
706 Ritchie St.
Prince Rupert, B.C. V8J 3N5
✆ (250) 624-9742, (250) 627-5551
Gemütliches B & B in ruhiger Lage, ca. 1 km vom Fährhafen. $$

Park Avenue Campground
1750 Park Ave.
Prince Rupert, B.C. V8J 3S1
✆ (250) 624-5861, Fax (250) 622-2619
Nahe dem Fährterminal, Duschen, Waschmaschinen, *hookups*.

Prudhomme Lake Provincial Park
Am Hwy. 16, 16 km vor Prince Rupert
Kleiner Einfachst-Platz am Seeufer.

Museum of Northern British Columbia
100, 1st Ave. W. & McBride St.
Prince Rupert, B.C. V8J 3S1
✆ (250) 624-3207
www.museumofnorthernbc.com
Im Sommer Mo–Sa 9–20, So und Rest des Jahres nur bis 17 Uhr, Eintritt $ 5/2
Das Museum präsentiert die indianische Geschichte und Kultur der Nordküste bis zurück in die Eiszeit. Sehr schöner Museumsshop.

Smiles Seafood Café
113 Cow Bay Rd.
Prince Rupert, B.C. V8J 1A4
✆ (250) 624-3072, tägl. 10-22 Uhr
Das Restaurant existiert seit 60 Jahren und gilt als **die** Adresse für *seafood*. Vorher reservieren! $$–$$$

The Breakers Pub
Cow Bay Rd., Prince Rupert
✆ (250) 624-5990
Pub auf Stelzen über dem Hafen mit *fish and chips*, *barbecued ribs* u. ä. Bis Mitternacht geöffnet. $–$$

Cow Bay Café
Cow Bay, Prince Rupert
✆ (250) 627-1212
Restaurant mit Blick über den Fischereihafen. $$

7. Tag – Informationen

B.C. Ferry Corporation
1112 Fort St., Victoria, B.C. V8V 4V2
✆ 1-888-223-3779 innerhalb B.C. oder ✆ (250) 386-3431, Fax (250) 381-5452
www.bcferries.bc.ca, Abfahrt in Prince Rupert 7.30, Ankunft in Port Hardy 22.30 Uhr
Reservierungen tägl. 7–22 Uhr
Reservierung für die Fähre vor Ort. Am besten sollten die Plätze jedoch schon so früh wie möglich vor Reisebeginn bei Ihrem Reisebüro gebucht werden, die Kapazitäten für Stand-by sind begrenzt (s. auch Serviceteil, S. 283). Die Tagesfähre ab Prince Rupert verkehrt ab ca. 20. Mai und im Aug. an allen ungeraden, im Juni, Juli und Sept. an geraden Tagen. Im Winter fährt die Fähre einmal in der Woche und nachts.

Wichtig: An Fähr-Tagen sind die Hotels/ Motels und Campgrounds in Port Hardy oft ausgebucht. Es empfiehlt sich, Reservierungen sofort nach bestätigter Buchung der Fähre vorzunehmen!

Port Hardy Visitor Info Centre
7250 Market St.
Port Hardy, B.C. V0N 2P0
✆ (250) 949-7622, Fax (250) 949-6653
www.ph-chamber.bc.ca

Quarter Deck Inn
6555 Hardy Bay Rd.
Port Hardy, B.C. V0N 2P0
✆ (250) 902-0455, Fax (250) 902-0454
www.quarterdeckresort.net/
Alle Zimmer mit Blick aufs Wasser. Möglichst frühzeitig buchen. $$$–$$$$

7. Tag – Informationen: Port Hardy

Pioneer Inn
4965 Byng Rd., Port Hardy, B.C. V0N 2P0
✆ (250) 949-7271 oder 1-800-663-8744
Fax (250) 949-7334
Einfaches Motel etwas außerhalb, Restaurant und Pub im Haus. $–$$

Glen Lyon Inn
6435 Hardy Bay Rd.
Port Hardy, B.C. V0N 2P0
✆ (250) 949-7115 oder 1-877-949-7115
Fax (250) 949-7415, www.glenlyoninn.com
Einfaches Hotel; Zimmer und Restaurant mit Blick aufs Meer. $$–$$$

North Shore Inn
7370 Market St.
Port Hardy, B.C. V0N 2P0
✆ (250) 949-8500 oder 1-877-949-8516
Fax (250) 949-8516
Zimmer mit Meerblick und Balkon; Restaurant. $$–$$$

Airport Inn
4030 Byng Rd.
Port Hardy, B.C. V0N 2P0
✆ (250) 949-9434, Fax (250) 949-6533
www.airportinn-porthardy.com
Ruhige Lage, mit Restaurant. $$–$$$

Oceanview Bed & Breakfast
7735 Cedar Place
Port Hardy, B.C. V0N 2P0
✆/Fax (250) 949-8302
www.island.net/~oceanvue
oceanvue@island.net
Sehr schöne Zimmer mit Meerblick. $$–$$$

Wildwoods Campsite
An der Straße zum Fährhafen, Port Hardy
✆ (250) 949-6753
Einfacher Platz an der Bucht, Duschen, Feuerholz.

Quatse River Campground
5050 Byng Rd. (via Coal Harbour Rd., neben Salmon Hatchery), Port Hardy
✆ (250) 949-2395 oder 1-866-949-2395
Fax (250) 949-9021, quatse@island.net
Sehr schöner und ruhiger Campground im Wald mit Stellplätzen unter uralten Bäumen. 10 Min. von der Fähre; Wasser und Strom, Duschen, Waschmaschinen.

Sunny Sanctuary Campground
8080 Goodspeed Rd., am Quatse River, 1 km nördl. der Abzweigung der Straße zum Fährhafen, direkt am Hwy. 19
✆/Fax (250) 949-8111
sunnycam@island.net
Mit Waschsalon und Laden; auch für Zelte, *full hookups*; laut, da direkt am Highway.

Telegraph Cove Resort
58 km südl. von Port Hardy
✆ (250) 928-3131 oder 1-800-200-4665
Fax (250) 928-3105
www.telegraphcoveresort.com
Schöner Campground im Wald mit Duschen, Waschmaschinen, Restaurant und Pub. Übernachtungsalternative für alle, die mit der frühen Fähre aus Bella Coola ankommen. Am Abfahrtsort der Bootstouren zu den Schwertwalen.

Haida Way Motor Inn
1817 Campbell Way
Port McNeill, B.C. V0N 2R0
✆ (250) 956-3373 oder 1-800-956-3373
Fax (250) 956-4710
www.portmcneillhotels.com
Nettes, sauberes Motel; Restaurant mit guter Küche. Gute Alternative zur Übernachtung im etwas tristen Port Hardy, besonders für alle, die mit der frühen Fähre aus Bella Coola ankommen. Nur 15 Min. bis Telegraph Cove. $$–$$$

4–7

Gold Rush Trail und Yellowhead Highway

Pelzhändler, Totems und ein Besuch in Alaska

4. Tag: **Die Pelzhändler von New Caledonia**

Der Yellowhead Highway, neben dem Trans-Canada Highway die wichtigste Verbindung zwischen der Prärie im Osten und dem Pazifik, wurde nach einem blonden Trapper benannt, der eine uralte Handelsroute der Indianer in den Westen für den Pelzhandel erschloss. Wegen der hellen Haarpracht wurde das Irokesen-Halbblut »Tête Jaune«, auf englisch dann »Yellow Head«, genannt. Von **Prince George** führt der hier erst in den 1960er Jahren fertig gestellte Highway durch das seen- und waldreiche Hügelland des **Interior Plateau** nach Westen zu den Küstenbergen.

Das Pelzlagerhaus von …

... Fort St. James

Kurz hinter **Vanderhoof** zweigt die Route ab nach **Fort St. James**, einst Zentrum des Pelzhandels im damals New Caledonia genannten Nordwesten von British Columbia und die älteste ununterbrochen bewohnte europäische Siedlung westlich der Rocky Mountains. Simon Fraser, der 1808 den nach ihm benannten Fluss bis zu seiner Mündung in den Pazifik nahe Vancouver hinunterfuhr, gründete 1806 im Auftrag der »North West Company« am Ufer des Stuart Lake den ersten Handelsposten im Gebiet der Carrier-Indianer. Der Name Carrier leitet sich von der Sitte ab, dass Witwen die Überreste ihres eingeäscherten Mannes solange mit sich herumtrugen, bis ein Begräbnis-Potlatch abgehalten werden konnte. Dieser Indianerstamm lieferte den Händlern neben Biberfellen die begehrten, dichten und seidigen Winterpelze von Fischottern, Mardern und Bisamratten.

Das originalgetreu und mit viel Liebe zum Detail restaurierte Fort von 1896 schildert eindrucksvoll das Leben in einem isolierten Pelzhandelsposten in den einsamen, weglosen Wäldern des Nordwestens. Im Juli und August gehen »Einwohner« in historischer Verkleidung hinter den Palisaden des Forts ihrem Tagewerk nach. Im Laden der Hudson's Bay Company wartet der *trader* auf Kunden und erklärt den Besuchern die auf Biberfellen basierende Währung der *company*, während im Pelzlagerhaus Felle sortiert und zu Ballen gepresst werden. Im Blockhaus der *voyageurs* wird von der Mühsal und den Gefahren des Reisens in der Wildnis erzählt, und im *factor's house* tauscht man beim Kochen den letzten Klatsch aus.

Zurück auf dem Yellowhead Highway beginnt die lange Fahrt nach Westen. Immer parallel zur Eisenbahnlinie geht es durch dünn besiedeltes Land, vorbei an Seen und Feldern, Weiden und Wäldern nach **Smithers**. Die Grand Trunk Pacific Railroad, die zu Beginn des

20. Jahrhunderts als zweite transkontinentale Eisenbahnstrecke Kanadas gebaut wurde, war lange Zeit der einzige Verkehrsweg. Erst in den 1960er Jahren begann mit dem Bau des Yellowhead Highway die Besiedelung des schmalen Korridors beidseits der Straße. Mit Smithers entstand hier eine der größten Siedlungen am Highway, die heute ein großes Freizeitzentrum ist: Wandern, Klettern und Ski fahren auf dem Hudson Bay Mountain oder Kanu fahren und *rafting* etwas südlich des Ortes auf dem Bulkley River.

5. Tag: Totempfähle und Alaskas südlicher Zipfel

Von Smithers aus folgt man dem Yellowhead Highway weiter nach Norden. Ein interessanter Stopp zur Zeit der Lachswanderung ist der **Moricetown Canyon**. Der Wasserfall des Bulkley River am Ende der kurzen, nur 17 Meter breiten Schlucht ist eine schwer zu nehmende Hürde für die Lachse auf ihrem Weg zu den Laichgründen. Von Anfang Juli, wenn die ersten Spring Salmon ankommen, bis Ende August drängen sich im Pool vor den Fällen und vor den Fischleitern die Lachse dicht an dicht. Mitten im tosenden Wasserfall stehen die Babine-Indianer auf den Felsen, um ihre Wintervorräte zu fangen. Interessant sind die angewandten Techniken: Die einen benutzen lange Stangen und versuchen, mit dem Haken an der Stangenspitze die Kiemenöffnung der im Wasserfalls zappelnden Lachse zu erwischen, die anderen haben einen großen Kescher am Ende der Stange befestigt und fangen die aus dem Wasser heraussspringenden Fische sozusagen im Flug. Diese beiden Methoden des *subsistence fishing* – aus Tierschutzgründen nur den Indianern er-

Indianisches Erbe im 'Ksan Museumsdorf und …

… Alltag: Lachsfischen im Bulkley River ▷

laubt – sind nicht so einfach, wie sie aussehen, bringen aber gute Beute.

Hazelton, eine Siedlung des Gitksan-Stammes der Tsimshian-Indianer, liegt auf einer flachen Landzunge an der Mündung des Bulkley in den Skeena River. Die Gitksan-Indianer lebten, wie die Stämme an der Pazifikküste, zum großen Teil vom Lachsfang. Gleichzeitig waren sie aber auch geschickte Händler, über die der Warenaustausch zwischen den Stämmen der Küste und des Landesinneren abgewickelt wurde. Ihr relativer Wohlstand ermöglichte es ihnen, Schnitzerei und Malerei zu hoher Blüte zu entwickeln.

Das **'Ksan-Museumsdorf** in Hazelton vermittelt dem Besucher einen hervorragenden Eindruck von der Stammeskultur der Gitksan-Indianer. Sechs der traditionellen *longhouses* mit bemalter Front beherbergen Ausstellungen und Werkstätten. Im Souvenirshop erhält man sehr schöne Drucke und Schnitzereien – nicht billig, aber authentisch. Vor den *longhouses* stehen viele kunstvoll geschnitzte und bemalte Totempfähle. Sie erzählen die Geschichte einer einflussreichen Familie, geben alte Legenden wieder oder erinnern an berühmte Stammesmitglieder oder wichtige Ereignisse aus vergangener Zeit wie Krieg oder Hungersnot.

Museumsreif: Totempfahl in Hazelton

Totempfähle »liest« man von oben nach unten. Die oberste Figur ist der Stammvater des Clans aus der Zeit, in der nach der Legende Mensch und Tier noch zusammenlebten und wechselseitig des anderen Gestalt annehmen konnten. Dieses Totemtier vererbte dem Clan seine guten und bösen Eigenschaften. Es folgt die stilisierte Geschichte, die der Pfahl erzählt. Für den Außenstehenden, der Familiengeschichte und Mythologie des Clans nicht kennt, ist deren Entschlüsselung sehr schwierig. Klein und eher selten sind Menschengestalten auf dem Pfahl dargestellt, die wichtigste in der Nähe des Pfahlfußes.

Traditionell war die Aufstellung eines Totempfahls ein wichtiges gesellschaftliches Ereignis und immer von einem *potlatch*, einem zeremonienreichen und üppigen Fest für Gäste aus allen Stammesdörfern, begleitet. Der gesellschaftliche Rang des Gastgebers innerhalb des Stammesverbandes war davon abhängig, wie beeindruckt seine Gäste von den tagelangen Feierlichkeiten und den Geschenken waren, mit denen sie vor dem Heimweg überhäuft wurden.

Old Hazelton gleich daneben war ursprünglich ein Handelsposten der Hudson's Bay Company. Ein nicht sonderlich ergiebiger Goldfund und der Bau der Telegrafenlinie von Vancouver nach Daw-

Kanadischer Urlaubstraum: am Kitsumkalum Lake nördlich von Terrace

son City ließen an dieser Stelle eine Ortschaft entstehen, die als Endstation der Schifffahrtsroute auf dem Skeena River und als Überwinterungsplatz für Prospektoren und Bergleute diente. Zum Wohl des Geschäfts mit den Touristen hat man »Historic Hazelton« im Stil der zweiten Hälfte des 19. Jahrhunderts nachgebaut.

Nach 45 weiteren Kilometern auf dem Yellowhead Highway zweigt in **Kitwanga** der **Cassiar Highway** (Highway 37) nach Norden ab. NORTH TO ALASKA verkündet in großen Lettern das Schild vor der Tankstelle an der Abzweigung. Der über 700 Kilometer lange Cassiar Highway, die kürzeste Verbindung vom Südwesten Kanadas nach Norden zum Alaska Highway, entstand aus einem erst 1972 fertig gestellten Schotterweg, auf dem man Holz aus den Wäldern und vor allem das damals profitable Asbest aus der Cassiar-Mine zum eisfreien Pazifikhafen Prince Rupert transportierte. Inzwischen wurden die Wälder abgeholzt und neu angepflanzt, und Asbest will heutzutage sowieso niemand mehr. Alle Hoffnung ruht nun auf den Touristen, die mit dem Slogan »North to Adventure« in eines der einsamsten und abgelegensten Gebiete von British Columbia gelockt werden sollen. Da die Fahrt nach Norden auf dem Cassiar Highway um einige Stunden kürzer ist als auf dem Alaska Highway, donnern hier auch große Lastkraftwagen durch die Wildnis. Und man tut gut daran, ihnen respektvoll Platz zu machen.

Die Route entlang der Küstenberge ist nicht neu: Sie folgt einem alten Handelsweg der Indianer, die Fischöl von der Küste zum Tausch gegen Elchhäute ins Landesinnere transportierten, die Western Union Telegraph Company schlug eine Schneise für eine nie fertig gestellte Telegrafenlinie über Alaska und Sibirien nach Europa durch den Busch. Während des Gold Rush zogen

einige hundert Goldgräber auf dieser Route nach Norden, und sogar eine Rinderherde wurde auf dem Trail bis nach Whitehorse getrieben.

Unmittelbar nach dem Abzweig des Cassiar Highway führt ein Abstecher am anderen Ufer des **Skeena River** zu einem Dutzend Totempfählen aus dem 19. Jahrhundert, die im Dörfchen **Gitwangak** vor der beeindruckenden Kulisse der Seven-Sisters-Berge auf einer Wiese am Flussufer stehen. An der Straße, die durch den Ort Kitwanga führt, liegt der **Kitwanga Fort National Historic Site**. Hier erzählen Schautafeln die Geschichte vom mächtigen Krieger Nekt und seinem hölzernen Fort, das einst die Kuppe des Hügels krönte.

Noch 20 Kilometer weiter, im Indianerdörfchen **Gitanyon** (Kitwancool), stehen die ältesten noch erhaltenen Totems des Gitksan-Stammes. Am Rande der Wiese mit den Totems sind oft Schnitzer bei der Arbeit an neuen Pfählen zu sehen.

Nach langer Fahrt durch niedrigen Jungwald – die Holzfäller haben vor Jahren ganze Arbeit geleistet – verlassen wir an der **Meziadin Junction** den Cassiar Highway und biegen auf die Straße nach Stewart und Hyder ab. Hier beginnt die Panoramafahrt über die Coast Mountains. Grüne Berghänge führen hinauf zu den weißen Schneefeldern der Gipfel, Wasserfälle rauschen auf beiden Seiten der Straße zu Tal, und der **Bear Glacier** schickt eine leuchtend blauweiße Eiszunge aus einem Seitental bis zum Strohn Lake, in dessen milchkaffeefarbenes Wasser neben dem Highway er kalbt. Dann senkt sich die Straße immer am Bach entlang hinab nach **Stewart** mit seinem Anhängsel **Hyder** jenseits der Grenze zu Alaska.

Stewart und Hyder gingen durch die üblichen Zyklen von Boom und Bust des Edelmetallbergbaus. Seit die *miners* die Kassen nicht mehr so kräftig klingeln lassen, sind auch die immer öfter anreisenden Touristen gern gesehene Gäste. Selbst die Filmindustrie hat die Gegend entdeckt: »Bear Island«, »The Iceman« und »The Thing« wurden hier vor der grandiosen Kulisse der Berge, Gletscher und verlassenen Bergwerke gedreht.

Das malerisch verlotterte **Hyder**, hundert Schritte und eine Zeitzonen-Stunde entfernt auf der anderen Seite der (un-

Trotz Schild quicklebendig: Hyder, Alaska

◁ Attraktion am Straßenrand: der Bear Glacier

bewachten) US-Grenze, kokettiert mit dem selbst verliehenen Titel »freundlichste Geisterstadt in Alaska« und sieht auch so aus. Aber immerhin bietet es einmal in der Woche eine Fährverbindung hinüber nach Ketchikan, einem Hafen mit Anschluss an den Alaska Marine Highway, die Fährlinie durch die Inside Passage Südost-Alaskas bis nach Haines und Skagway oder Seattle im Süden.

Eine sehr empfehlenswerte Attraktion für Reisende mit der nötigen Zeit ist die Salmon Glacier Road, ein Schotterweg, der 50 Kilometer weit hinaufführt in die Bergwelt Alaskas, vorbei an verlassenen Bergwerken zu den Drehorten der Filme. Einen großen Teil der Strecke fährt man entlang der Flanke des Berges, stets einige Höhenmeter über dem Gletschereis, hinauf zu einer Aussichtskanzel mit einem großartigen Ausblick auf die Eismassen des Salmon Glacier und die Berge. Die freundlichen *locals* informieren im Museum von Stewart über den aktuellen Zustand und die Befahrbarkeit der Straße. Im August, wenn außerhalb von Hyder die Königs- und Chum-Lachse den **Fish Creek** hinauf zu ihren Laichplätzen ziehen, stehen die Chancen gut, hier Weißkopf-Seeadler und Bären bei Fischen zu beobachten.

Zeugen des Fischreichtums der Westküste: Netze …

Eine andere Attraktion sind die 23 Stunden am Tag geöffneten Bars von Hyder, die auch die von den strengen kanadischen Kneipen-Konzessionen gegängelten Bewohner von Stewart schätzen. »Arbeit ist der Fluch der arbeitenden Klasse«, steht über einem Tresen, und in einer anderen Bar schmückt eine teure Tapete die Wände: Seitdem die ersten *miners* begannen, mit ihrem Namen versehene Geldscheine an die Wände zu pinnen, damit sie nicht auf dem Trockenen saßen, falls sie einmal pleite aus den Bergen zurückkamen, haben Legionen von Besuchern hier ihre signierten Geldscheine hinterlassen.

6. Tag: Aufbruch zum Pazifik

Um von Stewart nach Prince Rupert zu gelangen, kann man entweder den gleichen Weg zurück zum Yellowhead Highway nehmen, oder eine interessante, aber nur für »holperstreckenfeste« Fahrer geeignete Alternativroute wählen. An der **Cranberry Junction** zweigt die Nass River Forestry Road vom Cassiar Highway nach Südwesten und **New Aiyansh** ab, einem Dorf der Nisga'a- (Tsimshian) Indianer. Von hier führt dann eine gut ausgebaute Straße durch eine Bilderbuchlandschaft mit Seen, Wald und Felsgipfeln nach Terrace. Südlich von New Aiyansh liegt das **Nisga'a Memorial** im Lava Bed Provincial Park. Er umfasst ein fast 40 Quadratkilometer großes Lavagebiet, auf dem die Vegetation erst vor nicht allzu langer Zeit wieder Fuß fassen konnte. Im September 1750 brach hier ein Vulkan aus, dessen Lava und Asche die Dörfer des Tals mit über 2000 Indianern des Wolf-Clans der

Tsimshian unter sich begruben. Damals entstand auch der etwas südlich an der Straße gelegene Lava Lake.

Die Normalroute erreicht bei Kitwanga den Yellowhead Highway und folgt durch schöne Landschaft dem immer breiter werdenden Skeena River durch die von Schneefeldern gekrönten Küstenberge. Nach der von der Holzindustrie dominierten Kleinstadt **Terrace** wird es dann noch einmal eng. Dicht an dicht zwängen sich Fluss, Straße und Eisenbahnlinie auf ihrem Weg zum Pazifik durch eine schmale, von den Gletschern der Eiszeit in die Küstenberge gefräste Rinne. Beiderseits ragen steile, von üppigem pazifischem Regenwald überzogene Berghänge auf, deren zahllose Bäche und Wasserfälle von den leider gar nicht seltenen Regenwolken des Pazifiks gespeist werden.

Etwa 20 Kilometer vor Prince Rupert führt ein kurviges, buckliges Sträßchen nach **Port Edward** und zum **North Pacific Cannery Museum**. Das malerische Dörfchen mit Fischkonservenfabrik, 1889 am Skeena River erbaut, ist die älteste noch bestehende von über 220 isolierten *canneries*, die es gegen Ende des 19. Jahrhunderts an der Westküste gab. Mit kleinen Ruderbooten fuhren damals die Fischer hinaus, um die Lachse in der Mündung des Skeena zu fischen. Von bis zu 400 Arbeitern, fast alle Indianer und Asiaten, wurde der Fang als Konserven haltbar gemacht.

Effizientere Fangmethoden und die Einführung von Verarbeitungsmaschinen, sinnigerweise *iron chink,* eiserner Chinese, genannt, führten bald schon zur Überfischung und zum Schwinden der einst schier unerschöpflichen Lachsschwärme. Die *cannery* wurde, wie viele andere entlang der Küste, geschlossen und begann zu verfallen. Heute bietet eine Führung durch die im Original er-

... und die North Pacific Cannery bei Prince Rupert

haltene Anlage einen interessanten Einblick in das Leben, die Fangmethoden und die Weiterverarbeitung der gefangenen Lachse in einer abgeschiedenen *cannery* an der damals noch wilden und unerschlossenen Küste des kanadischen Nordwestens.

7. Tag: Seefahrt durch die Inside Passage

Hat man in seiner Reiseplanung einen Tag für Prince Rupert einkalkuliert, lässt sich in der Hafenstadt am Pazifik einiges Interessante erkunden. **Prince Rupert** ist der nördliche Terminus der Fährlinie durch den kanadischen Teil der Inside Passage nach Port Hardy auf Vancouver Island und Ausgangspunkt für den Besuch der Queen-Charlotte-Inseln. Auch die amerikanischen Fähren, die durch Südost-Alaska zu den Häfen Skagway und Haines fahren – von denen es eine Überlandverbindungen zum Alaska Highway gibt – legen hier an. Die Stadt verdankt ihre Entstehung Charles M. Hayes, der die Gegend an der Mündung des Skeena River auswählte, um hier am westlichen Endpunkt der zweiten kanadischen transkontinentalen Eisenbahnstrecke eine Hafenstadt zu bauen.

In der **Kwinitsa Station**, ehemals Bahnhof der Grand Trunk Pacific Railway, ist heute ein Eisenbahnmuseum untergebracht. Das **Museum of Northern British Columbia** besitzt eine bemerkenswerte Sammlung von Körben und hervorragende Schnitzereien der Nordwestküsten-Indianer, und im Carving Shed des Museums führen einheimische Schnitzer ihr Handwerk vor.

Kopien von Tsimshian- und Haida-Totempfählen stehen an verschiedenen Plätzen in der Stadt. Im Ortsteil **Cow Bay** gibt es einige Cafés und Geschäfte direkt an den Docks des Yacht- und Fischereihafens. Hier und in den anderen Restaurants von Prince Rupert wird angeboten, was die Fischerboote tagsüber anlanden: fangfrischer Fisch.

Für den Weg zurück nach Süden bietet sich die Fähre durch die **Inside Passage** nach Vancouver Island an. Die Schifffahrtsstraße verläuft vom Puget Sound im US-Staat Washington zwischen der zerklüfteten Nordwestküste des Kontinents und den Myriaden vorgelagerter Inseln bis nach Skagway in Alaska. Die insgesamt 1 696 Kilometer lange Strecke ist mit Ausnahme weniger kurzer Passagen weitestgehend vor Wind und Wellen des Pazifiks geschützt. Das von »B.C. Ferries« in 15-stündiger Fahrt bediente Teilstück von Prince Rupert nach Port Hardy ist 507 Kilometer lang. Das Landschaftsbild entlang der Strecke enthält Elemente aus Norwegens Fjorden, Nova Scotias Felsenküste und Patagoniens Bergen.

»Mitten in der Nacht«, so etwa gegen 6.30 Uhr beginnt das Beladen der Fähre.

Cow Bay: Drinks mit Blick auf Hafen und Sonnenuntergang

Trotzdem ist so weit im Norden um diese Zeit schon heller Tag, sofern nicht mal wieder der Seenebel wabert oder die Regenschauer unter schwarzen Wolken wie graue Vorhänge übers Land ziehen. Die Nacht war kurz, und die morgendliche Kühle treibt die meisten Fahrgäste nach einer kurzen Erkundungsrunde über die Decks hinein ins Warme. Während des ausgiebigen Frühstücks im Restaurant hat die »M.V. Queen of the North« den Hafen verlassen und nimmt Kurs auf die erste Attraktion des Tages. Im 40 Kilometer langen **Grenville Channel** rücken die bewaldeten Ufer bis auf fast 500 Meter zusammen.

Für den Betrachter läuft mit entspannender Langsamkeit ein Panoramafilm ab: blaugrüne Berge, Fischerboote und Kreuzfahrtschiffe, hier und da ein Adler auf einem Baum, eine Robbe auf einem Felsen oder mit etwas Glück ein Buckelwal. Über dem mit der üppigen und verfilzten Vegetation des pazifischen Regenwalds überwucherten, schmalen Landstreifen am Westhang der Coast Mountain ragen die Gletscher und massiven Felsgipfel der Küstenberge auf. Die vom Pazifik heranziehenden, feuchtigkeitsbeladenen Wolken entledigen sich hier ihrer Wassermassen und schaffen so die idealen Wachstumsbedingungen für die riesigen Wälder aus Fichten, *cedars* und Tannen.

Steil erheben sich die dicht bewaldeten Berghänge aus dem Wasser, hier und da haben die Kahlschläge der Forstindustrie tiefe Wunden in den Wäldern hinterlassen. Das Land ist beinahe vollständig unbewohnt, nur selten tauchen einsame Leuchttürme und die Überreste längst verlassener *cannery communities* auf. Bevor es Kühlschiffe gab, konnten die Fische aus den ertragreichen Gewässern nur in Dosen für einen längeren Transport haltbar gemacht werden.

Dicker Brocken: Kreuzfahrtschiff in der Inside Passage

Nach langer Fahrt durch enge Passagen kommt im **Milbank Sound** das offene Meer in Sicht. Für eine Weile wiegt sich das Schiff in der Dünung des Pazifiks, dann verschwindet es wieder hinter den Inseln und legt bald darauf in **Bella Bella** (s. S. 240) an, dem einzigen größeren Ort entlang der Route und das Zentrum der Heiltsuk-Indianer.

Wenn am Abend das Schiff ein zweites Mal mehr oder weniger sanft schaukelt, ist der Queen Charlotte Sound erreicht und Port Hardy nicht mehr weit. Im Osten leuchten die Schneefelder der Coast Mountains im milden Abendlicht, im Westen steigen die Silhouetten kleiner Inseln aus dem Dunst, und die Sonne versinkt langsam hinter den Bergen von Vancouver Island.

Noch eine Passage zwischen zwei Inseln, dann sind **Hardy Bay** und der Fährhafen erreicht. Von hier aus kann die Fahrt mit Route 6 (s. S. 242 ff.) nach Victoria und Vancouver fortgesetzt werden.

Route 5 – Durch das Chilcotin Plateau und die Küstenberge: Vancouver – Cache Creek – Clearwater – Quesnel – Williams Lake – Bella Coola – Port Hardy (1 819 km)

1. Tag – Route: Vancouver – Whistler – Cache Creek (351 km)

km	Zeit	Route
0	9.00 Uhr	Abfahrt in **Vancouver**. Auf der Georgia St. zur Lions Gate und auf dem Hwy. 99 (der bis Horseshoe Bay gleichzeitig der Hwy. 1 ist) am **Howe Sound** entlang nach
52		Britannia Beach: Besuch des **B.C. Museum of Mining**.
62		**Shannon Falls**. Über Squamish weiter nach
123	12.30 Uhr	**Whistler:** Spaziergang und/oder Gondelbahnfahrt auf den Whistler Mountain.
	15.30 Uhr	Weiterfahrt auf dem Hwy. 99 nach **Pemberton**. Dort rechts ab nach Mount Currie; in Mount Currie rechts ab und nach wenigen Kilometern links (Hwy. 99; die Straße ist meist nur von Juni bis Sept. befahrbar) in die Duffey Lake Rd. nach
267		**Lillooet***. Weiter auf dem Hwy. 12 nach
351	19.00 Uhr	**Cache Creek.***

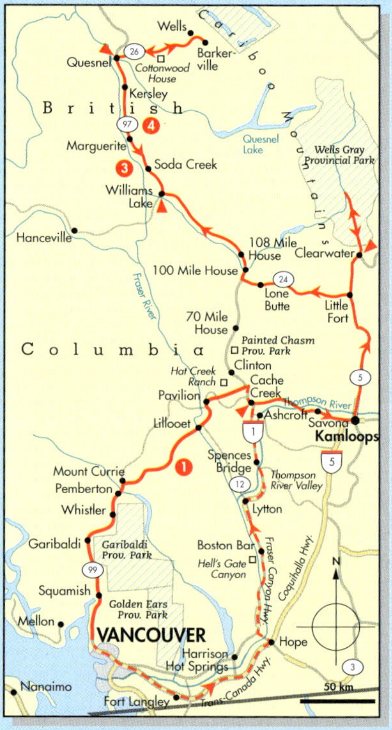

* Übernachtungs-Optionen

Alternativroute: Vancouver – Hell's Gate – Cache Creek (347 km) vgl. Route 4, 1. Tag, S. 186.

2. Tag – Route: Cache Creek – Clearwater (317 km)

Karte vgl. S. 222.

km	Zeit	Route
0	9.00 Uhr	Von **Cache Creek** auf dem Hwy. 97 nach Norden, nach 11 km Abzweig auf Hwy. 12 zum Besuch der

2. Tag – Route: Cache Creek – Clearwater (317 km)

km	Zeit	Route
12		**Hat Creek Ranch.**
	10.30 Uhr	Zurück nach **Cache Creek** und auf dem Trans-Canada Hwy. (Hwy. 1) nach Osten. Nach Savona kurzer Stopp am Aussichtspunkt hoch über dem **Kamloops Lake.**
108		**Kamloops**, Lunch.
	13.00 Uhr	Weiter auf dem Hwy. 5 N. nach
201		**Little Fort** und
223		**Clearwater.** Von hier in den **Wells Gray Provincial Park** zu den
270		**Dawson** und **Helmcken Falls**, danach zurück nach
317	19.00 Uhr	**Clearwater.**

Extrawoche: Jedes Jahr Mitte Juli beginnt der **Charity Cattle Drive** auf einer anderen Ranch. Profi- umd Amateur-Cowboys treiben fünf Tage lang eine Rinderherde übers Land nach Kamloops. Pferd und Ausrüstung oder einen Platz auf dem *chuck waggon* kann man mieten. Den Abschluss bilden eine Parade durch Kamloops und eine Riesenparty (Charity Cattle Drive, P.O. Box 1332, Kamloops, B.C. V2C 6L7, ✆ 250-372-7075, Fax 250-372-0262, www.cattledrive.bc.ca).

3. Tag – Route: Clearwater – Williams Lake – Quesnel (348 km)

km	Zeit	Route
		Karte vgl. S. 222.
0	9.00 Uhr	Abfahrt in **Clearwater** auf Hwy. 5, nach Süden bis
31		**Little Fort** und hier rechts abbiegen auf den Hwy. 24 in Richtung 100 Mile House.
128		Bei der Einmündung in den Hwy. 97 rechts ab (nordwärts) nach
138		**100 Mile House** und
151		**108 Mile Heritage Centre** nach
228	14.00 Uhr	**Williams Lake*** (hier Anschluss an Route 4, vgl. S. 187) und weiter bis
348	16.00 Uhr	**Quesnel*** oder
430	17.30 Uhr	**Barkerville***.

* Übernachtungs-Optionen

Anschlussroute: Route 4, 3. Tag, S. 187.

Abkürzung: Barkerville auslassen und heute schon in **Williams Lake** mit der Fahrt auf dem Hwy. 20 in Richtung Bella Coola beginnen (vgl. 5. Tag, S. 226).

4. Tag – Route: Quesnel – Barkerville – Williams Lake (305 km)

km	Zeit	Route	Karte vgl. S. 222.
0	9.00 Uhr	Am nördlichen Ortsrand von **Quesnel** rechts auf den Hwy. 26 abbiegen	
25		**Cottonwood House**, kurzer Besuch und Weiterfahrt nach	
82		**Barkerville:** Besichtigung.	
	15.00 Uhr	Rückfahrt nach **Quesnel** und anschließend auf dem Cariboo Hwy. (Hwy. 97) nach Süden bis	
305	18.00 Uhr	**Williams Lake.**	

1. und 2. Tag – Informationen: Kamloops, Clearwater

1. Tag – Informationen vgl. Route 3, 1. Tag, S. 143.
1. Tag Alternativroute – Informationen vgl. Route 4, 1. Tag, S. 188.

Hat Creek Ranch
Vgl. S. 188.

Kamloops Info Centre
1290 W. Trans-Canada Hwy. (Nähe Aberdeen Mall)
Kamloops B.C. V2C 2R3
✆ (250) 374-3377, Fax (250) 828-9500
www.kamloopschamber.bc.ca
Im Sommer tägl., sonst nur Mo–Fr

Secwepemc Museum & Heritage Park
205–355 Yellowhead Hwy. (Hwy. 5)
Kamloops, B.C. V2H 1H1
✆ (250) 828-9801
www.secwepemc.org
1. Juni–Anfang Sept. Mo–Fr 8.30–20, Sa/So 10–20, sonst Mo–Fr 8.30–16.30 Uhr, Eintritt $ 6/4
Zeigt die traditionelle Lebensweise der Shuswap; außerdem ein ethnobotanischer Garten mit Pflanzen in fünf verschiedenen Ökosystemen.

Clearwater Visitor Info Centre
425 E. Yellowhead Hwy. (Hwy. 5)
Clearwater, B.C. V0E 1N0
✆ (250) 674-2646, Fax (250) 674-3693
www.ntvalley.com/clearwaterchamber
Mai–Okt. tägl., sonst Mo–Sa

Wells Gray Inn
228 E. Yellowhead Hwy. (Hwy. 5)
Clearwater, B.C. V0E 1N0
✆ (250) 674-2214 oder 1-800-567-4088
Fax (250) 674-3019
Hotel mit Restaurant und Bar. $$–$$$

Clearwater Lodge
331 Eden Rd., Clearwater, B.C. V0E 1N0
✆ (250) 674-3080, Fax (250) 674-3084
www.clearwaterlodge.bcresorts.com
Mit Hallenbad. $$–$$$

Ace Western Motel
Wells Gray Park Rd.
Clearwater, B.C. V0E 1N0
✆ (250) 674-2266 oder 1-877-674-2266
Fax (250) 674-3443
www.acewesternmotel.com
Mit Restaurant und Tennisplatz. $$

Dutch Lake Resort and RV Park
361 Ridge Rd.
Clearwater, B.C. V0E 1N0
✆ (250) 674-3351 oder 1-888-884-4424
Fax (250) 674-3398
www.ntvalley.com/dutchlake
Hübscher Campingplatz am See mit vier Motel-Blockhütten. Waschsalon; Boots- und Kanuvermietung. $$

1. und 2. Tag – Informationen

Birch Island Campground
Am Hwy. 5, 8 km nördl. Clearwater
✆/Fax (250) 674-3991
Ferienplatz mit voller Infrastruktur.

North Thompson River Provincial Park
Einfacher Campground am Hwy. 5 nahe Clearwater mit Bademöglichkeit im Fluss.

Wells Gray Provincial Park
✆ (250) 387-4550
wlapwww.gov.bc.ca/bcparks/
Ein Wildnispark für Wanderer und Bergsteiger in den Cariboo Mountains. Hauptzufahrtsweg ist die Stichstraße von Clearwater zum Clearwater Lake. Von dieser Straße führt eine 4 km lange Seitenstraße zu den **Helmcken Falls** vorher, bei der Straßenbrücke über den Fluss, führt ein Pfad (20 Min. hin und zurück) an die Nordseite der **Dawson Falls** heran.

Wells Gray Provincial Park
Campground Reservierung:
✆ (250) 851-3000 oder 1-800-689-9025
Fax (250) 828-4633

Im Park gibt es mehrere einfache Provincial Campgrounds, die im Sommer meist schon am Morgen belegt sind. Das Visitor Centre am Hwy. 5 in Clearwater gibt über freie Plätze Auskunft.

Eine recht interessante Alternative zu den meist überfüllten **Campgrounds** in Clearwater und im Wells Gray Park gibt es 46 km westl. von Little Fort am Hwy. 24:

Cottonwood Bay Resort
Bridge Lake, B.C. V0K 1E0
✆/Fax (250) 593-2345
www.cottonwood-bay-resort.com
Sehr schöner Campground mit *hookups*, malerisch unter Bäumen am Ufer des Bridge Lake gelegen. Es gibt auch einige Holzhäuschen am Seeufer zu mieten; mit Laden und Imbiss.

Bridge Lake Provincial Park
wlapwww.gov.bc.ca/bcparks/
Einfacher Campground am Bridge Lake, ebenfalls sehr schön gelegen. Zufahrt vom Hwy. 24.

3. und 4. Tag – Informationen: Williams Lake

Informationen zum 3. Tag vgl. Route 4, 2. Tag, S. 188 f.
Informationen zu Barkerville vgl. Route 4, 3. Tag, S. 189 f.

Williams Lake Info Centre
1148 Broadway S.
Williams Lake, B.C. V2G 1A2
✆ (250) 392-5025, Fax (250) 392-4214
www.williamslake.com

Drummond Lodge & Motel
1405 Hwy. 97 S.
Williams Lake, B.C. V2G 2W3
✆ (250) 392-5334 oder 1-800-667-4555
Fax (250) 392-1117
www.drummondlodge.com
Mit Panoramablick auf den See. $$–$$$

Jamboree Motel
845 Carson Dr., Williams Lake, B.C. V2G 3N7
✆ (250) 398-8208
Preiswert, zentrale Lage am Hwy. 97 N. $$

Fraser Inn
285 Donald Rd.
Williams Lake, B.C. V2G 4K4
✆ (250) 398-7055 oder 1-800-452-8269
Fax (250) 398-8269, www.fraserinn.com
Angenehmes Hotel mit Restaurant. $$–$$$

Wildwood Campsite
Am Hwy. 97 N.
Williams Lake, B.C. V2G 4M8
✆ (250) 989-4711, Fax (250) 989-0009
www.wildwoodcampsite.ca
Mit Waschmaschinen, *full hookups*.

5. und 6. Tag – Route: Williams Lake – Bella Coola (504 km)

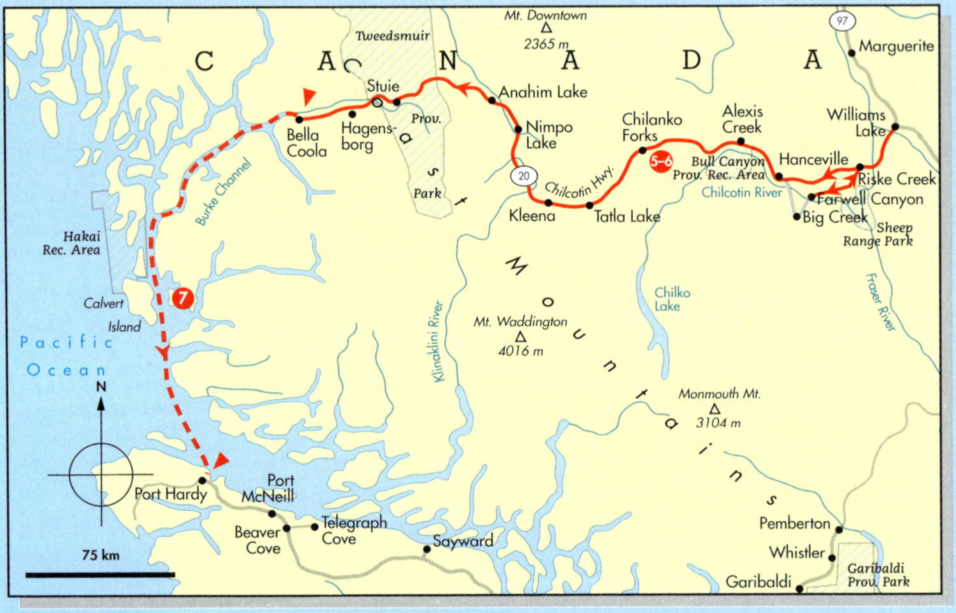

km	**Route**
0	Abfahrt in **Williams Lake** auf dem **Chilcotin Hwy.** (Hwy. 20),
47	bei **Riske Creek** abzweigen auf die Schotterstraße zum sehenswerten
70	**Farwell Canyon**. Zurück zum Hwy. 20 W. Von dort über
159	**Alexis Creek,** vorbei am
169	Bull Canyon Provincial Park Campground, über
221	**Chilanko Forks**
269	**Tatla Lake** und
344	**Nimpo Lake** nach
362	**Anahim Lake**. Weiter geht die Fahrt über den Hwy. 20 zur
399	Einfahrt in den **Tweedsmuir Provincial Park**. Über den
427	**Atnarko River Campground** weiter nach
441	**Stuie** und
491	**Hagensborg** zum Etappenziel
504	**Bella Coola**.

Extratage in und um Bella Coola: **Bella Coola** bei Regen ist eine trübselige Angelegenheit. Wenn aber, was öfter der Fall ist, als es die Lage im pazifischen Regengürtel vermuten läßt, die Sonne scheint, lohnen sich ein oder mehrere Tage Aufenthalt in dieser beeindruckend schönen Landschaft. Mögliche Unternehmungen sind: Ein Ausflug mit Boot oder Wasserflugzeug zum **Alexander Mackenzie**

5. und 6. Tag – Route: Williams Lake – Bella Coola (504 km)

Rock und den nahe gelegenen heißen Quellen, ein Spaziergang zu den **Petroglyphs** (Felszeichnungen), eine Fahrt auf der Logging Road zum **Blue Jay Lake** und der Riesen-Cedar am **South Bentick Arm**, Fahrt auf der Nusatsum River Rd. zum **Odegaard Falls Viewpoint** und Wanderung zum Fuß des Wasserfalls, Besuch der **Talheo Cannery** mit Dinner, eine mehrtägige Tour mit dem Charterboot durch die Fjorde oder Wanderungen im Tweedsmuir Park.

7. Tag – Fährfahrt: Bella Coola – Port Hardy

Fährfahrt mit der »Queen of Chilliwack« auf der Discovery Coast Passage von Bella Coola nach Port Hardy mit Anschluss an Route 6 (vgl. S. 242 ff.).

5. und 6. Tag – Informationen

Der Hwy. 20 (Chilcotin Hwy., Bella Coola Rd.) führt durch das dünn besiedelte Land der Ranches und über die Küstenberge in die spektakuläre Fjordlandschaft am Pazifik. Entlang der Straße und im Hinterland gibt es Gäste-Ranches und Fishing Lodges an einigen der besten Angelgewässer der Provinz. Es ist möglich, aber nicht empfehlenswert, die Strecke nach Bella Coola an einem Tag zu fahren. Infos: www.chilcotin.bc.ca/

Farwell Canyon
Tief eingeschnittenes Flusstal des Chilcotin River mit von Erosion geformten Hoodoos an den Wänden.

Bull Canyon Provincial Park
Am Hwy. 20, 10 km westl. Alexis Creek
✆ (250) 398-4414
Hübsch gelegener einfacher Campground am Chilcotin River.

Country Inn Motel
Am Hwy. 20, Nimpo Lake, B.C. V0L 1R0
✆ (250) 742-3331
Fax (250) 742-3480
Übernachten mit Blick auf den See. $$

Dew Duck Inn B&B
3150 Elsey Rd.
Anahim Lake, B.C. V0L 1C0
✆/Fax (250) 742-3782 oder ✆ 1-888-277-6733
www.bctravel.com/dewduckinn
Zimmer mit Frühstück in einem Blockhaus am See; Sauna. $$–$$$

Camping in Nimpo Lake und Anahim Lake
Viele Fishing Lodges haben Wohnmobilstellplätze, meist mit *hookups*. So z. B.
Dean River Resort ✆ (250) 742-3232
Pine Point Resort ✆ (250) 742-3300, Fax (250) 742-3208
Wilderness Rim ✆ (250) 742-3360
Anahim Lake Resort ✆ (250) 742-3242
Escott Bay Resort ✆ (250) 742-3233

Tweedsmuir Provincial Park
Wildnispark mit beeindruckender Landschaft in den Küstenbergen. Lohnend ist die Kanutour auf der Seenkette des Hunlen Valley. (Information: Tweedsmuir Air Service, ✆ 1-800-668-4335, www.tweedsmuirair.com)
Der einfache Campground des Parks liegt 60 km vor Bella Coola am Atnarko River.

5. und 6. Tag – Informationen: Hagensborg, Bella Coola

Bay Motor Hotel
Am Hwy. 20 in Bella Coola, B.C. V0T 1C0
✆ (250) 982-2212 oder 1-888-982-2212
Fax (250) 982-2330, www.baymotorhotel.ca
Motel mit Restaurant und Pub, 14 km vor Bella Coola. $$–$$$

Nusatsm House Bed & Breakfast
8 km östl. von Hagensborg
✆ (250) 982-2348 oder 1-800-982-2348
www.bellacoolahost.com
Zwei Zimmer, der Eigentümer spricht auch deutsch. $$

Glacier View Resort
3400 Hwy. 20, 28 km vor Bella Coola
Hagensborg, B.C. V0T 1H0
✆ (250) 982-2615
www.glacierviewresort.com
Motel $$–$$$. Campground mit *hookups*.

Gnome's Home Campground & RV Park
Am Hwy. 20 in Hagensborg, 16 km vor Bella Coola
✆ (250) 982-2504, Fax (250) 982-2448
www.gnomeshome.ca
Am Bella Coola River; mit *hookups*, Waschmaschinen, man spricht Deutsch.

Bailey Bridge Campsites & Cabins
Salompt Rd. in Hagensborg
✆ (250) 982-2342, Fax (250) 982-0056
Einfacher Platz am Ufer des Bella Coola River, mit Duschen.

RipRap Campsite
Am Hwy. 20 zwischen Bella Coola River und Hagensborg
Hagensborg, B.C. V0T 1H0
✆ (250) 982-2752, Fax (250) 982-2327
Privater, kleiner Campingplatz neben dem Schwimmbad.

Bella Coola Valley Inn
Mackenzie St.
Bella Coola, B.C. V0T 1C0
✆ (250) 799-5316 oder 1-888-799-5316
Fax (250) 799-5610
www.bellacoolavalleyinn.com
Hotel nahe dem Fähranleger mit Restaurant und Pub. $$–$$$

Alexander Mackenzie Rock
Von Bella Coola auf einer Bootstour oder mit dem Wasserflugzeug zu erreichen. Auf einem Felsen hinterließ der Forschungsreisende die Inschrift: »Alex Mackenzie from Canada by Land, 22nd July, 1793.«

Petroglyphs
Mehrere tausend Jahre alte Felszeichnugen am Thorsen Creek. Darren Edgar (✆ 250-3799-5263) Bella Coolas »Good Will Ambassador« führt Besucher für ein Trinkgeld dorthin und erzählt über sein Volk, die Nuxalt (ausgesprochen: »Nuuhalk«) aus der Gruppe der Salish-Indianer. Wer es auf eigene Faust versuchen möchte: Bei der Tankstelle »Talio Gas Bar« vom Hwy. 20 abbiegen und bis zum Ende der Straße fahren, dann links am Bach entlang einem Pfad in den Wald folgen.

South Bentick Arm Logging Road
Man folgt der Straße vom Ort zur Government Wharf über den Hafen hinaus und nimmt am Wasserkraftwerk links den Schotterweg am Clayton Falls Creek in die Berge. Die raue Forststraße mit bis zu 20 % Steigung ist nur für Fahrzeuge mit guter Bodenfreiheit oder 4 x 4 geeignet. Der Weg ist nichts für zaghafte oder ängstliche Gemüter, belohnt die Holperei aber mit phantastischen Ausblicken. 23 km bis Blue Jay Lake mit Pfad zu Aussichtspunkt auf die Fjorde; nach 43 km steht links eine uralte Cedar mit mehr als 5 m Durchmesser im Wald.

Odegaard Falls
An der Nusatsum River Bridge (22 km von Bella Coola) vom Hwy. 20 abbiegen und 25 km zum Odegaard Falls Recreational Site mit gutem Blick auf den Wasserfall. 1 km weiter beginnt der 2 km lange Wanderpfad (Odegaard Falls Trail) zum Fuß des Odegaard Falls.

5. und 6. Tag – Informationen: Bella Coola

Tallheo Cannery
Bella Coola, B.C. V0T 1C0
✆ (250) 982-2344
http://centralcoastbc.com/tallheocannery
Bed & Breakfast in einer seit langem stillgelegten Cannery. Zugang nur mit Boot ab Bella Coola. Touren ab Bella Coola mit Lunch oder Dinner. $$

Dream Factory Adventures
Bella Coola, B.C. V0T 1C0
✆ (250) 799-0027, Fax (250) 799-0029
Die Ticket- und Reservierungsagentur der B.C.-Ferries arrangiert außerdem alle Unternehmungen in und um Bella Coola.

Bella Coola Air
Am Airport in Hagensborg
✆ (250) 982-2545, Fax (250) 982-2957
www.bellacoolaair.com
Wayne Sissons fliegt seit 20 Jahren mit dem Wasserflugzeug zu Zielen an der Küste.

7. Tag – Informationen

Discovery Coast Passage Ferry
Abfahrten in Bella Coola Mo, Fr 8, Mi 7.30 Uhr, Dauer 13–25 Stunden, je nach Anzahl der angelaufenen Häfen. In der Gegenrichtung Abfahrten von Port Hardy Di, Do 9.30, Sa 21.30 Uhr. Bis nach Bella Coola dauert die Reise zwischen 13 und 34 Stunden. Es gibt keine Kabinen an Bord, aber verstellbare Schlafsessel, ähnlich wie im Flugzeug. Auf den Nachtfahrten gibt es zudem ausreichend Platz an Bord, um Luftmatratze und Schlafsack auszurollen. Wer will, kann auch ein Zelt leihen und auf dem Sonnendeck aufbauen.

Die Fähre fährt von Anfang Juni bis Anfang September. Montags verkehrt sie ohne Stopps und erreicht bereits nach 13 Stunden Port Hardy; mittwochs wird in Shearwater und McLoughlin Bay jeweils 2 Stunden gestoppt, die Fahrzeit beträgt 24 Stunden, mit einem weiteren Stopp in Ocean Falls sind es freitags 25 Stunden.

Am besten buchen Sie die Plätze für die Fähre so früh wie möglich vor Reisebeginn, die Kapazitäten sind begrenzt und der Versuch, auf Stand-by mitzukommen, ist ein Glücksspiel. Fahrpläne, Preise, Reservierungen bei:

B.C. Ferry Corporation
1112 Fort St.
Victoria, B.C. V8V 4V2
✆ 1-888-223-3779 innerhalb B.C. oder
✆ (250) 386-3431, Fax (250) 381-5452
www.bcferries.bc.ca
Tägl. 7–22 Uhr

Informationen zu Port Hardy vgl. Route 4, 7. Tag, S. 208.

Urlaub im Tipi: Touristencamp im Wells Gray Provincial Park

1–7

Durch das Chilcotin Plateau und die Küstenberge

Die Routen der Pioniere

1. Tag: Auf bekannten Wegen

Zum Beginn dieser Route haben Sie für den Weg von Vancouver nach Kamloops die Wahl zwischen der in Route 4 (s. S. 186) beschriebenen Strecke entlang Fraser und Thompson River oder der Fahrt auf Route 3 (s. S. 142) entlang dem Howe Sound und über die Küstenberge. Beide Routen treffen sich in Cache Creek.

2. Tag: Zu den Cowboys im Hinterland

Auf dem Trans-Canada Highway geht es weiter durch das Tal des **Thompson River** nach Osten. Die hügelige Savanne in diesem trockenen Landstrich liegt im Regenschatten der Küstenberge. Es ist das Land der Rinderranches, ohne Bewässerung gedeiht hier wenig, außer *short grass* und *sagebrush* – und Ginseng, der unter der schwarzen flatternden Folie heranwächst, die hier und da die Felder bedeckt. Beim Winzlings-Ort **Savona**, dort wo der Thompson River im Kamloops Lake verschwindet, klettert der Highway hinauf zu einem Aussichtspunkt in den Hügeln. Vom Parkplatz schweift der Blick über das ausgedörrte grau-gelb-braune Land, über von Wind und Wetter geformte Zinnen und Grate aus Lehm, weit über den azurblauen See, von dessen Ufer hier und da ein leuchtend grüner Flickenteppich bewässerter Felder heraufleuchtet.

Kamloops, die älteste Stadt in British Columbia, war schon immer das Versorgungszentrum für die Rinder-Ranches und Gemüse- und Obstbauern des Umlands. In den letzten Jahren erhielt die Stadt zusätzlichen Auftrieb als Zentrum des Bergbaus und der Holzindustrie der Region. Etwa 300 fischreiche Seen im Hinterland machen Kamloops zu einem beliebten Ziel bei nordamerikanischen Sportanglern. Kamloops ist die einzige große Stadt auf dieser Route, und wer möchte, findet hier tagsüber Gelegenheit zum ausgiebigen Shopping und abends eine Anzahl von Bars, die Anlaufpunkt für die Cowboys der etwa 1 100 Ranches des Hinterlands sind. Richtig umtriebig wird es jedes Jahr in der zweiten Juliwoche, wenn die Profi- und Amateurcowboys hier das Ende des Charity Cattle Drive feiern.

Wer sich hingegen für die Ureinwohner der Region interessiert, kann den **Secwepemc Heritage Park** im Reservat der Kamloops Indian Band besuchen. Hier gibt es ein Museum das die traditionelle Lebensweise der Indianer präsentiert, ein Freigelände mit rekonstruierten Winterhäusern aus fünf verschiedenen Zeitperioden, einen ethnobotanischen Garten und im Sommer traditionelle Theater und Tanzvorführungen.

Das Land der Seen und Wälder, die Cariboo Region

Der Ursprung der Stadt am Zusammenfluss von North und South Thompson River war der Pelzhandelsposten, den David Stuart von der Pacific Fur Company 1812 hier gründete. Er übernahm die Ortsbezeichnung *kähmluupa* (wo die Flüsse aufeinander treffen) der Shuswap-Indianer und taufte den Ort Fort Kamloops. Die Station entwickelte sich bald zum Zentrum des Pelzhandels im Binnenland. Mit den Goldfunden im Cariboo kamen die ersten Siedler, und als 1886 die Eisenbahn den Ort erreichte, gab es hier schon große Ranches und englische *gentleman farmers* die im roten Rock mit der Hundemeute zur traditionellen Fuchsjagd ausritten. (Die Überlieferung berichtet, dass die örtlichen Kojoten als Ersatzfüchse herhalten mussten.)

Von Kamloops nach Norden folgt die Route dem North Thompson River, auf dem 1862 die ersten Siedler, eine Gruppe der »Overlanders«, nach Kamloops gekommen waren. Die »schnellste, sicherste und billigste Route zu den Goldfeldern« hatte man ihnen versprochen. Mehr als 200 Personen, darunter August Schubert mit seiner schwangeren Frau Katharina und drei Kindern, hatten sich im Mai in Ontario und Québec auf die Reise gemacht. Eisenbahn und Flussschiff brachten sie nach Winnipeg, von dort ging es mit rumpelnden und quietschenden Red River Carts durch die Prärie nach Edmonton und dann zu Pferd und zu Fuß 300 Meilen durch Sumpf und dichten Wald über den Yellowhead Pass in den Rockies. Als die Overlanders Ende August Tête Jaune Cache erreichten, waren die für eine zweimonatige Reisedauer geplanten Vorräte fast aufgegessen. Eine Gruppe von 32 Personen beschloss, nicht zu den Goldfeldern bei Barkerville weiterzuziehen. Sie tauschten Stoff,

Munition und alles, was sie entbehren konnten, bei den Shuswap-Indianern gegen getrockneten Lachs und kämpften sich durch den Wald nach Süden zum Thompson River. Sechs Wochen später erreichte das erste Floß mit halbverhungerten Overlanders Fort Kamloops. Einen Tag nach ihrer Ankunft brachte Katharina Schubert dort das erste weiße Kind im Hinterland von British Columbia zur Welt.

Der Highway 5, der dem Verlauf des North Thompson River folgt, läßt die Schwierigkeiten, mit denen diese ersten Reisenden zu kämpfen hatten, nicht einmal mehr ahnen. Heute beeindruckt der Weg aus dem hügeligen trockenen Grasland bei Kamloops zu den dichten Wäldern des Nordens eher durch die am Autofenster vorbeiziehende Landschaft.

Von Clearwater am Highway 5 führt eine 69 Kilometer lange Straße durch die östlichen Cariboo-Berge ins Land der Seen, Wasserfälle und alten Vulkane im **Wells Gray Provincial Park**. Sie endet am Clearwater Lake, der über den oberen Clearwater River und eine kurze Portage mit dem Azure Lake verbunden ist. Der rund 100 Kilometer lange Weg zum Ende des Azure Lake im Herzen der Bergregion ist eine beliebte Kanuroute. Noch weiter hinein in die Wildnis geht es nur auf einem der Wanderpfade. Der Wells Gray Provincial Park ist aber auch für autofahrende Besucher äußerst attraktiv. Die bekanntesten Attraktionen des Parks, die Wasserfälle, sind von den Parkplätzen an der Straße bequem zu erreichen.

Den Anfang macht, noch außerhalb des Wells Gray, die 120 Meter tiefe Schlucht des **Spahats Creek** im gleichnamigen Provinzpark. Nur wenige Schritte vom Parkplatz entfernt liegt ein Aussichtspunkt mit Blick auf die gestreiften Wände der Schlucht, den 60 Meter hohen Wasserfall und den Clearwater River. Als erster Wasserfall im Wells-Gray-Provinzpark folgt **Dawson Falls**, über dessen 91 Meter breite und 18 Meter hohe Kaskade das Wasser des Murtle River schäumt. Wenige Kilometer weiter folgt dann der bekannteste Wasserfall des Parks. Sein Rauschen und gedämpftes Donnern ist schon aus einiger Entfernung zu hören.

Ein paar Schritte vom Parkplatz durch den Wald, dann fällt der Blick vom Canyonrand auf die 137 Meter hohe Wassersäule der **Helmcken Falls**. Der Murtle River zwängt sich hier durch eine Kerbe im harten Vulkangestein und schießt als mächtiger Strahl hinunter in die Schlucht. Auf dem weiteren Weg zum Clearwater Lake lohnt während der Zeit des Lachszuges Ende August/Anfang September ein Spaziergang durch uralten Wald zum Bailey's Chute. Mit großen Sprüngen durch die Luft versuchen hier die Lachse die Stromschnellen zu überwinden.

Faszinierend ist der Wells Gray Provincial Park auch für geologisch interessierte Besucher. Mehr als 20 Vulkane waren vor etwas über 7 500 Jahren in diesem Gebiet aktiv. Von der Seitenstraße zum Green Mountain Viewing Tower führt ein Pfad zu den Basalttuff-Säulen der Whitehorse Bluffs. 30 Minuten Fußweg vom Clearwater Lake Campground entfernt liegt die Dragon's Tongue, ein Lavastrom. 52 Ridge am Hang des Battle Mountain ist erstarrte Lava die unter einem Gletscher ausgetreten ist.

3. Tag: Der Weg zu den Goldfeldern

In Little Fort zweigt der Highway 24 ab nach Westen, durch den Interlakes District hinüber zum Cariboo Highway

Helmcken Falls im Wells Gray Provincial Park ▷

(Highway 97). Zu beiden Seiten der knapp hundert Kilometer langen Strecke liegen Dutzende fischreiche Seen und große immergrüne Wälder. Das hügelige Hochplateau ist Urlaubsland, es gibt Campingplätze und einfache Blockhütten am See, Ranches mit Gästezimmern und luxuriöse Resorts. Reiten, Fischen, Wandern, Bootfahren – wer in der ursprünglichen Natur der südlichen Cariboo-Region ein paar Tage abseits des Trubels der bekannten Urlaubsgebiete ausspannen will, findet hier bestimmt etwas Passendes.

Wenn der Highway 97 erreicht ist, folgt die Route dem Verlauf der historischen **Cariboo Waggon Road**, der ersten Überlandstraße West-Kanadas. Gebaut wurde sie, nachdem die Goldfunde in den Cariboo Mountains und der darauf folgende Gold Rush einen Transportweg für die Versorgung der auf ihren Claims in den Tälern schuftenden *miners* notwendig machte. Der Ort 100 Mile House erhielt damals seinen Namen.

Zurück ins 19. Jahrhundert: Barkerville

Hier stand eines der *roadhouses*, ein Rasthaus, an dem die Pferde der Postkutschen gewechselt wurden und an dem die Reisenden Unterkunft und Verpflegung fanden. Der Einfachheit halber benannte man die Roadhouses nach ihrer Entfernung vom Beginn der Straße in Lillooet. 13 Kilometer weiter nördlich zeigt das 108 Mile Heritage Centre Gebäude aus der Anfangszeit der Cariboo Waggon Road, darunter ein Farmhaus und das Postgebäude sowie einen ohne Draht und Nagel gebauten Zaun der Pioniere. *Russel fence* oder *post and rail fence* nennt man den Zaun aus im Zickzack übereinander gelegten Stämmen.

Williams Lake am gleichnamigen See ist das Versorgungszentrum der Ranches in der trockenen Prärie auf dem hügeligen Hochplateau zwischen dem oberen Fraser River und den Küstenbergen. Hier wird ein großer Teil des Rindfleischbedarfs der Provinz produziert. Einmal im Jahr, am ersten Wochenende im Juli, platzt das 12 000-Einwohner-Städtchen aus allen Nähten. Dann versammelt sich hier alles, was in der professionellen Rodeoszene Rang und Namen hat, zum traditionellen, viertägigen Williams Lake Stampede.

4. Tag: Barkerville, lebendige Geschichte

Von Williams Lake führt unsere Route zu einem Abstecher über Quesnel nach **Barkerville**. Nach Billy Barkers großem Goldfund im Jahr 1862 entstand hier die damals größte Stadt westlich von

Chicago und nördlich von San Francisco. In dem wunderschön restaurierten Museumsort beschwören heute während der Sommersaison zeitgerecht kostümierte »Bewohner« das Leben in dieser *boom town* während der großen Zeit der Goldfunde herauf (vgl. Route 4, 3. Tag, S. 198 f.).

5. und 6. Tag: Auf der »Freedom Road« zum Pazifik

An den Verkehrsampeln am südlichen Stadtrand von Williams Lake zweigt die Bella Coola Road nach Westen ab; es sind die letzten Ampeln, die Sie auf dem 456 Kilometer langen Weg zur Pazifikküste sehen werden. Der Highway 20, die Bella Coola Road, war bis vor wenigen Jahren eine Sackgasse, erst 1996 wurde mit der »M. V. Queen of Chilliwack« die Fährverbindung nach Port Hardy auf Vancouver Island eingerichtet. Mehr als die Hälfte der Strecke ist inzwischen mit einer festen Teerdecke versehen: von Williams Lake bis Nimpo Lake und Anahim Lake und von Bella Coola bis zum westlichen Fuß der Berge. Der Rest ist Schotter und Lehm. Bis in die 1950er Jahre gab es im Bereich der Küstenberge eine 60 Kilometer lange Lücke in der Straße. 1950 war die Geduld der Bewohner mit der zögerlichen Provinzregierung zu Ende: Sie wollten einen Straßenanschluss an den Rest der Provinz, also bauten sie in dreijähriger Arbeit den Weg über die Berge selbst. Eine Fahrt auf der »Freedom Road«, wie sie den Feldweg voller Serpentinen und steiler Gefällestrecken nannten, war besonders nach den nicht allzu seltenen Regenfällen eine haarsträubende Sache.

Inzwischen pflegt die Provinz die Straße, sie wurde verbreitert und entschärft und bietet keine außergewöhnlichen Schwierigkeiten mehr. Ein etwa zehn Kilometer langer Abschnitt im Tweedsmuir Provincial Park ist stellenweise steil (bis 18 Prozent Gefälle) und kurvenreich. Dieser »The Hill« genannte Abstieg über 1 400 Höhenmeter am Westrand der Berge wird von Kanadiern gern als gefährlich eng und schwierig dargestellt. Für alpenerfahrene europäische Autofahrer bietet er aber, außer dass er nicht asphaltiert und deshalb bei Regen etwas rutschig ist, keine Schwierigkeiten. Geschwindigkeitsrekorde kann man allerdings auch nicht aufstellen.

Der Weg über die Küstenberge: die Freedom Road

Beinahe wäre die Straße schon hundert Jahre früher gebaut worden. Nach den Cariboo-Goldfunden ging 1861 ein unternehmungslustiger Händler namens Waddington daran, entlang dem Grease

Trail einen Transportweg zur Versorgung der Goldgräber von der Küste bis nach Quesnel zu bauen. Der Grease Trail war der Handelsweg, auf dem die Tsilhqot'-in- (»Chilkotin«-) Indianer Obsidian und Pelze über die Berge trugen, um sie bei den Nuxalt (»Nuuhalt«) der Küste gegen aus den Eulachon-Fischen gewonnenes Öl einzutauschen. Die Tsilhqot'in hatten schon früher schlechte Erfahrungen mit dem weißen Mann und den von ihm eingeschleppten Krankheiten gemacht und versuchten mit Überfällen den Bau der Straße zu verhindern. 1864 beendeten Soldaten den »Chilkotin- Krieg«. Die Straße wurde trotzdem nicht gebaut, und einige Jahre später starb Waddington an den Pocken, der gleichen Krankheit, die unter den Tsilhqot'in so viele Opfer gefordert hatte.

Von Williams Lake nach Westen geht es hinab in den tief eingeschnittenen Canyon des Fraser River und dann hinauf auf das **Chilcotin Plateau**. Das trockene, grasbewachsene Hügelland ist British Columbias Kuh- und Cowboy-Revier. Hier gibt es mehr Pferde als Autos, und die Bewohner auf den einsamen, weit verstreuten Ranches verstehen sich, trotz Auto, Telefon und Satelliten-TV, als Pioniere an der letzten Grenze. Reiten zu können ist genauso selbstverständlich wie der Führerschein und der Besuch des jährlichen Rodeos.

Ein hübscher kleiner Abstecher führt auf der bei Riske Creek (km 47) ab-

Interessanter Abstecher: Hoodoos und ...

zweigenden Schotterstraße durch das hügelige Grasland zum 27 Kilometer entfernten **Farwell Canyon** des Chilcotin River. Aus den Wänden des tief eingeschnittenen Flusstals hat die Erosion Hoodoos, Türme und Zinnen, aus dem goldgelben Lehm herausgewaschen, und oben an der Kante des Plateaus gibt der Wind den Sanddünen eine immer neue, ständig wechselnde Gestalt.

In der Nähe der Brücke über den Chilcotin River fischen die Indianer während der Lachszüge im Sommer und Herbst mit Keschern ihren Wintervorrat aus dem Fluss. Die nicht ausgeschilderte Zufahrt zum Talgrund zu Füßen der Hoodoos findet man etwa 200 Meter jenseits der Brücke. Hier zweigt rechts an der Steigungsstrecke eine Stichstraße zum Steilufer ab. Flussab liegt am Nordufer des Chilcotin der **Sheep Range Provincial Park**, ein Schutzgebiet für eine Herde von kalifornischen Bighorn-Schafen. Das Schutzgebiet ist außerdem die Heimat von über 40 verschiedenen Schmetterlingsarten.

Wer noch mehr staubige Schotterkilometer nicht scheut, kann vom Farwell Canyon, anstatt auf dem gleichen Weg zurückzufahren, über die Mini-Siedlung **Big Creek** zum Highway 20 bei **Hanceville** weiterfahren. Diese Route führt in einer weiten Schleife durch offenes Weideland und bewaldete Hügel, über Flussterrassen und tief eingegrabene Flusstäler und bietet einen repräsentativen Querschnitt typischer Chilcotin-Landschaft (etwa vier Stunden).

In Hanceville blieb ein richtiger General Store der Pionierzeit erhalten. Lee's Corner ist wirklich »general«: mit Poststelle, Snackbar, Münzwaschmaschinen, *liqour store*, Büchern mit Anleitung zum Blockhausbau, Konservendosen, *fishing licenses* – alles unter einem Dach.

... Lachsfischer im Farwell Canyon

Weiter nach Westen beginnt das Land der Seen und der immergrünen Wälder der Küstenberge. Entlang der Straße und im Hinterland gibt es viele Gäste-Ranches und Fishing Lodges an einigen der besten Angelgewässer in West-Kanada. Mehrere Firmen in **Nimpo Lake** und **Anahim Lake** bieten Angeltrips mit dem Wasserflugzeug zu entlegenen Seen in der Wildnis an. Anahim Lake ist auch der Ausgangspunkt für geführte Kajak- und Schlauchboottouren durch den spektakulären Lava Canyon des Chilko River mit vielen Stromschnellen der Klasse 5.

Westlich von Anahim Lake beginnt der sanfte Anstieg der Straße hinauf zum **Heckman Pass** auf dem Hauptkamm der Küstenberge im **Tweedsmuir Provincial Park**. Interessant wird es auf den folgenden 19 Kilometern an der Westseite der Berge. In zahllosen Kurven windet sich die Straße von 1 600 Metern hinunter auf 1 000 Meter, klettert wieder hinauf auf 1 300 Meter und schlängelt sich schließlich in vielen Serpentinen an einem Berghang hinunter zum dichten Regenwald im nur 300 Meter hoch gelegenen Bella-Coola-Tal. Unterwegs ist man immer wieder versucht, zum Schauen und Staunen anzuhalten. Straße, Aussicht und Landschaft lassen sich eigentlich nur als spektakulär beschreiben – bei schönem Wetter; regnet es, tut man ohnehin besser daran, sich auf die Kurven und schlammigen Steilstücke zu konzentrieren.

Im Tal trifft die Straße auf den historischen **Grease Trail**, auf dem Alexander Mackenzie 1793 (zehn Jahre vor Lewis und Clark!) auf der Suche nach einem gangbaren Weg für die Pelzhändler als erster Weißer über Land den Pazifik erreichte. Das letzte, 420 Kilometer lange Stück seines Weges vom Zusammenfluss von Blackwater und Fraser River bei Quesnel bis zum Ufer des Pazifiks bei Bella Coola ist heute der nach ihm benannte Fernwanderweg **Alexander Mackenzie Heritage Trail.** Mackenzie stieß damals mit Hilfe der Nuxalt im Kanu noch etwa 60 Kilometer weiter auf dem Fjord nach Westen vor, bis er

Der Reichtum des Regenwaldes: ein Stämmelager an der Küste …

… und ein jahrhundertealter Riesenbaum ▷

in der ersten Siedlung der Tlingit-Indianer von diesen zur Umkehr gezwungen wurde. Nur zwei Wochen früher hätte er hier das Schiff von Kapitän George Vancouver angetroffen, der seit 1792 unterwegs war, um die Norwestküste zu kartographieren. Mackenzie hinterließ an einem Felsen am Ufer die Inschrift »Alex Mackenzie from Canada by Land, 22nd July, 1793« und machte sich auf den Rückweg.

Bella Coola ist bei schönem Wetter einen Aufenthalt von einem oder mehreren Tagen wert. Wanderern bieten sich ein- oder mehrtägige Trails durch die beeindruckende Landschaft, über die Baron Tweedsmuir, Generalgouverneur von Kanada, 1936 schrieb: »I have now travelled over most of Canada and have seen many wonderful things, but I have seen nothing more beautiful and more wonderful than the great park which British Columbia has done me the honour to call by my name«.

Zeugnis längst vergessener Vorfahren: Felsritzungen am Thorsen Creek

Angler finden reichlich Forellen, Dolly Varden und Lachse in den Bächen, und ein Flug mit dem Wasserflugzeug zum Mackenzie Rock mit der historischen Inschrift bietet beeindruckende Ausblicke auf die Fjordlandschaft zwischen den Bergen und Gletschern. Der Holzeinschlag hat in den Wäldern und auf den Bergen rund um Bella Coola seine hässlichen Spuren hinterlassen, aber auch Fahrwege, die weit ins Hinterland und über die Berge führen.

Unterwegs auf diesen *logging roads* findet man unvergessliche Panoramablicke auf Bergwelt und Fjorde und den jahrhundertealten, ursprünglichen Regenwald. Nur ein kurzer Spaziergang ist es zu den mehrere tausend Jahre alten Felsgravuren *(petroglyphs)* am **Thorsen Creek** im Tal von Bella Coola. Frühe, längst im Dunkel der Geschichte verschwundene Stämme haben hier rätselhafte Gesichter in den Fels geritzt.

7. Tag: Mit der Fähre nach Vancouver Island

Den Abschluss dieser Route bildet die Fährfahrt mit der »Queen of Chilliwack«. Die Reise führt vom Ende des tief ins Land reichenden Fjords hinaus zum Fitz Hugh Sound und auf der Route der Inside Passage nach Port Hardy auf Vancouver Island. Von **Bella Coola** (und in umgekehrter Richtung) gibt es direkte Tagesfahrten, die ohne Halt unterwegs noch am Abfahrtstag Port Hardy erreichen. Interessanter und abwechslungsreicher sind die »Bummel«-Fahrten, bei denen das Fährschiff, das auch als Fracht- und Versorgungsschiff fungiert, eine Anzahl von kleinen, entlegenen Küstenorten anläuft. Gestoppt wird, je nach Route, in unterschiedlichen Orten: zum Beispiel in McLoughlin Bay in der Nähe der Heiltsuk-Indianersiedlung Bella Bella, in Namu, Klemtu, Ocean Falls und Shearwater Fishing Resort.

Klemtu ist die Heimat des Kitasoo-Stammes der Tsimshian-Indianer, in Namu gibt es eine stillgelegte Fischkonservenfabrik und zehntausend Jahre alte archäologische Funde. Die 60 Einwohner, die im früheren Holz- und Zellulose-Ort **Ocean Falls** übrig geblieben sind, füllen Mineralwasser ab und versorgen die Jäger und Fischer, die sich in ihrem abgelegenen Winkel der Küste einfinden.

Das Archipel aus geschützten Fjorden, stillen Buchten und mit üppigem, immergrünem Regenwald bewachsenen Inseln ist das Revier von Delphinen, Walen und am Himmel kreisenden Seeadlern. Der einsame und fast unbewohnte amphibische Landstreifen zwischen Pazifik und Küstenbergen war lange Zeit ein Geheimtipp für Kajak fahrende Wildnisfans. Seit B. C. Ferries 1996 begann mit der »Queen of Chilliwack« die werbewirksam »Discovery Coast Passage« getaufte Route zu befahren, werden auch Kajaks als Gepäck befördert. Bei Bedarf hält die Fähre irgendwo unterwegs in der Wildnis an, um Boote und Insassen abzusetzen oder aufzunehmen – immer ein von vielen Augen verfolgtes Schauspiel.

Die Fahrten mit der Fähre sind eine Art Mini-Kreuzfahrt. Wer ohne Auto unterwegs ist, kann beliebig oft von Bord gehen, an einer der angebotenen Wander-, Angel- oder Kanutouren teilnehmen und an einem anderen Tag weiterfahren. An Bord werden Unternehmungen für die Liegezeit in den Häfen angeboten. Dazu gehören Rundgänge durch die Dörfer, Lachs-Barbecues oder die Vorführung traditioneller Indianertänze. Eine empfehlenswerte Unternehmung für sportlich orientiere Fahrgäste ist die Paddeltour von McLoughlin Bay hinüber zum Shearwater Fishing Resort, die so organisiert ist, dass man dort wieder zur Weiterfahrt auf die gleiche Fähre steigen kann.

Indianisches Kunsthandwerk: Giebel der Schule …

Wenn die Dünung des Pazifiks für eine Weile das Schiff mehr oder weniger sanft schaukeln lässt, ist der **Queen Charlotte Sound** erreicht und Port Hardy nicht mehr weit. Im Osten leuchten die Schneefelder der Coast Mountains im milden Abendlicht und im Westen steigen die Silhouetten kleiner Inseln aus dem Dunst des Meeres. Sinkt dann nach der letzten Passage zwischen zwei Inseln die Sonne hinter den Bergen von Vancouver Island, erfasst Unruhe das Schiff: Der Hafen von **Port Hardy** liegt gleich hinter dem nächsten Kap.

… und Totempfahl in Bella Coola

Route 6 – Vancouver Island: Port Hardy – Campbell River – Tofino – Victoria – Vancouver (955 km)

1. Tag – Route: Port Hardy – Telegraph Cove – Campbell River (272 km)

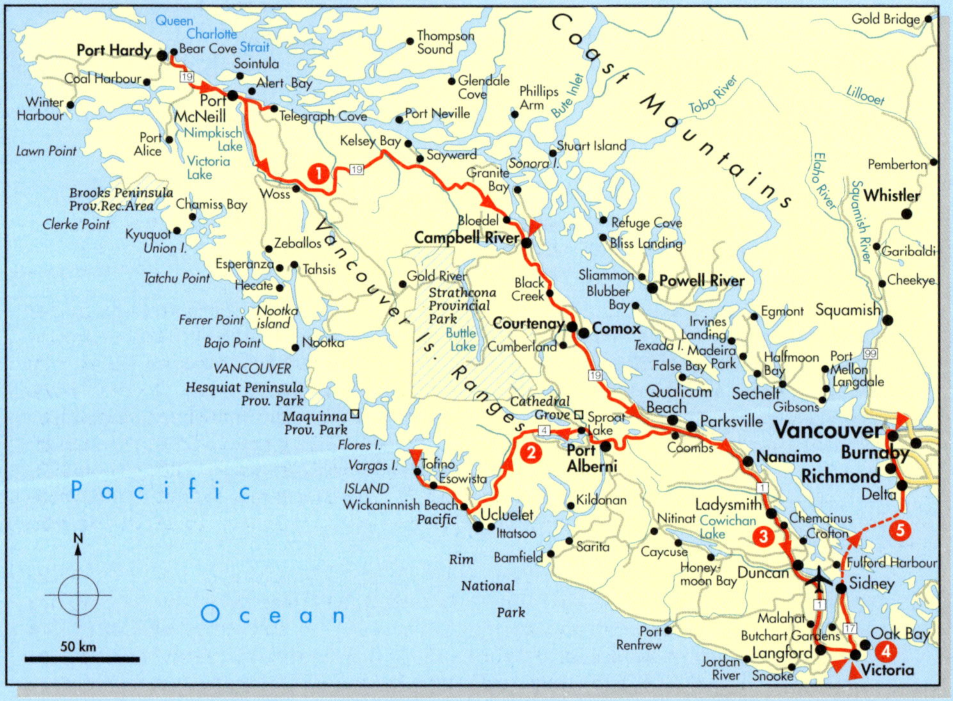

km	Zeit	Route
0	7.30 Uhr	Abfahrt in **Port Hardy** über den Hwy. 19 nach
70		**Telegraph Cove**.
	9.00 Uhr	Bootstour* mit Stubbs Island Whale Watching oder Sea Smoke zu den Schwertwalen in der **Johnstone Strait**.
	13.00 Uhr	Lunch und Weiterfahrt auf dem Hwy. 19 nach
272	18.00 Uhr	**Campbell River**.
		Option für den Abend: Spaziergang am Hafen und auf dem **Discovery Pier**.

1. Tag – Route: Port Hardy – Telegraph Cove – Campbell River (272 km)

* **Routenvariante:** Wer nach dem langen Tag auf der Fähre nicht so früh aufstehen möchte, kann in **Sayward** die Nachmittagstour zu den Schwertwalen mitmachen.

km	Zeit	Route
0	10.00 Uhr	Abfahrt in **Port Hardy** auf dem Hwy. 19 bis zum
171		Abzweig nach
182		**Sayward**.
	13.30 Uhr	Bootstour mit Robson Bight Charters zu den Schwertwalen.
	17.30 Uhr	Weiterfahrt nach
262	18.30 Uhr	**Campbell River**.

Hinweis: Wer keine Schwertwale sehen will, kann bis **Qualicum Beach** fahren und dort übernachten. Das spart am nächsten Tag etwas über eine Stunde Fahrzeit.

Extratouren: – Wer sich für die Holzfällerei/Forstwirtschaft interessiert, kann in der Umgebung von **Port McNeill** eine der von den Forstbetrieben angebotenen Führungen mitmachen. Information und Reservierung der meist halbtägigen Touren zu Holzfäller-Camps und Sägewerken beim **North Island Discovery Center**, Hwy. 19/Beaver Cove Junction, ✆ (250) 956-3844, Fax 956-3848, www.island.net/~nifctour/.
– Eine Tour mit der Fähre ab **Port McNeill** nach **Alert Bay** erfordert einen zusätzlichen Tag. Alert Bay beherbergt im **U'Mista Cultural Centre**, ✆ (250) 974-5403, www.umista.org, einige der besten Beispiele für die Kunst der Westküsten-Indianer: ein Kwakiutl Longhouse, Totemschnitzer und die schönsten Totempfähle von British Columbia.
– Besuch von **Quadra Island** mit dem Cape-Mudge-Leuchtturm und dem Indianerdorf Quathiaski Cove: Das Museum in **Quathiaski Cove** zeigt eine Sammlung bemerkenswerter indianischer Kunstgegenstände (Fähre ab Campbell River). Die genauen Abfahrtszeiten der Fähre erfahren Sie in der Broschüre »Gulf Island Schedule«, erhältlich bei **B.C. Ferry Corporation** (s. S. 229), unter www.quadraisland.ca und an jeder Fährstation.

2. Tag – Route: Campbell River – Qualicum Beach – Pacific Rim N. P. – Tofino (276 km)

km	Zeit	Route
		Karte s. S. 242.
0	9.00 Uhr	Abfahrt von **Campbell River** auf dem Hwy. 19 nach
106		**Qualicum Beach**, rechts ab auf dem Hwy. 4A zum Hwy. 4 Richtung **Port Alberni**,
130		Spaziergang durch die **Cathedral Grove** im MacMillan Provincial Park.
	12.00 Uhr	Weiterfahrt über Port Alberni zum
245	14.30 Uhr	**Wickaninnish Centre** am Long Beach des **Pacific Rim National Park**. Spaziergang am Strand oder im Nationalpark.

2. Tag – Route: Campbell River – Qualicum Beach – Pacific Rim N. P. – Tofino (276 km)

km	Zeit	Route
	17.30 Uhr	Weiterfahrt nach
276		**Tofino**. (Als Übernachtungsalternative und Ausgangspunkt für Walbeobachtungstouren bietet sich Ucluelet südlich des Parks an, vgl. Infos S. 248.)

Empfehlenswerte **Alternativen:** Ein oder mehrere Tage angeln, wandern, ausruhen im luxuriösen **Clayoquot Wilderness Resort** (✆ 250--726-8235, Fax 726-8558, www.wildretreat.com). Das auf einem Ponton in der Quait Bay schwimmende Hotel ist nur mit dem hoteleigenen Boot zu erreichen.
– Von Tofino oder Ucluelet kann man von Mitte Februar bis Oktober eintägige Bootstouren zur **Beobachtung der Grauwale** unternehmen, z. T. kombiniert mit einem Besuch der Hot Springs (Jamie's Whaling Station, 604 Campbell St., ✆ 250-725-3919 in Tofino, 250-726-7444 in Ucluelet, www.jamies.com). – Bootstouren mit der »**M.V. Lady Rose**« führen ab Port Alberni durch die Broken Group Islands (Inselgruppe südlich von Ucluelet) nach Ucluelet (Mo, Mi und Fr; einfache Fahrt halber Tag, hin und zurück ganzer Tag). Fr und So fährt die »Lady Rose« (Alberni Marine Transportation, ✆ 250-723-8313 oder 1-800-663-7192, www.ladyrosemarine.com, unbedingt vorher reservieren) von Port Alberni nach Kildonan und Bamfield südlich von Ucluelet.

Ein **Zusatztag in Tofino:** Bei schönem Wetter sollten Sie, soweit möglich, unbedingt einen Zusatztag einschieben. Das Land rund um den **Clayoquot Sound** hat einiges zu bieten. Meine Favoriten sind:
– Morgens nach einem Bummel durch Tofino eine kurze Wanderung durch den **Tonquin Park** zu einer abseits gelegenen Bucht mit Sandstrand. Bei Ebbe findet man in den Felsen am Rande der Bucht Gezeitentümpel voll interessantem Meeresgetier.
– Danach mit dem Wasserflugzeug zum Baden in der **Hot Springs Cove** im **Maquinna Marine Park** nordwestlich von Tofino. Der Flug führt quer über die beeindruckend schöne Inselwelt des Clayoquot Sound zur 37 km entfernten Hot Springs Cove. Es ist nicht außergewöhnlich, dass man aus der Luft auch Grauwale, oft umgeben von den Booten ihrer Bewunderer, sieht. Vom Anleger, wo man zur vereinbarten Zeit vom Flugzeug wieder abgeholt wird, führt ein Boardwalk (hölzerner Steg) durch ursprünglichen pazifischen Regenwald zu einer 30 Min. Fußweg entfernten heißen Quelle. Das mit etwa 50 °C aus den Felsen sprudelnde Wasser kühlt sich auf seinem Weg über einen kleinen Wasserfall und durch verschiedene kleine Felsenpools hinunter zum Meer auf erträgliche Temperaturen ab. Am Gezeitensaum bringt jede Welle einen Schwall kalten Meerwassers für ein natürliches Wechselbad heran (Tofino Air, 1st St. Wharf, ✆ 1-866-486-3247, www.tofinoair.ca). Es gibt in Tofino auch Anbieter für Ganztages-Motorboottouren zu diesem Ziel (Beachcomber Charters, 1st & Campbell Sts., ✆ 250-725-3955 oder 1-877-363-2288, www.tofino-bc.com/beachcomber). Nehmen Sie auf alle Fälle eine Plastiktüte mit. Während Sie in den heißen Quellen baden, bleiben so ihre Kleider auch bei plötzlichen Regenschauern trocken.

2. Tag – Route: Campbell River – Qualicum Beach – Pacific Rim N. P. – Tofino (276 km)

Badewanne mit Meerblick: Hot Springs Cove

3. Tag – Route: Tofino – Victoria (319 km)

km	Zeit	Route
		Karte s. S. 242.
0	8.00 Uhr	Von Tofino auf dem Hwy. 4 über **Port Alberni** zurück zum Hwy. 19 S.
172	12.00 Uhr	**Nanaimo**, Einmündung in den Hwy. 1 (Trans-Canada Hwy.). Besichtigung des **Nanaimo District Museum**, Spaziergang auf der **Waterfront Promenade** oder Weiterfahrt nach
242		**Chemainus**, kurze Besichtigung der Wandgemälde Downtown und Fahrt nach **Duncan** zum
258		**B.C. Forest Discovery Centre** oder zum
260		**Quw'utsun' Cultural Centre**.
	17.30 Uhr	Über den **Mahalat Summit** führt die Fahrt Richtung Süden nach
319	19.00 Uhr	**Victoria** (Inner Harbour Area).

Routenalternative/Abkürzung: Mit der Fähre von Nanaimo nach Horseshoe Bay und Vancouver.

Extratag: – Ein Sommertag am Strand von **Parksville** oder **Qualicum Beach**.
– Zusätzliche Übernachtung in **Nanaimo** (Spaziergang auf dem Waterfront Walkway, Besuch der Fisherman's Wharf und der Hudson's Bay Company Bastion) und Besuch von Gabriola Island.

1. Tag – Informationen

Bootstouren zu den **Schwertwalen**:
Diese Touren sind sehr beliebt, deshalb möglichst einige Tage im Voraus buchen. Die Unternehmen bieten diese Touren meist schon ab Mitte Juni an, aber die wirkliche Saison mit entsprechender Erfolgsquote der Sichtungen beginnt erst Anfang Juli und geht bis in den Oktober.

Stubbs Island Whale Watching
Telegraph Cove, B.C. V0N 3J0
✆ (250) 928-3185 oder 928-3117 und 1-800-665-3066
www.stubbs-island.com
stubbs@island.net
Ende Juni–Anfang Okt. tägl. fünf 4-stündige Bootstouren zu den Schwertwalen in der Johnstone Strait.

Sea Smoke/Sea Orca Expeditions
Alert Bay, B.C. V0N 1A0
✆/Fax (250) 974-5225 oder ✆ 1-800-668-6722, www.seaorca.com
Fahrten mit Segel- oder Motorboot. Abfahrten von Alert Bay und vom Alder Bay Campground.

Robson Bight Charters
Sayward, B.C. V0P 1R0
✆ (250) 282-3833 oder 1-800-658-0022
www.robsonbightcharters.bc.ca
Dieses freundliche Familienunternehmen bietet 4-stündige Touren um 9 und 13.30 Uhr an; ganztägige »Whale & Bear Watching«-Touren um 10 Uhr.

Campbell River Visitor Info Centre
1235 Shoppers Row
Campbell River, B.C. V9W 2C7
✆ (250) 287-4636, Fax (250) 286-6948
http://visitorinfo.incampbellriver.co

Painter's Lodge Resort
1625 MacDonald Rd.
Campbell River, B.C. V9W 5C1
✆ (250) 598-3366 oder 1-800-663-7090
www.painterslodge.com
Sehr schön gelegene, moderne Lodge; eigenes Pier und Boote zum Lachsangeln. Gutes Restaurant und Bar mit Blick übers Meer ($$$). $$$$

Best Western Austrian Chalet Village
462 South Island Hwy.
Campbell River, B.C. V9W 1A5
✆ (250) 923-4231 oder 1-800-667-7207
Fax (250) 923-2840
www.bwaustrian.vancouverisle.com
Mit Restaurant, Pub, Pool. Blick auf die Inside Passage. $$$–$$$$

Passage View Motel
517 Island Hwy.
Campbell River, B.C. V9W 2B9
✆ (250) 286-1156 oder 1-877-286-1156
Fax (250) 286-1139
Motel mit Meerblick. $$

Super Eight Motel
340 South Island Hwy.
Campbell River, B.C. V9W 1A5
✆/Fax (250) 286-6622 oder 1-800-800-8000
Kettenmotel nahe der Innenstadt; Pool. $$–$$$

Rustic Motel
2140 North Island Hwy.
Campbell River, B.C. V9W 2G7
✆ (250) 286-6295 oder 1-800-567-2007
Fax (250) 286-9692, www.rusticmotel.com
Ruhige Lage in Park am Campbell River $$–$$$

Elk Falls Provincial Park
Am Hwy. 28, westl. von Campbell River
✆ (250) 954-4600
Einfacher Provinz-Campground am Quinsam River; Wanderwege, Wasserfälle.

Parkside Campground
6301 Gold River Hwy. (Hwy. 28), 5 km westl. von Campbell River
Campbell River, B.C. V9H 1P1
✆ (250) 830-1428
www.parksidecampingrv.com
Ruhiger Platz am Waldrand, *hookups*, Duschen.

1. Tag – Informationen

Little Rock RV Park
854 South Island Hwy. (Hwy. 19A)
Campbell River, B.C. V9W 1A8
✆ (250) 923-6280, Reservierung unter ✆ (250) 923-1172
http://littlerockrv.com
4 km außerhalb Campbell River; mit Blick aufs Wasser. *Hookups,* Duschen, Waschmaschinen.

Whiskey Creek Campground
1268 Chatsworth Rd., an einer Seitenstraße des Hwy. 4 westl. von Coombs
Qualicum Beach
✆ (250) 752-8321 oder (250) 248-1716
Ruhige Lage im Wald abseits des Hwy.; es gibt *hookups*, Duschen und einen netten und sehr bemühten Campground-Manager.

2. Tag – Informationen: Ucluelet, Tofino

Cathedral Grove
Im MacMillan Provincial Park, am Hwy. 4
Pazifischer Regenwald mit bis zu 800 Jahre alten und 75 m hohen Douglas-Fichten. Der Januar-Orkan von 1997 hat einige der alten Riesen umgeworfen, was das Gesamtbild dieses Urwaldes noch ursprünglicher erscheinen lässt.

Pacific Rim National Park Reserve
2185 Ocean Terrace
Ucluelet, B.C. V0R 3A0
✆ (250) 726-7721, Fax (250) 726-4720
www.pc.gc.ca

Pacific Rim Park Information Centre
An der Einmündung der Ucluelet Rd. in den Hwy. 4, ✆ (250) 726-4212
Mitte März–Mitte Okt. tägl. 9.30–17 Uhr

Wickaninnish Interpretive Centre
Wickaninnish Beach, am südlichen Ende des Long Beach, 3,5 km vom Hwy. 4
Mitte März–Ende Sept. tägl. 10.30–18 Uhr
Das **Restaurant** im Haus (✆ 250-726-7706) bietet Blick auf die Bay und den Strand. Sehr gute Fischgerichte, Pasta und Wild. $$–$$$

Tofino – Long Beach Visitor Centre
380 Campbell St.
Tofino, B.C. V0R 2Z0
✆ (250) 725-3414, Fax (250) 725-3296
www.island.net/~tofino
Juli/Aug. tägl. geöffnet, März–Juni und Sept. am Wochenende
Wichtig: Während der sommerlichen Ferienzeit Hotelzimmer oder Campground in Tofino möglichst frühzeitig reservieren!

Wickaninnish Inn
Osprey Lane am Chesterman Beach
Tofino, B.C. V0R 2Z0
✆/Fax (250) 725-3100 oder ✆ 1-800-333-4604
www.wickinn.com
Luxuriöses Inn, spektakulär auf einer Klippe gelegen. Das Pointe Restaurant des Hauses serviert u. a. ausgezeichnete Fischgerichte ($$$–$$$$). $$$–$$$$

Middle Beach Lodge
Pacific Rim Hwy. 3 km südl. Tofino
Tofino, B.C. V0R 2Z0
✆ (250) 725-2900
Fax (250) 725-2901
www.middlebeach.com
Sehr schönes Resort auf einer privaten Halbinsel. $$$–$$$$

Pacific Sands Beach Resort
1421 Pacific Rim Hwy.
Tofino, B.C. V0R 2Z0
✆ (250) 725-3322 oder 1-800-565-2322
Fax (250) 725-3155
www.pacificsands. com
Am Südende des schönen Chesterman Beach. $$$$

Best Western Tin Wis
1119 Pacific Rim Hwy.

2. Tag – Informationen: Tofino, Ucluelet, Nanaimo

Tofino, B.C. V0R 2Z0
✆ (250) 725-4445 oder 1-800-661-9995
Fax (250) 725-4447, www.tinwis.com
Angenehmes Hotel direkt am Strand. Mit Restaurant. $$$$

Green Point Campground
Am Long Beach , ✆ 1-800-689-9025
Sehr beliebter Platz im Nationalpark, früh reservieren.

Bella Pacifica Campground
Am Mackenzie Beach, 3 km vor Tofino
✆ (250) 725-3400, Fax (250) 727-2400
www.bellapacifica.com
Schöner Privatplatz am Meer mit Wanderwegen, Duschen, Waschsalon.

Crystal Cove Beach Resort
Mackenzie Beach
✆ (250) 725-4213, Fax (250) 725-4219
www.crystalcovebeachresort.com
Sehr schöne Anlage an einer Bilderbuch-Bucht, Wohnmobilstellplätze mit *hookups*, Duschen, Waschmaschinen, Blockhütten, teuer.

Schooner Restaurant
331 Campbell St., Tofino
✆ (250) 725-3444
Nautisches Dekor, gute Küche. $–$$$

West Coast Crab Bar
601 Campbell St., Tofino
✆ (250) 725-3733
Ausgezeichnete frische Krabben. $$

The Loft
346 Campbell St., Tofino
✆ (250) 725-4241
Rustikales Restaurant mit großen Portionen, im Zentrum. $–$$

Common Loaf Bake Shop & Cafe
131 First St., Tofino
✆(250) 725-3915
Einfaches Restaurant, Suppe, Pizza. $–$$

Visitor Info Centre
100 Main St., Ucluelet, B.C. V0R 3A0
✆ (250) 726-4641, Fax (250) 726-4611
www.uclueletinfo.com

Canadian Princess Resort
Ucluelet Harbour, Ucluelet, B.C. V0R 3A0
✆ (250) 598-3366 oder 1-800-663-7090
www.canadianprincess.com
Zum Hotel umfunktioniertes Schiff mit Seafood-Restaurant. $$–$$$

Pacific Rim Motel
1755 Peninsula Rd.
Ucluelet, B.C. V0R 3A0
✆ (250) 726-7728, Fax (250) 726-4456
Am Hafen. $$

In Ucluelet gibt es 10 Bed & Breakfast-Pensionen. Details beim Visitor Info Centre.

Ucluelet Campground
260 Seaplane Base Rd.
✆ (250) 726-4355
Mit Blick auf den Hafen, *hookups*, Duschen.

3. Tag – Informationen: Nanaimo

Visitor Info Centre
Beban House, 2290 Bowen Rd.
Nanaimo, B.C. V9T 3K7
✆ (250) 756-0106 oder 1-800-663-7337
www.tourism.nanaimo.bc.ca

Nanaimo District Museum
100 Cameron Rd.
Nanaimo, B.C. V9R 2X1
✆ (250) 753-1821
www.nanaimo.museum.bc.ca
Mai–Sept. tägl. 10–17 Uhr, sonst Di–Sa
Hölzerne Bastion von 1853, die die Bergarbeiter vor Übergriffen der Indianer schützen sollte. Die Anlage beherbergt auch ein kleines Museum.

3. Tag – Informationen: Duncan, Victoria

B.C. Forest Discovery Centre
Am Hwy. 1, 2 km nördl. von Duncan
2892 Drinkwater Rd., Duncan, B.C. V9L 6C2
✆ (250) 715-1113, Fax (250) 715-1170
www.bcforestmuseum.com
Mitte Mai–1. Sept. tägl. 10–18, Mitte April–Mai und Sept.–Mitte Okt. bis 16 Uhr, Eintritt $ 9/8
Eine sehr schöne Anlage mit alten Maschinen und Ausrüstungen für das Holzfällen. Rundfahrten mit der Dampflok-Kleinbahn.

Quw'utsun' Cultural and Conference Centre
200 Cowichan Way, ein Block westl. des Hwy. 1, Duncan, B.C. V9L 6P4
✆ (250) 746-8119
Im Sommer tägl. 9.30–18, sonst 10–17 Uhr
Museum und Kulturzentrum der Cowichan-Indianer; Tanzaufführungen; Totempfahl-Schnitzer, Kunsthandwerksladen und Restaurant mit indianischen Gerichten.

Victoria Visitor Info Centre
812 Wharf St.
Victoria, B.C. V8W 1T3
✆ (250) 953-2033 oder 1-800-663-3883
Fax (250) 382-6539
www.tourismvictoria.com
Im Sommer tägl. 9–21 Uhr
Infos über Victoria und Umgebung; auch Hilfe bei der Zimmersuche (✆ 250-953-2022).

The Fairmont Empress
721 Government St.
Victoria, B.C. V8W 1W5
✆ (250) 384-8111 oder 1-866-540-4429
Fax (250) 389-2747, www.fairmont.com
Die Adresse in Victoria. The Empress Room ist das elegante Restaurant des Hotels ($$$). Im Bengal-Room-Restaurant kann man – ganz in Kolonialtradition – vorzügliche indische Curry-Gerichte kosten ($$$). $$$$

Laurel Point Inn
680 Montreal St.
Victoria, B.C. V8W 1Z8
✆ (250) 386-8721 oder 1-800-663-7667
Fax (250) 386-9547, www.laurelpoint.com
Modernes Hotel am Inner Harbour mit allem Komfort, schönes Terrassenrestaurant. $$$$

Delta Victoria Ocean Pointe Resort
45 Songhees Rd.
Victoria, B.C. V9A 6T3
✆ (250) 360-2999 oder 1-800-667-4677
Fax (250) 360-1041, www.deltahotels.com
Am Inner Harbour, mit Blick auf Hafen und Parlament. $$$$

Quality Inn Downtown
850 Blanshard St., Victoria, B.C. V8W 2H2
✆ (250) 385-6787 oder 1-800-661-4115
Fax (250) 385-5800
www.victoriahotels.com/green_gables
Angenehmes Downtown-Hotel $$$$

The James Bay Inn
270 Government St., Victoria, B.C. V8V 2L2
✆ (250) 384-7151 oder 1-800-836-2649
Fax (250) 385-2311
www.jamesbayinn.bc.ca
Ruhiges Hotel am Beacon Hill Park. $$$

The Bedford Regency
1140 Government St.
Victoria, B.C. V8T 1Y2
✆ (250) 384-6835 oder 1-800-665-6500
Fax (250) 386-8930
www.bedfordregency.com
Charmantes altes Hotel, schöne Zimmer. $$$–$$$$

Westbay Marine Village RV Park
453 Head St., Victoria, B.C. V9A 5S1
✆ (250) 385-1831, Fax (250) 385-2274
Kleiner Campingplatz im Yachthafen gegenüber dem Inner Harbour; Wassertaxi zur Innenstadt.

Fort Victoria RV Park
340 Island Hwy. 1A
✆ (250) 479-8112, Fax (250) 479-5806
www.fortvicrv.com

3. Tag – Informationen: Victoria, B.C.

6 km vom Zentrum.
Großer Platz mit kompletter Infrastruktur.

Goldstream Provincial Park
Am Hwy. 1, 19 km nördl. von Victoria
✆ (250) 387-2300, www.goldstream.com
Sehr schöner, aber einfacher Platz im Wald, mit Duschen.

Thetis Lake Campground
1938 W. Park Lane, neben dem Thetis Lake Regional Park
✆ (250) 478-3845, Fax (250) 478-6151
Am See, Duschen, *hookups*, Waschmaschinen.

Swan's Pub
506 Pandora Ave., im Swan's Hotel, Victoria
✆ (250) 361-3310
Beliebter Bier-Pub in der Altstadt mit kleinem Café für Salate und Fischgerichte. $–$$

Herald St. Café
546 Herald St., Victoria
✆ (250) 381-1441
»Pacific Northwest«-Küche, sehr guter Sonntags-Brunch und einfallsreiche Desserts. Ausgezeichnete Weinkarte. Reservierung notwendig. $$–$$$

Ming's
1321 Quadra St., Victoria
✆ (250) 385-4405
Populäres China-Restaurant. $–$$

Feste:

Mitte Juli treffen sich in Parksville die Sandschloss-Architekten zur **International Sandcastle Competition**; eine Woche später starten von Nanaimo die Skipper zum **Bathtub Race** nach Vancouver, ein Rennen motorisierter Badewannen über die Strait of Georgia.

4. Tag – Programm: Victoria, B.C.

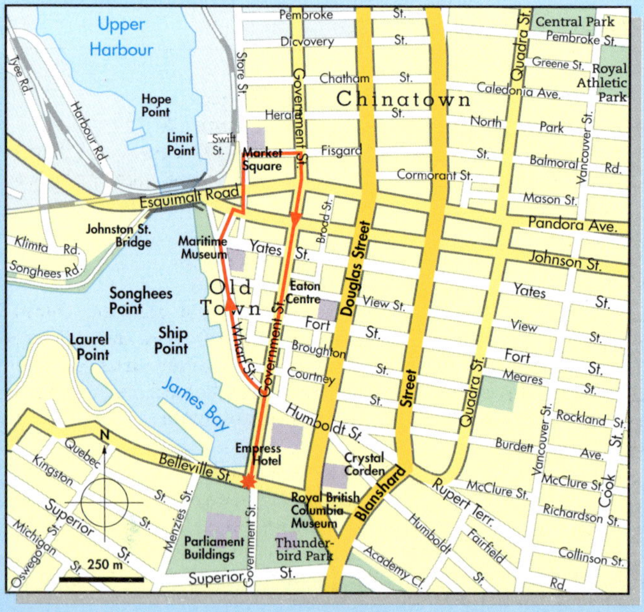

4. Tag – Programm: Victoria, B.C.

Vormittag: Spaziergang am **Inner Harbour**, danach Besuch im **Royal British Columbia Museum** und im nahen **Thunderbird Park**.

Nachmittag: Bummel auf der Government St. und Wharf St. zur Old Town mit dem **Bastion Square**, Besuch im **Maritime Museum**, quer durch die Old Town zum **Market Square**, weiter zum Chinesischen Tor, dem Eingang zur **Chinatown**, an der Kreuzung der Government St. mit der Fisgard St. Zurück zum Inner Harbour auf der Government St. und ca. 16.30 Uhr *high tea* im **Empress Hotel**.

Nachmittags-Alternativen: – Besuch von **Fort Rodd Hill** im Westen der Stadt. – Über die Johnson Street Bridge am Nordrand des Inner Harbour hinüber nach **Songhees** und Spaziergang auf dem **Westsong Walkway** am Ufer. Rückfahrt zum Inner Harbour oder der Fisherman's Wharf mit der Harbour Ferry. – Spaziergang im **Beacon Hill Park** und auf dem Shore Trail an der Dallas Road.

Extratouren/Zusatztage: Port Renfrew und die Strände der Westküste: **Sooke** und der East Sooke Park, French Beach Provincial Park, Sombrio Beach (Strandwanderung an der Juan de Fuca Strait), Port Renfrew und der Botanical Beach (Meeresflora und -fauna in Salzwassertümpeln im Gezeitengürtel). Zeitbedarf für die komplette Tour mindestens 2 Tage, ohne Port Renfrew mindestens 1 Tag.

4. Tag – Informationen: Victoria, B.C.

www.victoriabc.com
Alles, was man für einen Besuch von Victoria und den Gulf Islands wissen muss. Der Veranstaltungskalender wird jede Woche auf den neuesten Stand gebracht.

Inner Harbour Area
Das Herz von Victoria. Hier erhebt sich das Empress Hotel über einem Wald von Bootsmasten. Gleich nebenan thront das Parlamentsgebäude auf dem gut gepflegten Grün eines Hügels. Gegenüber landen Wasserflugzeuge im Hafenbecken, und die Fähre aus Seattle legt direkt neben den Undersea Gardens an.

Royal British Columbia Museum
675 Belleville St., Victoria, B.C. V8W 9W2
✆ (250) 356-7226 oder 1-888-447-7977
www.rbcm.gov.bc.ca
Tägl. 9–17 Uhr, Eintritt $ 13/10
Ausgezeichnetes Museum zur Natur- und Pioniergeschichte und über die indianischen Kulturen der Provinz.

Mungo Martin House
Im Thunderbird Park
Ein kleiner Park mit schönen Totempfählen und historischem indianischen Langhaus; im Sommer arbeiten hier Schnitzer, und manchmal werden traditionelle Tänze aufgeführt.

Crystal Garden
713 Douglas St. (hinter dem Empress Hotel)
✆ (250) 953-8800
www.bcpcc.com/crystal
Tägl. Mitte Juni–Mitte Sept. 9–21, Mitte

4. Tag – Informationen: Victoria, B.C.

März–Mitte Juni, Mitte Sept.–Ende Okt. bis 18, sonst bis 16.30 Uhr, Eintritt $ 9/7
Kleiner botanischer Garten mit Café und Souvenirshops.

Maritime Museum of British Columbia
28 Bastion Sq.
Victoria, B.C. V8W 1H9
✆ (250) 385-4222
www.mmbc.bc.ca
Mitte Juni–Mitte Sept. tägl. 9.30–17.30, sonst bis 16.30 Uhr, Eintritt $ 8/5
Anhand von Schiffsmodellen und alten Landkarten wird die Geschichte der Seefahrt an der Pazifikküste erzählt.

Munro's Books
1108 Government St.
Riesiger Buchladen in einem grandiosen neoklassischen Gebäude, das früher eine Bank beherbergte; auch So geöffnet.

Warten auf Kundschaft: Rikschafahrer am Inner Harbour

4. Tag – Informationen: Victoria, B.C.

High Tea im The Empress
721 Government St.
✆ (250) 389-2727, tägl. ab 16 Uhr
Man sollte unbedingt rechtzeitig reservieren und etwas anderes als Jeans, T-Shirt und Turnschuhe anziehen.

Fort Rodd Hill and Fisgard Lighthouse National Historic Sites
Über den Hwy. 1A 14,5 km westl. von Victoria
✆ (250) 478-5849, www.fortroddhill.com
Fort und Leuchtturm März–Okt. tägl. 10–17 (Park bis 17.30), sonst 9–16 (Park bis 16.30) Uhr; Eintritt $ 3/2.25
Schöner Park mit Fisgard-Leuchtturm, einer als Museum hergerichteten Artilleriestellung und Blick auf den Hafen von Esquimalt.

Einkaufen:
In der Government St., am Bastion Sq.

4. Tag – Informationen: Victoria, B.C.

(am Hafen-Ende der Fort St.), in der Johnson St., am Hartwig und Windsor Court, in der Fort St. (Antiquitäten/Antiquariate); außerdem:

The Spirit of Christmas
1022 Government St.
Superkitschiger Nikolausladen mit Designer-Weihnachtsbäumen.

Market Square
560 Johnson St.
Rund 40 individuelle Läden um einen historischen Innenhof; indianische Kunst, Bücher, Restaurant.

Hill's Indian Crafts
1008 Government St.
Gute Auswahl an Indianerschmuck, Schnitzereien und Drucken.

Blethering Place Tea Room and Restaurant
2250 Oak Bay Ave., ✆ (250) 598-1413
www.thebletheringplace.com
Ein Institution Victorias, in der allnachmittäglich *high tea* zelebriert wird. $$–$$$

Pagliacci's
1011 Broad St.
✆ (250) 386-1662
Tägl. 11.30–22 Uhr
Populäres italienisches Restaurant, seit 1979; alles wird frisch zubereitet. $$$

Spice Jammer
852 Fort St.
✆ (250) 480-1055
Familiäres indisches Restaurant. $$

Don Mee
538 Fisgard St.
✆ (250) 383-1032, www.donmee.com
Kantonesische und Szechuan-Gerichte, Dim Sum. $$

Barb's Place Fish & Ships
Fisherman's Wharf, 310 Lawrence St.
Die besten Fish & Chips in Victoria gibt es bei »Barb's« mitten zwischen den Fischerbooten.

Spinnakers Brewpub
308 Catherine St.
✆ (250) 384-6613, tägl. 11–23 Uhr

Herman's Dixieland Inn
753 View St.
Victorias beliebtester Jazzclub.

Fest:

Jedes Jahr am 21. Mai zieht anlässlich des Geburtstags der verehrten Queen Victoria eine Parade durch die Straßen Victorias, und gleich im Anschluss startet die berühmte **Swiftsure-Segelregatta**.

5. Tag – Route: Victoria – Vancouver (88 km)

km	Zeit	Route	Karte s. S. 242.
0	9.00 Uhr	Spaziergang zum Aussichtspunkt im **Beacon Hill Park**.	
	10.00 Uhr	Abfahrt: Die Dallas Rd. zwischen Park und Ufer ist der Beginn des **Marine Scenic Drive**. An der Mini-Halbinsel des Clover Point vorbei über Hollywood, Crescent und King George Rd. zum Beach Dr. Weiter zum **Cattle-Point-Aussichtspunkt** am Ende der Oak Bay und auf dem Beach Dr. nach Norden bis zur Arbutus Rd.; an deren Ende rechts in die Gordon Head Rd., links in die Ferndale Rd., links in die	

Die Uferpromenade am Inner Harbour ist quirliger Mittelpunkt von Victoria ▷

5. Tag – Route: Victoria – Vancouver (88 km)

Karte s. S. 242.

km	Zeit	Route
		Tyndall Ave., rechts in die Ash Rd.; am Ende der Ash Rd. links in Cordova Bay Rd. und gleich die erste Straße rechts bergauf (Churchill Dr.) zum Aussichtspunkt auf der Spitze des **Mount Douglas** im gleichnamigen Park.
30	12.00 Uhr	Weiter auf der Cordova Bay Rd. nach Norden zur Fowler Rd. und über Sayward Rd. zum Hwy. 17 N.; nach ca. 2 km den Hwy. 17 verlassen und über Keating Cross Rd. und Benvenuto Ave. zu den
45	12.30 Uhr	**Butchart Gardens** (Lunch und Rundgang durch die Gärten).
	15.00 Uhr	Abfahrt Butchart Gardens über Benvenuto Ave., dann links auf den Hwy. 17A (West Saanich Rd.), rechts in die McTavish Rd. (Wegweiser »Airport«), weiter auf dem Hwy. 17 zur
54	15.30 Uhr	**Swartz Bay** und zum Fährterminal der Tsawwassen Ferry.
	16.00 Uhr	Abfahrt der Fähre
	17.30 Uhr	Ankunft in **Tsawwassen**; über den Hwy. 17 und 99 erreicht man
88	18.30 Uhr	**Vancouver**.

5. Tag – Informationen: Victoria, B.C.

Beacon Hill Park
Von der Spitze des Beacon Hill gute Aussicht auf Victoria und den Hafen.

Die Tafel »Mile 0« an der Dallas Rd. bezeichnet den Beginn des 7 821 km langen Trans-Canada Hwy.

Marine Scenic Drive
Die Route folgt den Straßen an Victoria Islands Ostküste und bietet viele schöne Ausblicke über die Juan de Fuca Strait hinüber zu den Olympic Mountains.

Mount Douglas Park
Von der Spitze des Mount Douglas großartige Aussicht auf Greater Victoria, die Strait of Georgia mit vielen Inseln und die Juan de Fuca Strait. Im Park schöner Strand und Picknickplatz unter alten Bäumen.

Butchart Gardens
Benvenuto Ave., Brentwood, B.C. V8M 1J8
www.butchartgardens.com
✆ (250) 652-4422, 652-5266 (Bandansage)
Im Sommer tägl. 9–22.30 Uhr, im Winter meist nur bis Sonnenuntergang, Eintritt $ 10–21/5–10.50, je nach Monat

20 ha großer Park mit verschiedenen Motivgärten: Rosengarten, italienischer und japanischer Garten usw.; nachts illuminiert, samstags Feuerwerk.

The Dining Room
Restaurant auf dem Gelände der Butchart Gardens serviert Paté, Salate und guten Nachtisch. $$

Fähre Swartz Bay–Tsawwassen
Von Victoria nach Vancouver
Fahrplaninformationen ✆ (250) 656-0757 (Victoria), ✆ (604) 277-0277 (Vancouver)
www.bcferries.bc.ca
Im Sommer 7–22, im Winter 7–21 Uhr, Abfahrten zur vollen Stunde
Zu Zeiten hohen Verkehrsaufkommens muss man mit Wartezeiten von bis zu 2 Std. rechnen. Reservierungen für bestimmte Abfahrtszeiten sind möglich ($ 15 Aufpreis). Wegen der schönen Strecke durch die Gulf Islands empfiehlt sich eine Fahrt bei Tageslicht.

Informationen zu Vancouver vgl. S. 22–29.

Vancouver Island
Wale, Wald und Wellen

1–5

1. Tag: Schwertwale und Lachse: Von Port Hardy nach Campbell River

Vancouver Island, »die Insel«, wie sie von ihren Bewohnern mit entwaffnendem Understatement genannt wird, bietet dem Besucher dieselben Gegensätze wie das Wetter an ihren Küsten. Victoria, gerühmt für seine Gärten, Eleganz, englische Tradition und Freundlichkeit seiner Bürger, kontrastiert mit den unzugänglichen Regenwäldern in den Bergen, die das Rückgrat der Insel bilden. Von der wilden Westküste, gegen deren schroffe Felsen die Brandung des Pazifiks ohne Unterlass anrennt, bis zu den warmen Sandstränden der südlichen Ostküste zeigt die Insel ihr abwechslungsreiches Gesicht. Das isolierte Dörfchen Zeballos an der windigen Nordwestküste wird von 6 480 Millimeter Niederschlag pro Jahr durchweicht, während Victoria im Regenschatten der Berge mit viel Sonne und milden Temperaturen gesegnet ist.

Port Hardy: Uferspaziergang bei Ebbe

Das hübsch gelegene **Port Hardy** im Norden von Vancouver Island ist der Ort der Fischer und Holzfäller. Trotz des Spazierwegs an der Hardy Bay und der Holzskulpturen im Park am Strand handelt es sich nicht um einen Ferienort, auch wenn die Motels im Sommer ständig ausgebucht sind. Die Mehrheit der Besucher bleibt eine Nacht: Sie sind Durchreisende, die auf eine Fährüberfahrt warten oder von einer solchen kommen sowie rucksackbepackte Wanderer auf dem Weg in die Wildnis zum Cape Scot Provincial Park. Der Norden der Insel ist von Wäldern aus Tannen, Douglasien und *red cedars* bedeckt – kein Wunder also, dass die Forstwirtschaft hier den wichtigsten Industriezweig darstellt. Während der Fahrt durch die endlosen Wälder nach Süden kann man deren Einfluss schwerlich übersehen. Die ursprünglichen Urwälder sind größenteils abgeholzt und durch Neuanpflanzungen ersetzt worden. Überall verkünden Schilder, wann abgeholzt, neu angepflanzt und ausgeputzt wurde. Die massive Kritik hat gefruchtet: Großflächige Kahlschläge gibt es nicht mehr, und bei neuen Rodungen bleibt ein Sichtschutzstreifen entlang den Straßen stehen.

In Port McNeill wirbt das **North Island Forestry Centre** mit Videos und Displays für die Interessen der Holzindustrie. Nicht ohne Stolz verweist man auf die Tatsache, dass British Columbia einen nicht unerheblichen Teil seiner Straßen der Holzindustrie verdankt. Die Firmen sind seit langem verpflichtet, die Holzabfuhrwege nach einem genau beschriebenen System auszubauen, damit sie später vom Staat als öffentliche Straßen über-

Sayward, Alternative zu Telegraph Cove

Sorgt für Unterhaltung: Schwertwal in der Johnstone Strait

nommen werden können. Von Port McNeill aus werden auch geführte Ausflüge zu Logging Camps angeboten, bei denen die Besucher den Holzfällern aus nächster Nähe bei der Arbeit zuschauen.

Auf dem Weg nach Telegraph Cove sieht man, wie die geschlagenen Bäume weitertransportiert werden; kleine Boote bugsieren Baumstämme im Wasser der **Beaver Cove** hierhin und dorthin, und Kräne an Land verladen die nach Holzart sortierten Stämme zum Transport.

Telegraph Cove ist, wie Sayward weiter im Süden, Ausgangspunkt für Besuche bei den Schwertwalen der **Johnstone Strait**. Das malerische kleine Dörfchen steht auf Stelzen über dem Wasser einer kleinen Bucht. Seine »Straße« ist ein Bohlensteg, der zwischen den Häusern hinaus zum Dock mit dem Anleger der Ausflugsboote führt. Der frühere Geheimtipp Telegraph Cove ist inzwischen ein rührig beworbenes Ausflugsziel geworden, in dem es während der kanadischen Ferienzeit eng werden kann. Die schwimmenden Bootsstege, die einen großen Teil der inneren Bucht bedecken, und die über dem Dorf in den Berg gesprengten Terrassen sind unübersehbare Hinweise auf den Ausbau von Telegraph Cove.

Die eigentlichen Stars und das Hauptinteresse der Besucherscharen sind die schwarz-weißen **Schwertwale** oder Orcas. Etwa 200 Tiere in 16 Familien halten sich im Sommer in den fischreichen Gewässern der Johnstone Strait auf, und mehrmals am Tag laufen hier Boote zur Walbeobachtung aus. Die völlig zu Unrecht als »Killerwale« bezeichneten Mitglieder der Delphin-Familie ernähren sich hauptsächlich von

Fischen, insbesondere von den hier in großer Zahl vorhandenen Lachsen. Zu den »fest ansässigen« Orcas gesellen sich zeitweilig nomadische Gruppen. Die Wale mögen zwar Fische, sie sind aber auch schon bei der Jagd auf größere Tiere wie Robben beobachtet worden. Angriffe auf Menschen wurden bisher allerdings nicht bekannt.

Orcas tauchen regelmäßig zum Atemholen auf. Dann erscheint der Rücken mit der großen Flosse an der Wasseroberfläche und eine Sprühwolke aus Wassertröpfchen wird ausgeblasen. Ab und zu wird auch die große flache Schwanzflosse in der Luft sichtbar, bevor sie beim Abtauchen aufs Wasser klatscht. Mit etwas Glück kann man beobachten, wie ein Orca aus dem Wasser springt und mit einer klatschenden und spritzenden Bauchlandung wieder eintaucht. Manchmal strecken sie sich auch bis zu den Brustflossen senkrecht aus dem Wasser als ob sie nachsehen wollten, wo die Begeisterungsschreie herkommen.

Campbell River, die selbsternannte »Lachs-Hauptstadt« von Kanada, verdankt ihren hervorragenden Ruf den fünf Lachszügen im Jahr, die die Indianer schon in grauer Vorzeit kannten und sich zunutze machten. Eine außerordentlich starke Gezeitenströmung in einer Engstelle von etwa zwei Kilometern Breite zwischen Quadra Island und Campbell River führt zu einer hohen Konzentration von kleineren Fischen im Kehrwasser an den Ufern. Dieser Futterüberschuss zieht die Lachse an, die wiederum die Angler anlocken. An manchen Orten treten die Petrijünger in Ruderbötchen gehäuft auf – alle in der Hoffnung, den großen Fang zu machen, der ihnen die Mitgliedschaft im prestigeträchtigen Tyee-Club ermöglicht. Dazu müssen sie nach den präzisen Vorschriften des Clubs einen Lachs von mindestens 13,5 Kilogramm Gewicht fangen. Alles ist genau vorgegeben, selbst die Reißfestigkeit der Schnur, die Größe und Stärke der Angelrute und das spezielle Ruderboot.

Für Nicht-Angler gibt es in Campbell River eine schöne Uferpromenade, vom Park am Fährhafen am Anleger der Fischerboote vorbei zum Discovery Fishing Pier. Der knapp 200 Meter lange Pier ragt in die Discovery Passage und ist ein beliebter Treffpunkt für Lachsangler, die hier bequem ihrem Hobby nachgehen. Auch alle anderen kommen auf ihre Kosten: Ein genüssliches Stündchen lang in der Sonne sitzen und den Schiffen auf ihrem Weg durch die Inside Passage zuzusehen hat auch Reize.

2. Tag: Natur pur: Der Pacific Rim Provincial Park

Die Fahrt nach Süden geht auf dem neuen autobahnähnlichen Inland Island Highway (Hwy. 19) flott voran, bis bei Qualicum Beach dann der Highway 4/4A nach Westen durch die Berge Richtung Pazifikküste abzweigt. Dem, der die nötige Zeit hat, sei die alte Küstenstraße empfohlen, die sich fast immer entlang der Georgia Strait, den Gulf Islands und den Coast Mountains des Festlands an der Ostküste der Insel nach Süden schlängelt. Am Weg liegen zunächst kleine Siedlungen, ehemalige Waldarbeiter-Camps, die sich zu Urlaubsorten gemausert haben. Dann verdichten sich die Inseln der Zivilisation – Fähranleger, Hotels, Restaurants und immer lautere, buntere Werbetafeln – und bei **Qualicum Beach** beginnt dann endgültig der Trubel der »Westküsten-Riviera«. Hunderte Hektar Sandstrand braten bei Ebbe in der Sonne, die hier

Fette Beute: Muschelfischer im Hafen von Campbell River

im Regenschatten der Berge reichlich scheint. Mit der Flut schiebt sich flaches Wasser über den Sand und erwärmt sich auf komfortable Badetemperatur. Die zwölf Kilometer zwischen Qualicum Beach und **Parksville** präsentieren sich als endlose Aneinanderreihung von Motels, Restaurants und anderen *tourist facilities.* Staus an den Ampeln und Urlaubermassen, die sich über die Uferpromenade schieben, sind im Hochsommer keine Seltenheit. Erlösung bringt der Highway 4 in Parksville.

Eine »Attraktion« ist das Dörfchen **Coombs**, mit Antiquitätengeschäften, Minigolf, Plastikschloss, Butterfly World – mit Hunderten frei fliegenden Schmetterlingen – und dem Old Country Market mit Ziegen auf dem Grasdach, dann taucht man ein in die immergrünen Wälder im bergigen Herzen der Insel.

Die **Cathedral Grove** im MacMillan Provincial Park am Highway 4 ist eines der letzten Überbleibsel des ursprünglichen Waldes, der früher die ganze Insel überzog. Hier stehen bis zu 800 Jahre alte Douglasfichten, Bäume mit bis zu drei Metern Durchmesser und 75 Metern Höhe, und mächtige *cedars*, eine Thuja-Art. Obwohl im Winter 1996/97 ein Sturm einige der alten Riesen umwarf, lohnt der Spaziergang durch die Säulenhalle aus kirchturmhohen Stämmen in die kühle Stille des Hains: Der sperrige, bizarr verkeilte Windbruch erzeugt ein Urwald-Gefühl und vermittelt anschaulich eine Vorstellung von der Dimension dieser Baumgiganten. Moos hängt als grüner Schleier von alten, längst abgestorbenen Ästen, und in das Dickicht dringen nur einzelne Sonnenstrahlen bis zum dunklen, farnbewachsenen Waldboden vor. Ein wohltuender Kontrast zu den Kahlschlägen der Forstindustrie, die den weiteren Weg über **Port Alberni** zur Westküste begleiten.

Ein Schiffchen fährt jeden Tag beladen mit Fracht und Ausflüglern von Port

Alberni am Ende eines 40 Kilometer langen Fjords hinaus zu den Küstenorten, immer abwechselnd nach Bamfield und Ucluelet. Unterwegs besucht es die kleinen, isolierten Siedlungen und Lachsfarmen des Barkley Sound und setzt Kajakfahrer aus im Gewirr der Inseln und Inselchen im Archipel der Broken Group Islands, die den Mittelteil des Pacific-Rim-Nationalparks bilden.

Motorisierte Besucher erreichen den Nationalpark von Port Alberni aus auf dem Highway 4, der sich, vorbei an den bergumstandenen Seen Sproat Lake und Kennedy Lake, durch die Mackenzie Mountains schlängelt.

Der **Pazifik Rim National Park** ist ein etwa 180 Kilometer langer, schmaler Streifen aus Felsenküste, Sandstrand, Inseln und Regenwald zwischen Port Renfrew und Tofino an der Westküste von Vancouver Island. Im schwer zugänglichen Südteil des Parks befindet sich der 77 Kilometer lange **West Coast Trail**. Dieser Wildniswanderweg folgt einem Pfad, der vor etwa hundert Jahren angelegt wurde, um Schiffbrüchigen schnell Hilfe bringen bzw. einen Weg aus der Wildnis weisen zu können.

Gegen Ende des 19. Jahrhunderts waren schon viele Schiffe auf den Felsen des »Friedhofs des Pazifiks« zerschellt. Der weltweit unter Wildniswanderern bekannte West Coast Trail, der von Port Renfrew nach Bamfield reicht, ist ein Erlebnis und eine anstrengende Herausforderung zugleich. Er führt durch ursprüngliche Landschaft mit einem der letzten verbliebenen unberührten pazifischen Regenwälder, vorbei an Wasserfällen, über reißende Bäche, Kaps und Strände.

Säulenhalle: Die Riesenbäume des Cathedral Grove

Wickaninnish Interpretive Centre

Unser erster Halt von Port Alberni kommend erfolgt beim **Wickaninnish Interpretive Centre** auf einem Felssporn über dem Südende des Wickaninnish Beach. Filme und eine Ausstellung geben hier einen Einblick in Flora und Fauna des Nordpazifiks, und ein Restaurant versorgt hungrige Besucher. Die Terrasse ist ein ausgezeichneter Aussichtspunkt mit weitem Blick über das Meer und auf den langen, sichelförmigen Sandstrand, auf dem die Winterstürme einen breiten Schwemmholzgürtel aus z. T. mächtigen Stämmen deponiert haben. Besonders beliebt sind die Fernrohre dort in der Zeit von Mitte März bis Mitte April, wenn dicht an der Küste ein Teil der schätzungsweise 20 000 Grauwale auf ihrem Weg von Baja California in Mexiko zu ihrem Sommerquartier in Alaska vorbeiziehen. Walfreunde, die außerhalb dieser Zeit hierher kommen, finden in den Gewässern vor **Tofino** eine kleine Gruppe »ortsansässiger« Wale, die den Sommer dort verbringen. Jeden Tag fahren in Tofino schnelle Schlauchboote zu »Whale Watching«-Touren hinaus aufs Meer. Böse Zungen haben inzwischen die etwa fünfzehntausend Walbeobachter pro Jahr zur zweiten gefährdeten Spezies neben den Walen erklärt, weil ihre Wirbelsäule eigentlich nicht für die harten Stöße in den über die Wellen betternden Schlauchbooten geeignet ist.

Wer nicht einfach am Strand entlang laufen will, bekommt vom Parkranger im Wickaninnish Centre den ausgezeichneten »Hikers Guide« für die neun kurzen (maximal 1,5 Kilometer langen) Wanderwege im Park: z. B. den **South**

Beach Trail zu einer hübschen Bucht, in der die Pazifikwellen durch ein Felsentor branden. Oder den **Rain Forest Trail**, der kein Pfad ist, sondern ein Brettersteig durch den Regenwald: In einer Schleife führt er durch das grüne Dämmerlicht des Dickichts, über feuchte Täler voll wucherndem Farn und anrüchigem *skunk cabbage* und vorbei an bemoosten, vielhundertjährigen Baumgiganten. Freunde langer Strandspaziergänge sollten den 18 Kilometer langen Long Beach besuchen, das beliebte Surfer- und Windsurfer-Revier. Auf dem festen Sand am Rande des Wassers lässt es sich gut laufen, und mit etwas Glück findet sich auch eine bunte Glaskugel zwischen den langen Stränden des **Bull Kelp**. Wind und Strömung haben diese Schwimmkörper aus japanischen Fischernetzen den langen Weg über den Pazifik befördert und mit dem Seetang an Land geworfen.

Tofino am Ende des Weges ist ein hübsches Fischerdorf an der Spitze der Esowista-Halbinsel. In der sommerlichen Hochsaison vergrößert sich die Einwohnerzahl auf ein Vielfaches. Auf den Straßen herrscht lebhaftes Besuchergewimmel, am Kai treffen Schlauchboote der Walbeobachter auf die See-Kajaks der Wasserwanderer, auf dem Wasser der Bucht starten die kleinen einmotorigen Wasserflugzeuge zu abgelegenen Zielen an der Küste, und am Crab Dock gibt es frisch gefangene Krabben direkt vom Kutter zu kaufen.

Nicht immer war es so idyllisch im **Clayoquot Sound** gegenüber Tofino: Noch bis 1993 wurde ein erbitterter Kampf zwischen Umweltschützern, Indianern und Holzfällern um den Bestand des uralten Regenwalds geführt. Aktivisten ließen sich an Bäumen festketten, um die Holzfäller an der Arbeit zu hindern, und mehr als 800 Personen wurden im »heißen Sommer« von 1993 an den Straßensperren, mit denen versucht wurde, die Holzlaster auf dem Weg nach Tofino aufzuhalten, festgenommen. Die Provinzregierung gab schließlich nach, heute schützen neue Provinzparks und Indianerreservate einen großen Teil des Waldes am Clayoquot Sound.

Einen sehr guten Eindruck von diesem uralten Regenwald gibt **Meares Island**, direkt gegenüber von Tofino. Man setzt mit dem Wasser-Taxi über und kann auf mehreren Pfaden die Insel erwandern. Lohnend ist z. B. der drei Kilometer lange **Meares Island Big Cedar Trail**, der zur berühmten **Hanging Garden Cedar** führt – laut einigen Schätzungen ist diese über 1 500 Jahre alt. »Cedar« ist übrigens keine Zeder, wie der Name vielleicht vermuten ließe, sondern ein besonders üppig wachsendes

Morgennebel bei Tofino

Mitglied der Thuja-Familie, die man bei uns eher als sorgsam geschnittene (Lebensbaum-) Hecke kennt.

Andere lohnende Unternehmungen sind beispielsweise ein Ausflug zur Hot Springs Cove im **Maquinna Provincial Park** oder ein Spaziergang zur Tonquin Cove (vgl. Zusatztag S. 244). Faszinierend, nicht nur in der Tonquin Cove, sondern auch am Long Beach und South Beach und überall an der Küste, sind die Felsenbänder, die die Sandstrände voneinander trennen. Bei Ebbe findet man dort im Gezeitengürtel Tümpel voll von Seeanemonen, Seesternen und anderen interessanten Meerestieren. Etwas Vorsicht und Umsicht ist hier aber angebracht, um nicht von der einsetzenden Flut abgeschnitten zu werden. Auch können einzelne Wellen aus der Tiefe des Pazifiks heranrollen, die deutlich höher sind als die übrigen.

3. Tag: Von Tofino nach Victoria

Zurück zur Ostküste geht es auf dem gleichen Weg, dem Highway 4, der bei Parksville auf den Inland Island Highway (Highway 19) trifft. Der neue Highway umgeht **Nanaimo** in einem weiten Bogen, bevor er sich im Süden der Stadt mit dem vom Fährhafen kommenden Highway 1, dem Trans-Canada Highway vereinigt. Wer schnell nach Süden will, erspart sich so die Staus vor den 19 Verkehrsampeln des alten Highway durch die Stadt und den ausufernden Wildwuchs an Reklameschildern und Shopping Malls. Ein Halt oder eine Übernachtung in Nanaimo lohnt aber durchaus, die Stadt hat in den letzten Jahren einen bemerkenswerten Verschönerungsprozess durchlaufen. Die Industriebetriebe, die in der Stadt das Ufer verunstalteten, wurden umgesiedelt, und Parks, Gärten, Golfplätze, Strände und eine Lagune

Bewohner des Gezeitengürtels: Seesterne …

entstanden auf den frei gewordenen Flächen. Ein schöner Spaziergang führt heute auf dem drei Kilometer langen **Waterfront Promenade**, vorbei an der neuen Wasserflugzeug-Basis und der **Bastion**, dem Hudson's Bay-Fort von 1853, zur Departure Bay und auf einer Fußgängerbrücke über den Millstone River zur Queen Elizabeth Promenade.

Der Spaziergang bietet schöne Ausblicke auf den von bewaldeten Inseln umgebenen Hafen voller Yachten, Fischerboote, Frachter und Wasserflugzeuge vor der Kulisse der Coast Mountains auf dem Festland. Man hat geschichtsbewusst die Bastion, das ursprüngliche Fort der Hudson's Bay Company, restauriert und mit einem interessanten Museum ausgestattet. Im Sommer maschiert hier zur Mittagszeit täglich eine Wache in den bunten Marineuniformen der 1850er Jahre auf und feuert nach einem umständlichen Reinigungs- und Lade-Ritual mit der alten Kanone einen Salutschuss ab. Auch das alte Stadtzentrum mit einer Reihe von historischen Gebäuden bekam mit Kopfsteinpflaster, Ziegel-Gehwegen und alten Originalen nachempfundenen Straßenlaternen ein Facelifting.

Chemainus, 25 Kilometer weiter südlich, sah sich zu Anfang der 1980er Jahre, nachdem das riesige Sägewerk, der Hauptarbeitgeber des Dorfs, geschlossen wurde, mit großen wirtschaft-

… Seeanemone …

… und Muscheln

Wandmalerei in Chemainus

lichen Problem konfrontiert. Abhilfe brachte ein ambitioniertes Wiederbelebungsprogramm der Stadtväter, die talentierte kanadische Künstler damit beauftragten, die kahlen Wandflächen der Gebäude im Ort mit Gemälden zu verschönern. 33 sind es heute, die überlebensgroß und mit Liebe zum Detail Szenen aus der bunten Geschichte der Region darstellen.

Die Vermarktungskampagne als Kanadas größte Freilichtgalerie hatte Erfolg: Bis zu 300 000 Besucher pro Jahr besuchten sie. Der Andrang beflügelte das Geschäft mit Andenken, Kunst und Kitsch und lockte Maler, Töpfer, Glasbläser und Bildhauer an. Inzwischen gibt es auch wieder Arbeitsplätze in einem neuen Sägewerk – die Zukunft von Chemainus ist gesichert.

Duncan im Cowichan-Tal besann sich, vermutlich vom Erfolg des benachbarten Chemainus angespornt, auf sein indianisches Erbe und verzierte das Zentrum der Stadt mit Totempfählen. Das Tal ist die angestammte Heimat des Cowichan-Stammes, der heute auch für seine aus naturbelassener Schurwolle hergestellten warmen Strickpullover, Mützen und Handschuhe bekannt ist. Das **Quw'utsun' Cultural and Conference Centre** erzählt mit einer ausgezeichneten Multimedia-Präsentation und einem Museum die Geschichte des Stammes. Indianische Weber, Silberschmiede und Holzschnitzer zeigen hier ihre Handwerkskunst, und im Sommer umrahmen beim »Feast and Legends«-Programm indianische Geschichten und Tänze das mittägliche Lachs-Barbecue.

Die Geschichte der Holzindustrie auf Vancouver Island zeigt sehr eindrücklich das vorbildliche **B. C. Forest Discovery Centre** am Highway in Duncan. Eine Schmalspur-Dampfeisenbahn umkreist das 40 Hektar große Gelände, in dem eine restaurierte Sägemühle und eine umfangreiche Ausstellung keinen Aspekt der Geschichte der Holzverarbeitung in British Columbia auslassen. In einem Holzfäller-Camp wird vorgeführt, welchen harten Lebens- und Arbeitsbedingungen die Holzfäller früher in den Wäldern der Insel ausgesetzt waren.

Auf den letzten 36 Kilometern bis Victoria klettert der Highway hinauf zur 350 Meter hohen **Malahat Ridge**, von deren Aussichtspunkten Gulf Islands View Point und Malahat Summit spektakuläre Aussichten über das Saanich Inlet, auf die Saanich-Halbinsel und die südlichen Gulf Islands in der Strait of Georgia bis hinüber zum Vulkankegel des Mount Baker im US-Staat Washington gibt. Jenseits des Mahalat Summit geht es auf der breiten Schneise des Highway hinein in die weitläufigen Vorstädte von **Victoria**. Die Hintertür der schönsten Provinzhauptstadt Kanadas ist jedoch nicht sonderlich beeindruckend. Aber seien Sie unbesorgt: spätestens morgen, beim Bummel am Inner Harbour, wird sich Victoria, die Schöne, in ihrem vollen Glanz präsentieren.

4. Tag: Victoria – »A perfect Eden«

Als James Douglas von der Hudson's Bay Company 1842 zum ersten Mal den Ort des heutigen Victoria in Augenschein nahm, schrieb er an einen guten Freund: »The place ... appears a perfect eden in the midst of the dreary wilderness of the Northwest Coast ... « Eine Aussage, der heute noch die Mehrheit der Bewohner und wahrscheinlich auch der Besucher Victorias zustimmen dürfte. Ähnlich überschwenglich in seinem Urteil war Rudyard Kipling: »Um sich

Holzfäller-Eisenbahn in Duncan

Victoria vorzustellen, nehmen Sie alles, was das Auge an Bournemouth, Torquay, der Insel Wight, dem Happy Valley in Hongkong, Sorrent und Camps Bay bewundert – geben einige Anklänge an die Thousand Islands dazu und arrangieren das Ganze um die Bucht von Neapel mit einem bisschen Himalaya als Hintergrund.«

In der Tat schimmern die Olympic Mountains über die nur 20 Kilometer breite **Juan de Fuca Strait**. An klaren Tagen scheinen die stahlblauen Hänge und weiß gepuderten Gipfel direkt hinter dem Stadtrand in den Himmel zu wachsen. Sein Blau spiegelt sich in den vielen Buchten, und unzählige Blüten schmücken Parks und Straßen. Victorias Klima ist nahezu ideal: Die Sommer sind trocken und warm, aber nie zu heiß, die dank der warmen Kuro-Shiwo-Meeresströmung nahezu frostfreien Winter mild.

Trotz der durchschnittlich acht Pazifikstürme, die pro Winter über die Stadt fegen, blühen hier das ganze Jahr über Blumen. Etwa 2 000 Stunden Sonnenschein und 700 Millimeter Regen pro Jahr sind gerade richtig für die Lieblingsbeschäftigung besonders des älteren Teils der Bevölkerung, die Pflege ihrer Gärten und Anlage immer schönerer Blumenbeete.

Der Ursprung Victorias liegt im **Fort Camouson**, das James Douglas hier in der Nähe einiger Indianerdörfer als neues pazifisches Hauptquartier der Hudson's Bay Company baute, weil die alte Zentrale südlich des 49. Breitengrads lag, der im Vertrag von 1818 als Grenze zwischen Kanada und den USA festgelegt worden war. Das neue, bald nach Queen Victoria umbenannte Fort, dämmerte 15 Jahre als Handelsposten mit einer kleinen Gruppe englischer Händler und Bauern vor sich hin. Eine Lieferung von 800 Unzen Gold an die Münze in San Francisco lockte 1858 Goldsucher nach British Columbia, die sich in Victoria mit Proviant versorgten, bevor sie ins Innere weiterzogen. In der Folge erklärte England British Columbia zur Kronkolonie, um die territoriale Herrschaft zu sichern und auf den Goldfeldern für Recht und Ordnung sorgen zu können. Victoria wurde schnell der geschäftigste Hafen nördlich von San Francisco.

Nach dem Beitritt zur kanadischen Konföderation wurde Victoria Hauptstadt der Provinz, und der steile Aufstieg setzte sich fort – bis die Eisenbahn 1885 die Westküste erreichte und Vancouver die Rolle als Wirtschaftszentrum und wichtigste Hafenstadt übernahm. Die neuen Bürger Victorias mochten auf »Zivilisation«, so wie sie sie verstanden, nicht verzichten. Man ging daran, eine britische Stadt mit gepflegten Parks, stattlichen Gebäuden in viktorianischer Architektur und englischen Pubs zu bauen. Die Handelsschiffe des Empire brachten auf dem langen Weg um Kap Horn Tee und Porzellan für die geheiligte Tradition des *afternoon tea* heran.

Victoria entwickelte sich zur beschaulichen Verwaltungsstadt, in der man hartnäckig an Tradition und dem gewohnten Lebensstil festhielt. Pensionierte Beamte und Offiziere aus den Kolonien entdeckten das angenehm milde Klima, siedelten sich an und begründeten den Ruf Victorias als eine Stadt »more British, than the British« (was böse Zungen bis vor kurzem übersetzten als »die Stadt, in der nachts die Bürgersteige hochgeklappt werden«).

In den letzten Jahren hat Victoria eine stürmische Entwicklung durchgemacht, auf der Industriebrache am Nordrand des Hafens wurden Wohnungen, ein Hotel und ein Spazierweg am Ufer gebaut, das altehrwürdige Empress Hotel wurde makellos restauriert und dahinter entstand das neue Victoria Conference Centre in Sichtweite von Crystal Garden, Thunderbird Park und Parlament. Victoria ist nicht mehr die Rentner-Metropole von einst, andere Städte und Regionen haben ihr den Rang als bevorzugter Wohnsitz der Präriefarmer im Ruhestand abgelaufen. Es gibt einen soliden Mittelstand und nicht wenige Yuppies, die die Bars und Edel-Bistros abseits der »alt-englischen« Tavernen bevölkern.

Nur noch 17 Prozent der 330 000 Einwohner sind Beamte, aber mehr als 40 Prozent leben in irgendeiner Form vom Handel und den etwa vier Millionen Touristen, die jedes Jahr, besonders im Sommer, die Stadt überschwemmen.

Der kolonial-englische Charme der Stadt, die Passion ihrer Bewohner für Gärten, Dutzende blumenübersäte Parks und öffentliche Gärten locken nordamerikanische Besucher scharenweise an, die sich nach der Rundfahrt in dem roten »englischen« Doppeldeckerbus oder der Pferdekutsche in die kleinen Geschäfte der Innenstadt stürzen, um Tweed und irisches Leinen, »echt englischen Tee« oder Waterford-Kristallgläser, Shetland-Pullover und handgemachte Schokolade zu erstehen.

Die Attraktion für europäische Besucher besteht neben dem sehr hübschen Inner Harbour und der Altstadt wohl mehr aus der Möglichkeit, nach all den Tagen im mehr oder weniger wilden Landesinneren mal wieder in

Vor dem Parlamentsgebäude steht Queen Victoria, die Namenspatronin der Stadt

Der Inner Harbour ist Dreh- und Angelpunkt für alle Besucher der Stadt

einer gepflegten Stadt zu flanieren, im Straßencafé einen Cappuccino zu trinken oder in einem der ausgezeichneten Restaurants (es muss ja nicht unbedingt Roast Beef und Yorkshire Pudding sein) zu essen.

Unseren Rundgang durch die Stadt beginnen wir wie all die anderen kamerabewehrten Touristen am schönen **Inner Harbour**, über dessen blumengeschmückter Uferpromenade die efeuumrankte, urenglische Bastion des **Empress Hotel** thront. Das Ritual des *high tea* im Empress, untermalt von den Klängen eines Streichquartetts, ist wahrlich ein Erlebnis. Auch wenn dieser ehemals wesentliche Bestandteil des *gracious living* heute eine Touristenattraktion geworden ist, sollte man sich Tee und Scones mit Sahne, winzige Sandwiches und süße Kuchen nicht entgehen lassen. Eine ausgezeichnete Gelegenheit, die müde gelaufenen Füße am Nachmittag auszuruhen, ist es außerdem.

An der Südseite des Inner Harbour erhebt sich inmitten einer ausgedehnten Rasenfläche der neogotische Koloss der **Parliament Buildings** mit einer vergoldeten Statue von Captain Vancouver auf der großen Kupferkuppel und einer bronzenen Queen Victoria auf dem Brunnen davor. Abends strahlt das Gebäude im Glanz von Lichtergirlanden, die seine Umrisse nachzeichnen.

Zwischen Empress Hotel und Parlament befindet sich das **Royal British Columbia Museum** und dahinter der **Thunderbird Park** mit einem ganzen Wald von Totempfählen und Skulpturen der Indianer, dem Longhouse der Kwakiutl-Indianer und Helmcken House, dem ältesten Haus der Stadt. Das Museum gehört zu den besten volks- und naturkundlichen Museen in Kanada. Es präsentiert unter anderem eine ausgezeichnete Darstellung der Geschichte und Kultur der Westküsten-Indianer, ein Replikat von Kapitän Vancouvers Schiff »Discovery«, eine Darstellung des Westküsten-Ökosystems und eine Straße aus den ersten Jahren des 20. Jahrhunderts. Gegenüber vom Thunderbird Park liegt der **Crystal Garden** an der Ecke von Douglas und Belleville Street. In dem riesigen Glashaus leben in einem tropischen Garten exotische Vögel, Pflanzen und Schmetterlinge. Der Architekt von Crystal Garden, Parlament und Empress Hotel war Francis Rattenbury, einer der führenden Architekten West-Kanadas zu Beginn des 20. Jahrhunderts.

Der Weg in die Old Town führt vom Inner Harbour auf der Wharf Street nach Norden. An dieser Straße stehen einige der ältesten Gebäude von Victoria, darunter das Zollgebäude von 1876 am Ende der Broughton Street. Vorbei an Galerien und Straßencafés geht es am Ufer entlang zur View Street und dem Bastion Square, dem Ort, an dem ursprünglich das Fort der Hudson's Bay Company stand. Im alten Gerichtsgebäude am Bastion Square befindet sich das **Maritime Museum,** das faszinierende Exponate aus der Welt der Seefahrt birgt. Hier kann man auch den ältesten Aufzug Nordamerikas sehen und benutzen.

Bastion Square liegt im Herzen der **Old Town**: Aus heruntergekommenen Lagerhäusern, Fabriken, Bars und Hafenhotels wurde hier ein lebendiges Viertel mit restaurierten Gebäuden, Gassen und atmosphärischen Innenhöfen. Zwei Blocks weiter nach Norden, zwischen Johnson, Wharf und Pandora Street, liegt der **Market Square**, ein ganzer restaurierter Häuserblock mit

In der vorbildlich restaurierten Altstadt reihen sich Cafés, Geschäfte und Restaurants

schönen alten Fassaden und einem hübschen Innenhof. Auf verschiedenen Stockwerken finden sich hier 65 Cafés, Geschäfte und Restaurants.

Noch einen Block weiter nach Norden, beiderseits der Fisgard Street, erstreckt sich Victorias winzige **Chinatown**, sie ist die älteste an der Westküste Nordamerikas und entstand in der zweiten Hälfte des 19. Jahrhunderts. Nach dem Goldrausch und dem Eisenbahnbau waren die einst begehrten Arbeitskräfte aus China in der Provinz nirgends mehr willkommen und zogen nach Victoria. An der Fisgard Street findet man eng gedrängt Restaurants, chinesische Apotheken und Andenken- und Lebensmittelgeschäfte.

Von der Fisgard Street zur Pandora Avenue führt die gerade mal zwei Schultern breite **Fan Tan Alley**, ehemals berüchtigt für ihre Spielhöllen und Opiumhöhlen, heute ansehnlich restauriert mit Boutiquen, Andenkengeschäften und Kunstgalerien. Seit 1981 markiert an der Ecke Fisgard und Government Street das »Gate of Harmonius Interest«, flankiert von zwei steinernen Löwen, den Eingang zur Chinatown.

Der Rückweg zum Inner Harbour und zum wohl verdienten *afternoon tea* folgt einer der Haupt-Shoppingstraßen, der **Government Street.** Hier reihen sich die Geschäfte mit Indianer-Kunst, handgemachter Schokolade und vor allem importierten Stoffen, Porzellan und Tee aus England, irischem Leinen und Shetland-Pullovern aneinander. Sehen Sie auf jeden Fall mal bei **Munro's Books** rein, diese Buchhandlung residiert im früheren Hauptquartier der Royal Bank of Scotland. Die neoklassische Architektur von Thomas Hooper hat Munro's den Titel »Canada's most magnificent bookstore« eingetragen. Shopping-Fanatiker können auf der Fisgard Street

Der Eingang zur Chinatown

zur Douglas Street hinübergehen zum Kaufhaus »The Bay«, einem Überbleibsel des kontinentalen Handelsimperiums der Hudson's Bay Company. Welches andere Unternehmen kann schon für sich in Anspruch nehmen, Gründer einer ganzen Nation zu sein!

Ein wahres Shopping-Paradies ist das einen ganzen Block zwischen Government, Douglas, Fort und View Street umfassende **Eaton Centre**. Hinter seinen vierstöckigen Mauern, in die die Fassaden der alten Häuser eingelassen sind, die ursprünglich hier standen, versteckt sich ein hochmodernes Shopping-Center mit über 150 Geschäften, in denen man so ziemlich alles, von der Designer-Kleidung bis zur Tischwäsche und von der Campingausrüstung bis zu Ahornzucker-

Bonbons, bekommen kann. Eine lohnende Unternehmung ist ein Spaziergang auf dem Harbour Walkway mit Blick auf Victorias ausgefranste Uferregion. Es müssen ja nicht gleich die ganzen zehn Kilometer von West Bay in **Esquimalt** bis zur Ross Bay jenseits des **Clover Point** auf der anderen Seite von Downtown sein. Zwei aussichtsreiche Kilometer sind es von der West Bay Marina auf dem neuen Westsong-Way-Fußgängerweg zur Johnson Street Bridge. Von dort über die Wharf Street zum Inner Harbour und weiter via Belleville Street zum Fußgängerweg zur Fisherman's Wharf und dem Wellenbrecher am Ogden Point ist es etwa genauso weit. Unterwegs gibt es Ausblicke über den Hafen auf die Kulisse der Innenstadt, ein maritimes Panorama mit ankernden Yachten, landenden und startenden Wasserflugzeugen und einigen hundert Kuttern im geschäftigen Fischereihafen. Auf dem Rückweg kann man eines der Boote der **Victoria Harbour Ferries** nehmen, die an der West Bay Marina, beim Ocean Point Resort in Songhees, im Inner Harbour und an der Fisherman's Wharf anlegen.

Man könnte aber auch hinausfahren zum Fort Rodd Hill und den Leuchtturm **Fisgard Lighthouse** besuchen. Der älteste Leuchtturm der Westküste steht seit 1873 auf einer Kuppe aus Vulkangestein. In seinem Innern erzählt eine Ausstellung die Geschichte des Leuchtturms, seiner Wärter und der Schiffskatastrophen, die der Küste den Beinamen »Friedhof des Pazifiks« eintrugen.

Das **Fort Rodd Hill** daneben – ein Marinestützpunkt aus den 1890er Jahren ist komplett mit Kasematten, Suchscheinwerfern und Kanonen ausgestattet. Auf Displays, Tonkonserven und Videos mit historischen Filmaufnahmen lässt sich der Alltag in einer Stellung der Marineartillerie nachvollziehen.

Auch die Spitze des **Beacon Hill Park** ist einen Besuch wert. Nach dem Aufstieg zum Aussichtspunkt geht es beim Hinunterschlendern vorbei an üppig blühenden Blumenbeeten und Wiesen voller Wildblumen zur Uferpromenade jenseits der Dallas Road. An Finlayson Point oder Clover Point könnte man die Nase in den Wind der Juan de Fuca Strait halten und den Möwen zusehen, die mit ihrer Flugakrobatik die zahlreich im Wind knatternden Drachen deklassieren.

5. Tag: Von Victoria nach Vancouver

Der Rückweg nach Vancouver beginnt an der Ecke von Dallas Road und Douglas Street am **Beacon Hill Park.** Ein unscheinbares Schild verkündet hier den Beginn des Trans-Canada Highway, der auf einer Länge von 7 821 Kilometern nach Street Johns in Neufundland führt. Nur der erste Teil des Highways verläuft auf Victoria Island bis Nanaimo, wo Fähren den Anschluss zum kontinentalen Teil in Horseshoe Bay bei Vancouver herstellen.

Mit der Dallas Road beginnt die Fahrt auf dem **Marine Scenic Drive**, von dem aus sich Victoria noch einmal von seiner besten Seite zeigt. Es geht immer am Ufer entlang, von Aussichtspunkt zu Aussichtspunkt, mit Blicken auf die Küstenlinie, die Inseln und die Festlandberge. Im Nobelstadtteil **Oak Bay,** hinter dem »Tweed-Vorhang«, wird das Image Victorias als erzbritische Kolonialstadt mit manikürtem Rasen und gepflegten Gärten rund um die Villen und Tudor-Herrenhäuser aufs Heftigste bewahrt. Die Hauptbeschäftigung der – meist älteren – Bewohner scheinen Gartenarbeit, Golf, Cricket und Tennis zu sein, und beim Einkauf oder nachmittäglichen Tee ist dickster englischer Akzent zu hören.

Über Cattle Point und Ten Mile Point geht es weiter zum **Mount Douglas Park**. Hier gibt es vom Gipfel des Mount Douglas noch einmal ein 360-Grad-Panorama mit Victoria, den grünen Hügeln der Saanich-Halbinsel und Vancouver Island, den amerikanischen Küsteninseln im tiefblauen Meer und an klaren Tagen den schneebedeckten Gipfeln der Cascades und Olympic Mountains drüben im US-Bundesstaat Washington.

Es blüht das ganze Jahr …

Unten im Park liegen einige schöne Picknickplätze unter den alten Douglasfichten und Cedars am Ufer der Haro Strait.

… in den Butchart Gardens

Eine Lunchpause kann man in den **Butchart Gardens** einlegen, einem 20 Hektar großen Paradies aus perfekt gepflegten Gärten voller Blüten. Butchart Gardens ist das bekannteste Beispiel für Victorias Gärten. Diese Passion der Bürger ist, so sagt man, das Erbe der ersten englischen Siedler, die versessen darauf waren, das verfilzte Unterholz der Pazifikküste zu zähmen und mit Rosenbeeten den nötigen Rahmen für das so geschätzte *gracious living* zu schaffen.

Ihren Höhepunkt erreicht diese Vorliebe für alles Gärtnerische jeden Februar. Viele Menschen sieht man dann, wie sie mit dem Taschenrechner in der Hand über Krokusbeete gebeugt, Zahlen murmelnd und himmelwärts gerichteten Blickes die blühenden Obstbäume ansehen. Stolz berichten sie per Telefon vom Ergebnis ihrer Mühen. Das Resultat dieses sonderbaren Rituals ergibt den als Ende des Winters zelebrierten »Annual Flower Count«.

Die Geschichte von Butchart Gardens begann, als Jennie Butchart vor fast hundert Jahren beschloss, dass der stillgelegte Steinbruch ihres zementherstellenden Ehegatten ihr empfindsames Gefühl für Schönheit und Harmonie beleidige. Mit geschickten Arrangements von Blumen, Büschen und Bäumen begann sie ihr gärtnerisches Verschönerungsexperiment, das mit der Zeit zum

Hinter dem Coal Harbour erhebt sich die Skyline von Vancouver

Hobby der Familie wurde. Der Steinbruch ist heute das beeindruckende Herzstück der Anlage, der »Sunken Garden«, in dem exquisite Blumenbeete einen wahren Farbenrausch zwischen Rasenflächen und alten Bäumen entfesseln. Von März bis Oktober steht der Garten immer in voller Blüte. Darum herum angeordnet sind ein klassischer japanischer Garten, ein Rosengarten und ein italienischer Garten mit Statuetten und Seerosenteich. Man könnte den ganzen Tag hier zubringen und abends noch das Feuerwerk über dem Garten genießen, aber Vancouver ist noch ein paar Stunden entfernt, und in Swartz Bay wartet die Fähre.

Der Abschied von Vancouver Island, der »Insel«, wie sie von ihren Bewohnern genannt wird, gerät zu einer – zumindest bei schönem Wetter – geruhsamen anderthalbstündigen Minikreuzfahrt. Weiße Segel gleiten über das in der Sonne glitzernde Wasser; Motorboote flitzen von Insel zu Insel; an den bewaldeten Buchten stehen in idyllischer Lage einzelne Häuser. Die Fähre schlängelt sich durch die Southern Gulf Islands und erreicht nach der engen Passage zwischen Galiano und Mayne Island das offene Wasser der Strait of Georgia, an deren Ostufer der Fährhafen Tsawwassen liegt. Der Highway bringt uns nach **Vancouver** zurück.

VI SERVICETEIL

REISEPLANUNG

REISEDATEN

SPRACHHILFEN

Reiseplanung

An- und Einreise

Reisende aus Deutschland, der Schweiz und Österreich benötigen für Kanada kein Visum. Es genügt ein Reisepass, der noch drei Monate über den letzten Reisetag hinaus gültig ist.

Die beschriebenen Routen beginnen in Vancouver und Calgary. Beide Städte werden von Deutschland aus täglich nonstop angeflogen.

Nach der Ankunft trifft man als erstes auf den *immigration officer,* der die Papiere kontrolliert und die Aufenthaltsdauer festsetzt. Er erkundigt sich nach Dauer und Zweck der Reise *(business or vacation?),* einer Adresse im Land (man gibt am besten die Adresse des vorgebuchten Hotels an) und manchmal auch nach dem Rückflugticket und der Höhe der mitgeführten Reisekasse. Unmittelbar darauf folgen Gepäckausgabe und Zollkontrolle.

Gleich außerhalb des Zollbereichs findet man die Schalter der Autovermieter, wo man das reservierte Fahrzeug übernimmt. Wohnmobilmieter fahren am besten erst einmal per Taxi oder Hotelbus in die Stadt, um den Jetlag auszuschlafen und lassen sich am nächsten Tag vom Vermieter zur Fahrzeugübernahme abholen.

Beim Rückflug wird am Flughafen eine Abfluggebühr erhoben; sie beträgt z. B. in Vancouver $ 15 für Direktflüge nach Europa.

Ärztliche Vorsorge

Die ärztliche Versorgung ist auch in den abgelegenen Gebieten gesichert – aber teuer! In Kanada und Alaska sind Sie grundsätzlich Privatpatient. Informieren Sie sich bei Ihrer Krankenversicherung über den bestehenden Versicherungsschutz bzw. mögliche Rückerstattung von Behandlungskosten, und schließen Sie ggf. eine zusätzliche Reisekrankenversicherung ab.

Medikamente erhalten Sie beim *chemist* oder in der *pharmacy,* die sich meistens in einem *drugstore* befindet. Die Adressen finden Sie in den *yellow pages* des Telefonbuchs. Im *drugstore* erhalten Sie auch die für den Norden unerlässlichen Moskito-Abwehrmittel.

Nehmen Sie eine ausreichende Menge und in jedem Fall eine Rezeptkopie von regelmäßig einzunehmenden Medikamenten mit, damit der Apotheker/Arzt das lokale Äquivalent finden kann. Viele bei uns rezeptfreie Medikamente sind vor Ort nur mit Rezept erhältlich. In Notfällen hilft die Telefonvermittlung (*operator*, »0«) weiter. Über die Notrufnummer 911 erreichen Sie Ambulanz, Feuerwehr und Polizei.

Auskunft

Allgemeine Informationen:

Kanadische Botschaft
Friedrichstr. 95, 12. Stock
10117 Berlin
✆ (030) 203 12-0, (030) 203 12-590

Canadian Tourism Commission
Postfach 20 02 47
D-63469 Maintal
✆ (018 05) 52 62 32, Fax (061 81) 49 75 58
www.travelcanada.ca

Gezielter helfen die **Informationsbüros der kanadischen Provinzen** weiter:

Travel Alberta
P.O. Box 2500
Edmonton, Alta. T5Y 2Z1
✆ (780) 297-2700, Fax (780) 297-5068

Tourism British Columbia
P.O. Box 9830, Victoria, B.C. V8W 8W5
✆ (250) 387-1642, Fax (250) 387-9406

Im **Internet** liefern folgende Adressen z. T. sehr ausführliche Informationen:

www.travelalberta.com
Sehr ausführliche Informationsquelle für die Urlaubsplanung, viele Links, Anforderung der Broschüre »Vacation Planner«.

www.discoveralberta.com
Kommerziell geprägte Informationen. Mit Suchmaschine, Hoteladressen, Links zu Attraktionen entlang der Routen 1 und 2. Umfangreiches Informationsangebot.

www.travel.bc.ca
Allgemeine Beschreibung der Provinz, Suchmaschine für Attraktionen, Campgrounds, Hotels, Restaurants, Anbieter von Touren usw. Sehr umfangreich.

www.bcadventure.com
Sehr gutes ausführliches Angebot von Informationen zu allen Aspekten eines Urlaubs in British Columbia. Beschreibung der Urlaubsregionen, Nationalparks und Provinzparks, Karten, viele Links, Suchmaschinen für allgemeine Informationen, Attraktionen, Hotels und Campgrounds.

http://wlapwww.gov.bc.ca
Alle Provinzparks in British Columbia mit Infrastruktur und Reservierungs-Telefonnummern.

www.bc.worldweb.com
Kommerziell geprägte Informationen. Mit Suchmaschine, Hoteladressen und Links zu Attraktionen.

www.camping.bc.ca
www.camping.ab.ca
Alles zum Thema Campingplätze, mit Link zur Suchmaschine in www.travel.bc.ca

www.bcferries.bc.ca
Die Fahrpläne der Fähren, Preise, Online-Reservierungen und interessante Links zu anderen Websites.

www.islands.bc.ca
Der offizielle Reiseführer für Vancouver Island mit ausführlichen, gut aufbereiteten Informationen.

www.bbcanada.com
Hunderte von Bed & Breakfast Adressen komplett mit Photos und Preisen. Gute Links zu anderen B & B-Seiten.

Auto-/Wohnmobilmiete

Auto oder Wohnmobil? Die Antwort auf diese Frage ist primär eine Frage der persönlichen Präferenzen. Mietwagen sind relativ billig, und preiswerte kleine Motels gibt es fast überall. Mit dem Wohnmobil ist man mehr draußen in der Natur und unter Umständen ein bisschen billiger dran. Es garantiert Freiheit und Flexibilität und eliminiert den Zwang, abends rechtzeitig dort zu sein, wo ein Zimmer reserviert ist. Auch das Problem der Zimmerreservierung in den Orten mit touristischen Schwerpunkten entfällt.

Campgrounds, die auf Wohnmobile eingerichtet sind, gibt es überall. Selbst wenn ein Platz voll belegt ist, findet sich auf einem anderen in der Nähe immer noch ein Stellplatz. Im Norden ist die touristische Infrastruktur so dünn gesät, dass hier die Benutzung eines Wohnmobils wegen der höheren Flexibilität deutliche Vorteile bringen kann. Auch die Kücheneinrichtung eines Wohnmobils erweist sich oft als Plus. Mit Ausnahme der Städte nehmen nach Norden Vielseitigkeit und Anzahl der Restaurants und leider auch oft die Qualität des Essens ab. Auch die spürbare Entlastung der Reisekasse bei Selbstversorgern wird manchem ein Argument für das Wohnmobil sein.

Wohnmobile oder Mietwagen bucht man zweckmäßigerweise über ein Reisebüro oder einen spezialisierten Reiseveranstalter. Diese können durch Großeinkauf meist günstigere Preise erzielen, als es dem einzelnen Touristen vor Ort möglich ist – es sei denn, man hat Freunde vor Ort, die sich nach einem »Schnäppchen« bei einer der kleineren, weniger bekannten Verleihfirmen umsehen. Das kann Geld sparen, aber man muss sich über mögliche Nachteile im Klaren sein: Im Fall einer (größeren) Panne sind meist nur die großen Verleihfirmen in der Lage, schnell für Abhilfe zu sorgen.

Zur Vermeidung unliebsamer Überraschungen nach der Ankunft in Kanada ist es wichtig, noch vor der Buchung gezielt nach eventuellen **Nutzungsbeschränkungen** zu fragen. Einzelne Vermieter im Süden West-Kanadas verbieten die Benutzung ihrer Fahrzeuge auf Schotterstraßen *(dirt roads)* und/oder nördlich einer meist willkürlich gewählten Linie. Um sicher zu gehen, sollten Sie sich vom Vermieter oder seinem Agenten in Deutschland schriftlich bestätigen lassen, dass die Benutzung des Fahrzeugs auf der von Ihnen gewählten Route gestattet ist.

Andere Vermieter (z. B. **Alldrive Canada**, 1908, 10th Ave. S.W., Calgary, Alta. T3C 0J8, ✆ 403-245-2935 oder 1-888-736-8787, Fax 403-245-2959, www.alldrive.com) beschränken das Befahren von *dirt roads* lediglich auf *public roads,* also öffentliche Straßen, die mit einer Straßennummer gekennzeichnet sind (alle in diesem Buch beschriebenen Routen führen ausschließlich über *public roads).* Gegen Aufpreis können Sie das gemietete Fahrzeug auch an einem anderen Ort als dem Ausgangspunkt abgeben.

Klären Sie auch, wie Sie sich bei eventuellen **Reparaturen** verhalten müssen, wer die Kosten dafür übernimmt, wer fürs Abschleppen, für ein Ersatzfahrzeug und notwendige Hotelübernachtungen aufkommt und was zurückerstattet wird, wenn das Fahrzeug ausfällt. Lassen Sie sich eine Telefonnummer des Vermieters geben, die Sie in Notfällen anrufen können. Viele Verleihfirmen bieten gegen Aufpreis »Versicherungen« an, mit denen die Selbstbeteiligung bei Unfällen beschränkt werden kann und die bei Ausfall eines Fahrzeugs für Hotel- und andere Kosten aufkommen. Diese »Versicherungen« sind aber oft mit erheblichen Einschränkungen versehen, z. B. sind fast immer Schäden beim Rückwärtsfahren, Beschädigungen des Dachaufbaus usw. ausgenommen. Deshalb gilt: Erkundigen Sie sich genau, und wägen Sie dann ab, welche Risikobegrenzung für Sie sinnvoll ist.

Wohnmobile gibt es in drei Varianten. **Van Conversions** sind umgebaute Lieferwagen, die bis zu zwei Personen (wenig) Platz bieten. Sie sind mit Spülbecken, Kochstelle und kleinem Kühlschrank ausgerüstet. **Camper** sind Huckepack-Wohnkabinen auf der Ladefläche von Pick-up genannten Kleinlastern. Die meisten sind für zwei Erwachsene geeignet, die größeren Versionen (größer als zwölf Fuß) zur

Not auch für einen dritten Erwachsenen oder ein bis zwei kleinere Kinder. Die größeren Camper haben eine separate Wasch-/ Duschkabine mit Toilette.

Versuchen Sie auf alle Fälle, auch wenn Sie nur zu zweit unterwegs sind, einen Pick-up mit einer *crew cab* (zweite Sitzbank hinter den Frontsitzen) oder *super cab* (Klappsitze hinter den Frontsitzen) genannten Fahrerkabine zu bekommen. Da der Stauraum im Camper nicht allzu üppig bemessen ist, werden Sie den zusätzlichen Platz unterwegs schätzen.

Mobile Homes entsprechen unseren Wohnmobilen, sind aber oft größer und sehr komfortabel eingerichtet. Servo-Lenkung, Servo-Bremsen und automatisches Getriebe sind Standardausrüstung. Eine besonders praktische Version sind die so genannten 5th-Wheels. Hier ist der Wohnwagenteil als Auflieger in der Art eines Sattelschleppers an einem Pick-up befestigt. Auf dem Campingplatz angekommen, fährt man die Standbeine aus und kann danach mit dem abgekoppelten Zugwagen bequem einzelne Ziele anfahren.

Mietwagen kann man auch über die großen internationalen Autovermieter bestellen. Tilden Rent-a-Car wird in Deutschland von Inter Rent/Europcar (✆ 0130-22 11) vertreten. AVIS (✆ 0130-77 33) und Hertz (✆ 0130-21 21) sind ebenfalls überall zu finden. Besser ist es, Sie mieten keinen Kombi *(station wagon)*. Der hat zwar schön viel Platz für Gepäck, aber es ist für jedermann gut sichtbar, und die Gefahr eines Diebstahls wird ganz erheblich erhöht.

Wer sich unter den verschiedenen Anbietern umsieht, wird bald feststellen, dass es für identische Leistungen deutlich unterschiedliche Preise gibt. Aber Vorsicht! Lesen Sie den Vertrag aufmerksam durch, und rechnen Sie nach! Für das Verwirrspiel mit Kosten pro Tag, Nebenkosten und Freikilometern gibt es nahezu unendlich viele Varianten.

Achten Sie besonders bei Wohnmobilen auf versteckte Zusatzkosten wie Vorbereitungsgebühr *(prep charge)*, Miete für Bettwäsche, Geschirr usw. *(housekeeping kit)*, Versicherung (CDW), die sich zu erheblichen Summen addieren können.

Die angebotene **Kaskoversicherung** (CDW) ist nicht billig, kann sich aber bei einem größeren Schaden bezahlt machen. Allerdings deckt sie bei Wohnmobilen in der Regel nicht alle Schäden ab. Dachschäden (durch Bäume, zu niedrige Tankstellendächer usw.) und Rangierschäden sind meist ebenso ausgenommen wie der Bruch der Windschutzscheibe. Nehmen Sie sich Zeit, das »Kleingedruckte« zu lesen, und lassen Sie sich alles erklären, was Sie nicht verstehen. Bestehen Sie darauf, dass bei der Fahrzeugübergabe alle sichtbaren Mängel und Beschädigungen, und seien sie noch so klein, vom Zigarettenloch in der Polsterung bis zum Kratzer im Lack, im Übergabeprotokoll festgehalten werden. Es kann Ihnen sonst passieren, dass man versucht, Sie nach Ende der Reise zur Kasse zu bitten.

Für die in diesem Buch beschriebenen Routen kann es je nach Reisedauer, zurückgelegter Entfernung und gewährten Freikilometern pro Tag günstiger sein, eine *flat rate with unlimited mileage,* also eine **Mietpauschale** pro Tag ohne Gebühr für gefahrene Kilometer zu vereinbaren, sofern diese angeboten wird. Beim Abschätzen der zu fahrenden Kilometer sollten Sie daran denken, einen gewissen Zuschlag für Umwege usw. einzurechnen.

Bei **Übernahme Ihres Fahrzeugs** werden das *voucher* des Reisebüros, der nationale Führerschein, der Reisepass und eine Kreditkarte verlangt, die auf den Namen des Mieters ausgestellt sein muss. Die Kreditkarte erspart Ihnen Vorauszahlungen und Hinterlegung einer Kaution. Ein internationaler Führerschein ist nicht nötig. Lassen Sie sich bei der Übergabe des Fahrzeugs Zeit, und fragen Sie ungeniert nach, falls Sie etwas nicht verstehen. Fragen Sie nach wo sich Ersatzrad, Wagenheber und Werkzeug, der Ölmessstab des Motors und der Einfüllstutzen für das Öl, Füllstutzen und Absperrventil des Gastanks befinden und wie die Automatikschaltung und Klimaanlage funktionieren.

Die Fahrzeugvermieter haben handliche Stadtpläne, die Ihnen das Navigieren am Ort der Übernahme erleichtern. Ihre Koffer können Sie fast ausnahmslos bei der Wohnmobil-

Vermietstation für die Dauer der Fahrt einlagern. Sie sollten dies auch tun, der Stauraum im Fahrzeug ist begrenzt. Wichtiges Zubehör für Ihre Wohnmobilreise sind Taschenlampe, Wäscheleine und Klammern.

Geld/Devisen

Am besten verteilen Sie die Reisekasse auf einen kleineren Betrag an Bargeld in kanadischen Dollar (can. $), Reiseschecks und eine oder mehrere Kreditkarten. Geeignet sind vor allem die an Mastercharge angeschlossene Eurocard und die VISA-Karte. Mit diesen Kreditkarten können Sie fast überall zahlen und ersparen sich viele Schwierigkeiten, z. B. bei der Hotelreservierung und der Fahrzeugmiete. Reiseschecks in der Landeswährung einzulösen ist unproblematisch. Man zahlt damit im Restaurant, an der Tankstelle oder im Geschäft und bekommt das Wechselgeld bar zurück. Euro-Reisechecks sind unpraktisch, sie können nur bei den großen Banken in den Städten eingelöst werden.

Gängige Dollar-Scheine sind 2, 5, 10, 20, 50 und 100 Dollar. Sie unterscheiden sich durch Größe und Farbe. Wichtige Münzen sind der *loonie,* die kanadische Ein-Dollar-Münze, und die *quarters* (25-Cent-Münzen). Davon sollten Sie immer einen Vorrat in der Tasche haben, damit Sie Telefon und alle Arten von Automaten füttern können.

Gepäck/Kleidung

Packen Sie bequeme Freizeitkleidung ein! Nur wer in den elegantesten Restaurants und Nachtclubs von Vancouver, Calgary und Edmonton ausgehen will oder einen Opernbesuch plant, benötigt entsprechende Garderobe. Aber auch hier bedeutet das Schild *proper attire required* lediglich, dass man keine Gäste in Jeans, T-Shirt oder Turnschuhen wünscht. Falls Sie Zweifel haben, rufen Sie einfach an und fragen Sie nach dem *dress code.* Ein offener Kragen wird meist akzeptiert, wenn Sie ein Jackett tragen. Ansonsten liegen Sie mit lockerer Freizeitkleidung genau richtig. Auch Badekleidung gehört ins Gepäck, um die Jacuzzis der Hotels und die Thermalbäder nutzen zu können. Rasierapparat und Fön müssen auf 110 Volt umstellbar sein. Einen passenden **Adapter** sollten Sie von zu Hause mitbringen, unterwegs ist er kaum zu finden.

Wer **Wanderungen** plant, braucht feste, am besten knöchelhohe Wanderstiefel, Tagesrucksack, Windjacke und Regenkleidung. Mehrtägige Wanderungen oder Kanutouren erfordern Schlafsack und Unterlage, Zelt, Kompass, Messer, Erste-Hilfe- und Überlebens-Paket. Die Touren in den Nationalparks oder im Norden sind kein Picknick und erfordern Planung und eine gewisse Erfahrung. Neulingen sei dringend geraten, sich den örtlichen *tour operators* und *outfitters* anzuvertrauen, die auch die benötigte Ausrüstung stellen.

Während der Reise kann es heiße Sommertage mit über 30 °C und kühle, regnerische Tage von 10–15 °C geben. Statt ein ganzes Sammelsurium von T-Shirts und Shorts, Pullovern und Parka mitzuschleppen ist es sinnvoller, sich nach dem »Zwiebelprinzip« zu kleiden: statt einer dicken Lage trägt man mehrere dünne Lagen (außen wind- und wasserdicht) übereinander, die man nach Bedarf Stück für Stück wieder ablegen kann.

Generell gilt: Nicht zu viel Kleidung mitschleppen. Auf den meisten privaten Campgrounds und in den größeren Orten gibt es Waschsalons mit Münzwaschmaschinen und Trocknern.

Reisebuchung

Buchen Sie rechtzeitig: West-Kanada ist ein beliebtes Reiseziel, und schon im Spätwinter oder zu Anfang des Frühjahres kann es passieren, dass es heißt: Leider ausgebucht. Folgende Reservierungen sollten Sie deshalb so früh wie möglich vornehmen:

Flug

Besonders die preiswerten Holiday- und Sondertarife zwischen Europa und Kanada sind in der Hauptreisezeit oft Monate im

Voraus ausgebucht, vor allem Nonstop-Flüge nach Calgary oder Vancouver. Nonstop-Flüge erreichen nach knapp zehn Stunden Flugzeit Calgary bzw. nach knapp elf Stunden Vancouver.

Direktflüge halten weniger als ihr Name verspricht, sie legen unterwegs immer mindestens einen Stopp ein, das verlängert die Reisezeit um mindestens eine Stunde pro Landung. Umsteigeverbindungen verlängern die Flugzeit um mindestens zwei bis drei Stunden. Bei einem Flug über acht bzw. neun Zeitzonen ist dies eine spürbare zusätzliche Belastung.

Hotel
Die Hotelzimmer für den Ankunftstag und die Nacht vor dem Rückflug sollte man auf jeden Fall frühzeitig buchen. Ein fest reserviertes, halbwegs komfortables und vor allem ruhiges Hotelzimmer vermeidet Stress nach der Ankunft und hilft bei der Bewältigung des Jetlag. Die Übernahme des gebuchten Wohnmobils ist in der Regel am Ankunftstag nicht möglich.

Fahrzeugmiete
Insbesondere bei Wohnmobilen kommt es während der Hauptferienzeit zu Engpässen. Unbedingt also schon im Winter oder sogar im Herbst buchen! Je eher Sie buchen, desto größer ist die Auswahl an Fahrzeugen und Vermietern.

Fähre
Da der Fährfahrt durch die Inside Passage nach Port Hardy eine Schlüsselstellung in der Routenplanung zukommt, sollte man die Reservierung des Schiffes möglichst frühzeitig vornehmen. Das Reisebüro oder der Veranstalter, bei dem Sie Flug und Fahrzeug buchen, kann auch die Fähre reservieren. Vor Ort wendet man sich an:

B.C. Ferry Corporation
1112 Fort St., Victoria, B.C. V8V 4V2
✆ 1-888-223-3779 innerhalb British Columbia oder ✆ (250) 386-3431, Fax (250) 381-5452
www.bcferries.com

Die Fahrpläne sind über die Homepage abrufbar. Hat die Reservierung geklappt, heißt es unbedingt pünktlich zur Verladung zu erscheinen, denn wer das Schiff verpasst, hat seine Reservierung unwiderruflich verloren. Die kurze Fährfahrt von Vancouver Island zum Festland bei Vancouver muss nicht vorab reserviert werden.

Wenn die Fähre ausgebucht ist, kann man versuchen, die geplante Rundfahrt umzudrehen, um einen Fährplatz in Gegenrichtung zu bekommen. Stand-by am Fährhafen zu warten ist nicht empfehlenswert, es kann lange dauern, bis man mitkommt!

Reisefahrplan

Die Entfernungsangaben in diesem Buch sind lediglich als »ungefähr« genau zu betrachten. Bei meinen Reisevorbereitungen und später unterwegs bin ich immer wieder auf Widersprüche in den Kilometerangaben gestoßen, sowohl in offiziellen, wie in inoffiziellen Quellen. Das liegt zum einen daran, dass hier die Entfernung von einem willkürlich gewählten Ort im Stadtzentrum gemessen wurde, dort von der – oft nicht genau definierten – Stadtgrenze, und manchmal wohl auch uralte Angaben übernommen wurden, die neue Umgehungsstraßen und dergleichen nicht berücksichtigen.

Zum anderen ist zu bedenken, daß kein Kilometerzähler die gleiche Entfernung misst. Kilometerzähler sind nicht geeicht und können bis zu 10 % abweichen, dabei spielt auch der Reifenzustand und der Reifendruck eine Rolle. Abgefahrene oder nicht vollständig aufgeblasenen Reifen ergeben längere Strecken. Ich habe deshalb für die Entfernungsangaben in den Tagesprotokollen die Differenzen der Kilometerstände auf dem Tacho des von mir benutzten Fahrzeugs verwendet. (Richtig: Ich bin jede Strecke mindestens einmal abgefahren!)

Dieses Verfahren hat einerseits den Vorteil, dass die Entfernungen von der Hauptstraße zu den genannten Attraktionen in den angegebenen Entfernungen enthalten sind, andererseits können tägliche Abweichungen bedingt durch z. B. Lage des Hotels/Campgrounds o. ä. entstehen. Im Mittel über mehrere Tage dürften sich diese Differenzen aber gegenseitig aufheben.

Meine Empfehlung: Machen Sie je nach der Länge der Gesamtstrecke einen Zuschlag von 5 bis 10 % zum ermittelten Wert, um »Extrawege« wie das mehrfache Umrunden des Blocks auf der Suche nach einem Parkplatz, die abendliche Fahrt zu einem Restaurant, den Abstecher zum Shopping oder andere Strecken zu abseits der Hauptroute gelegenen Zielen zu berücksichtigen (vgl. Grafik zum Routenfahrplan S. 286/287).

Reiseplanung/Straßenkarten

Unerlässlich als Hilfsmittel zur Planung und später zu Orientierung während der Reise sind Straßenkarten oder ein Straßenatlas. Sehr gute Straßenkarten gibt es vom kanadischen Kartenverlag MapArt. Praktisch ist auch der MapArt »Road Atlas« mit Straßenkarten aller kanadischen Provinzen und der US Bundesstaaten. Wer einen größeren Maßstab als die üblichen ca. 1 : 2 Millionen der Straßenkarten möchte, findet in der »Recreation Atlas«-Serie für Alberta und British Columbia im Maßstab 1 : 600 000 jede Straße, dazu alle Nationalparks, staatlichen Campgrounds, Wanderwege usw. Für den nördlichen Teil von West-Kanada, etwa ab Yellowhead Highway (Hwy. 16), ist der »Milepost« besonders empfehlenswert. Zwar gibt es hier kein detailliertes Kartenwerk, dafür aber viele nützlichen Adressen, Hinweise und Tipps.

Speziell für British Columbia gibt es den »B.C. Travelguide«, der wie der Milepost am Verlauf der Highways orientiert ist und alles touristisch Wissenswerte plus Geschichtliches und Hintergrundinformationen für Region, Orte, National- und Provinzparks entlang der Straßen auflistet und ganz brauchbare Streckenkarten und Stadtpläne enthält.

Die genannten Publikationen bekommen Sie in spezialisierten Reise-Buchhandlungen oder vom Magellan Buchversand (Hauptstr. 1, 46244 Bottrop, ✆ 020 45-845 92, Fax 40 97 62, www.magellan-buch.de), der auch andere aus Kanada importierte Landkarten und Reiseliteratur anbietet.

Reisezeit/Klima

Die **Reisesaison** dauert im Norden von Mitte Mai bis September. Statistisch gesehen fallen im Mai die geringsten Niederschläge. Im Süden dauert die Saison von Mai bis Oktober. Hochsaison ist von Mitte Juni bis Ende August, dann sind alle Passstraßen geöffnet, die Nationalparks Banff, Jasper und die anderen Hauptattraktionen stark frequentiert und die Hotels ausgebucht.

Das **Binnenland** hat ein ausgeprägtes Kontinentalklima mit heißen, trockenen Sommertagen, an denen das Thermometer auf über 30 °C klettert, und kalten Wintertagen mit Temperaturen unter minus 20 °C. Die Rockies haben ihr eigenes, mit den Alpen vergleichbares Wetter. Wer im Winter zum Skifahren hierher kommt, wird angenehm überrascht sein: Die trockene Kälte ist gut zu ertragen, und die Pulverschneetage sind zahlreich.

Vancouver an der Westküste hat wenig Frost im Winter und etwas kühlere, feuchtere Sommer. Die Reisesaison dauert hier fast das ganze Jahr. Eine Attraktion ist das fast vor der Haustür gelegene Skigebiet um Whistler. Wenn man in Vancouvers Straßencafés schon in der warmen Frühlingssonne sitzen kann, gibt es im 120 Kilometer entfernten Whistler noch ausgezeichnete Skibedingungen.

Unterkunft/Camping

Die Städte und größeren Orte entlang der Routen bieten eine Auswahl von einfachen bis luxuriösen Hotels und Motels. Außerhalb der Städte und entlang der Überlandstrecken findet man meist einfache Motels. Die Zimmersuche ist im Normalfall unproblematisch. Gut sichtbare Leuchtreklamen zeigen an, ob es noch Zimmer gibt *(vacancy)* oder ob schon alles belegt ist *(no vacancy)*.

Langfristig im Voraus reservieren sollten Sie das **Hotel für den Ankunftstag**, die Nacht vor dem Rückflug und die Übernachtungen in den Nationalparks Banff und Jasper. Auch auf den Routen im Norden ist es ratsam, rechtzeitig zu buchen. Meist genügt ein Telefonat am Morgen vor der Abfahrt; für Strecken mit dünner Infrastruktur kann es ratsam sein, schon einige Tage vorher per Telefon ein Zimmer zu bestellen.

Kurzfristig helfen bei der Zimmersuche auch die örtlichen **Visitor Information Centres**, die Sie meist an der Hauptdurchgangsstraße der Orte finden.

Reservierungen macht man mit den Worten: *I would like to reserve a room* (bei Campground: *space) for next tuesday, July 15. Two people, two beds, if possible.* Bei telefonischer Reservierung müssen Sie spätestens um 18 Uhr einchecken, um diese Reservierung nicht zu verlieren. Ist zu befürchten, dass man später als 18 Uhr im Hotel eintrifft, bestätigt man die Reservierung mit den Worten: *I would like to confirm my reservation for tonight. My name is... We are running late and will be there around 8 pm (20 Uhr).*

Einfacher ist es allerdings, wenn man schon bei der Reservierung auf die Frage: *Would you like to guarantee this reservation with your credit card?* mit einer Kreditkartennummer aufwarten kann. Dies garantiert die Zimmerreservierung auch bei später Ankunft. Sollten Sie dann allerdings trotz Reservierung nicht kommen, finden Sie später den Zimmerpreis auf Ihrer Kreditkartenrechnung. Muss man, aus welchen Gründen auch immer, absagen: *I am sorry, I have to cancel my reservation for tonight.*

Im Hotel/Motel angekommen geht man durch die *lobby* zur *reception* am *front desk: I have a reservation for tonight, my name is...* Kommt man ohne Reservierung an, muß man sehen, was frei ist und wieviel es kostet, z. B.: *I am looking for a room for tonight. What are your rates?* Wer länger bleiben möchte, fragt nach dem Wochenpreis, der *weekly rate.* Rückfragen beziehen sich meist auf die Größe von Zimmer und Betten und die Anzahl der Gäste. Bezahlt wird in der Regel im Voraus *(in advance),* bar oder durch Abdruck der Kreditkarte.

Im Hotel muss man wissen, dass der Aufzug *elevator* und nicht *lift* heißt und der *second floor* die erste Etage bezeichnet, weil man mit dem Zählen im Erdgeschoss anfängt. *Incidentals* (Nebenkosten) wie Telefon, Essen im Restaurant oder im Zimmer *(room service)* usw. kann man auf die Zimmerrechnung setzen lassen *(charge this to my room, please).*

Die Dollar-Zeichen unter den Hoteladressen auf den Info-Seiten der einzelnen Tage kennzeichnen die folgenden **Preiskategorien:**

$ – bis 50 can. Dollar
$$ – 50 bis 80 can. Dollar
$$$ – 80 bis 120 can. Dollar
$$$$ – über 120 can. Dollar

Die Preise gelten jeweils für einen *double room* – Einzelzimmer sind, wenn überhaupt, nur unwesentlich billiger. Kinder, die im Zimmer der Eltern schlafen, kosten meistens keinen Aufpreis.

Bed & Breakfast umfasst die ganze Bandbreite vom Hotel garni bis zu Zimmern mit Frühstück in Privathäusern. Die Unterkunft in Privathäusern ist meist nur bei mehrtägigem Aufenthalt sinnvoll, aber für kontaktfreudige Reisende eine interessante Alternative zum Hotel. Man lernt andere Reisende kennen, kann z. T. am Familienalltag teilnehmen und erhält beim Frühstück gute Tipps für Ausflüge und Besichtigungen in der Umgebung. Die Preise liegen meist nur unwesentlich unter denen einfacher Hotels/Motels. Bed & Breakfast-Adressen erhalten Sie von den lokalen B & B-Organisationen und in den Visitor Information Centres.

Staatliche Campingplätze bieten viel Platz, aber wenig Service und Infrastruktur. Ein hölzerner Tisch mit zwei Bänken und eine Feuerstelle sind aber meistens vorhanden. Die Preise für einen Platz liegen pro Nacht zwischen $ 7 und $ 15. Reservierungen sind meist nicht möglich, deshalb sollte man sich nach Ankunft einen Platz sichern, bevor man sich dem Rest des Tagesprogramms widmet.

Tag	km	Route
1	0	Vancouver
2	0	Vancouver

Tag	km	Route
1	351	Vancouver – Whistler – Cache Creek

Tag	km	Route
1	347	Vancouver – Hope – Cache Creek

Tag	km	Route
2	339	Cache Creek – Quesnel

Tag	km	Route
2	317	Cache Creek – Kamloops – Clearwater
3	348	Clearwater – Williams Lake – Quesnel

Tag	km	Route
3	285	Quesnel – Barkerville – Prince George
4	492	Prince George – Smithers
5	364	Smithers – Kitwanga – Stewart/Hyder
6	472	Stewart – Prince Rupert
7	–	Fähre nach Port Hardy

Tag	km	Route
4	305	Quesnel – Barkerville – Williams Lake
5/6	504	Williams Lake – Bella Coola
7	–	Fähre nach Port Hardy

Tag	km	Route
8	272	Port Hardy – Campbell River
9	276	Campbell River – Tofino
10	319	Tofino – Victoria
11	–	Victoria
12	88	Victoria – Vancouver

Tag	km	Route
8	305	Quesnel – Barkerville – Williams Lake
9		Williams Lake –
10	504	Bella Coola
11	–	Fähre nach Port Hardy

Tag	km	Route
1	–	Vancouver

Tag	km	Route
1	0	Calgary

Tag	km	Route
2	192	Calgary – Banff – Lake Louise
3	140	Lake Louise und Yoho National Park

Tag	km	Route
2	322	Calgary – Fort Macleod – Lethbridge
3	177	Lethbridge – Cardston – Waterton Lakes National Park
4	399	Waterton Lakes National Park – Writing-on-Stone – Medicine Hat
5	389	Medicine Hat – Cypress Hills – Brooks
6	192	Brooks – Dinosaur P. P. – Drumheller
7	335	Drumheller – Edmonton

Tag	km	Route
2	314	Cache Creek – Kamloops – Revelstoke
3	226	Revelstoke – Golden
4	117	Golden – Yoho N. P. – Lake Louise

Tag	km	Route
5	69	Lake Louise – Banff N. P.
6	302	Banff – Kootenay N. P. – Kimberley
7	252	Kimberley – Fort Steele – Nelson
8	370	Nelson – Vernon
9	198	Vernon – Osoyoos
10	410	Osoyoos – Hope – Vancouver

Tag	km	Route
4	235	Banff – Icefields Parkway – Jasper
5	112	Jasper – Maligne Lake – Jasper

Tag	km	Route
6	358	Jasper – Clearwater
7		Clearwater – Quesnel

Tag	km	Route
6	420	Jasper – Prince George

Tag	km	Route
6	370	Jasper – Edmonton

Tag	km	Route
8	225	Quesnel – Barkerville – Prince George

Tag	km	Route
1	–	Edmonton
2	–	Edmonton

Tag	km	Route
1	492	Prince George – Smithers
2	364	Smithers – Kitwanga – Stewart/Hyder
3	471	Stewart – Prince Rupert
4	–	Fähre nach Port Hardy

Tag	km	Route
1	272	Port Hardy – Campbell River
2	276	Campbell River – Tofino
3	318	Tofino – Victoria
4	–	Victoria
5	88	Victoria – Vancouver

Private Campingplätze, die man meist telefonisch vorab reservieren kann, kosten zwischen $ 17 und $ 25, sind oft exzellent ausgestattet und bieten Komfort wie heiße Duschen, Münzwaschmaschinen und Trockner, dazu Strom-, Wasser- und Abwasseranschluss.

Wildes Campen für mehrere Tage wird in der Nähe von Ortschaften nicht gern gesehen. In der Wildnis stört sich allerdings niemand daran, sofern man sich nicht auf Privatgelände niederlässt. Ein für eine Nacht auf einem Parkplatz abgestelltes Wohnmobil wird in der Regel toleriert.

Zoll

Außer der persönlichen Reiseausrüstung dürfen nach Kanada 200 Zigaretten oder 50 Zigarren oder 1 000 g Tabak, 1 l alkoholische Getränke und Geschenke im Einzelwert von bis zu $ 60 eingeführt werden. Tierische und pflanzliche Frischprodukte (Obst, Gemüse, Wurst, Schinken usw.) dürfen nicht mitgebracht werden. Versuchen Sie erst gar nicht, die Dauerwurst von zu Hause einzuschmuggeln, die Zollbeamten sind unerbittlich, und darüber hinaus bekommen Sie eine Menge Ärger wegen der falschen Angaben auf Ihrer Zolldeklaration. Käse, Gebäck, Süßigkeiten usw. sind erlaubt.

Angel, Jagdausrüstung, Foto- und Videokamera können problemlos eingeführt werden. Den eigenen Wagen darf man ebenfalls mitbringen und bis zu zwölf Monate lang benutzen. Danach sind die Umrüstung entsprechend den lokalen Sicherheitsvorschriften und die Verzollung fällig. Dies gilt auch für den Verkauf des Fahrzeugs!

Spezielle Auskünfte erteilt das zuständige **Konsulat** oder

Canada Customs
2 Ave. de Tervuren
B-1040 Brüssel
✆ (00 32-2) 7 41 06 70
Fax (00 32-2) 7 41 06 94.

Reisedaten

Auskunft vor Ort

In den größeren Orten finden Sie, gut ausgeschildert, ein **Visitor Info Centre** oder **Visitor Reception Centre** (vgl. blaue Info-Seiten der einzelnen Tage). Hier hilft man durch Vermittlung von Unterkünften, mit Tipps für Unternehmungen oder Veranstaltungen und mit Auskünften allgemeiner Art.

Eine gebührenfreie Reiseberatungs-Telefonnummer gibt es in Alberta (✆ 1-800-663-6000) und in British Columbia (✆ 1-800-661-8888). In den Provincial Parks liegen die Information Centres stets direkt am Eingang; in Banff und Jasper sind die stattlichen Gebäude mitten im Ort nicht zu übersehen. Hier erhält man kleine Broschüren mit Landkarte und Informationen zu Wanderungen, geführten Touren und Veranstaltungen.

Autofahren

An die Verkehrsdichte der Ballungszentren Europas gewöhnt, hat man in Kanada leichtes Fahren. Man fährt rücksichtsvoll und gemächlich, meistens jedenfalls. Landkarten und Stadtpläne bekommt man in den örtlichen Visitor Information oder Visitor Reception Centres und an Tankstellen.

Die Orientierung anhand von Straßenkarten ist sehr einfach. Alle Überlandstraßen sind nummeriert und mit dem Zusatz Ost (East), West (West), Nord (North) oder Süd (South) gekennzeichnet. Man muss sich also nur die Generalrichtung der Reise merken und nicht alle Ortsnamen auswendig lernen, die möglicherweise auf den Wegweisern stehen.

Als Mitglied eines europäischen Automobilclubs kann man sich beim kanadischen Automobilclub CAA bzw. dessen Provinzorganisationen gegen Vorlage des Mitgliedsausweises mit Karten, Informationen über den Straßenzustand usw. versorgen lassen.

B.C. Automobile Association (CAA)
999 W. Broadway
Vancouver, B.C. V5Z 1K5
✆ (604) 268-5600, Fax (604) 268-5649
www.bcaa.com
Mo–Fr 9–17.30, Sa bis 17 Uhr

Alberta Motor Association (CAA)
4700, 17th Ave. S.W.
Calgary, Alta. T3E 0E3
✆ (403) 240-5300, Fax (403) 242-4126
www.ama.ab.ca
Mo–Sa 9–17 Uhr

Benzin (*gas* oder *gasoline*) gibt es als Normalbenzin *(regular)* und Super *(premium)*. Bleifreies Benzin ist der Normalfall, es wird als *no lead, unleaded* oder *lead free* bezeichnet. Selbstbedienungstankstellen sind etwas billiger als *full serve* mit Säuberung der Windschutzscheibe und Prüfung des Ölstandes *(to check the oil)* durch den Tankwart.

Der Tankwart erwartet kein Trinkgeld. Auf den Strecken im Norden können Tankstellen, besonders an Nebenstrecken, sehr weit auseinander liegen, deshalb rechtzeitig volltanken *(fill it up, please)*.

Bei **Pannen** sollten Sie sich zunächst mit der Verleihfirma in Verbindung setzen, um die weiteren Schritte (Reparatur, Ersatzfahrzeug) abzusprechen. Eine Panne signalisiert man mit hochgestellter Motorhaube. Ein weißes Tuch im Fenster oder ein großes Stück Papier U-förmig auf die Antenne gespießt, bedeutet, dass Sie unterwegs sind, um Hilfe zu holen. Verlassen Sie in einsamen Gegenden auf keinen Fall Ihr Fahrzeug, um zu Fuß Hilfe zu holen. Warten Sie bei Ihrem Wagen, bis jemand hält und Sie zur nächsten Werkstatt oder Tankstelle mitnimmt.

Notrufsäulen gibt es nicht, Sie müssen zusehen, dass Sie irgendwie zum nächsten Telefon (Kneipe, Tankstelle, Hotel usw.) kommen. Von dort wenden Sie sich bei Unfällen an die örtliche Polizei oder – im Hinterland – an die RCMP. Diese informiert dann den Abschleppdienst, Notarzt usw.

Der CAA unterhält einen eigenen Pannendienst, den man als Mitglied des ADAC, ÖAMTC und anderer Clubs beanspruchen kann. Die kanadaweite Pannenhilfs-Telefonnummer des CAA ist ✆ 1-800-222-4357.

Die **Höchstgeschwindigkeit** beträgt, sofern nicht anders ausgeschildert, auf autobahnähnlichen Straßen 110 km/h, sonst 90 km/h und in Ortschaften 50 km/h. *Speeding*, schneller als erlaubt zu fahren, kann auch auf den Überlandstraßen teuer werden. Die oft nicht gekennzeichneten Streifenwagen können auch die Geschwindigkeit entgegenkommender Fahrzeuge messen. Bis zu 10 km/h werden oft toleriert, wer schneller ist, wird nach einer Standpauke kräftig zur (finanziellen) Ader gelassen.

Rechts zu überholen ist besonders auf Autobahnen üblich. Generell trägt derjenige, der die Spur wechselt die Schuld oder die Beweislast bei einem Unfall.

Alle Entfernungen sind in Kanada in Kilometern angegeben, weil das Land inzwischen schon eine ganze Weile das metrische System eingeführt hat, im Gegensatz zu Alaska. Bei mündlichen Auskünften geht es mit Meilen und Kilometern noch bunt durcheinander.

Falls Sie eine Entfernungsangabe in *klicks* hören: Dies ist eine Dialektbezeichnung für Kilometer.

In Kanada herrscht Gurtpflicht für alle Insassen eines Fahrzeugs. Darüber hinaus gilt es, folgende von Europa abweichende Verkehrsregeln zu beachten:

- Stehende oder fahrende **Schulbusse** mit blinkenden gelben Warnleuchten dürfen nicht überholt oder aus der Gegenrichtung passiert werden.
- **Rechtsabbiegen an roten Ampeln** ist erlaubt, aber erst nach vollständigem Halt und nur, wenn keine Fußgänger oder andere Verkehrsteilnehmer behindert werden.
- **Fußgänger**, besonders Kinder, haben immer und unter allen Umständen »Vorfahrt«. Sobald sie auch nur einen Fuß auf die Fahrbahn setzen, wird angehalten!
- Beim **Parken** unbedingt die Beschilderung und die Farbmarkierung des Randsteins (gelb= Parkverbot) beachten und vor allem niemals vor einem Hydranten, in einer *tow away zone* oder an einer Bushaltestelle parken. Die Abschleppwagen sind schnell zur Stelle, und einmal Abschleppen kostet immer über $ 100.

  Strafzettel gibt es auch bei abgelaufener Parkuhr *(parking meter)*. Öffentliche Parkplätze heißen *public parking*, und *park in rear* heißt, dass man auf dem Grundstück hinter dem Geschäft oder Restaurant parken kann. Hängt einmal ein Strafzettel *(ticket)* an der Scheibe, sollten Sie ihn auch bezahlen. Dazu kauft man auf der Post eine *money order*. Nicht bezahlte Tickets folgen Ihnen, mit zusätzlichen Gebühren beladen, über die Vermietfirma nach Hause.
- Außerhalb der Ortschaften muss man zum Parken oder Anhalten vollständig von der Straße herunterfahren.
- Der Zusatz »4-way« an einem Stoppschild bedeutet, dass alle anhalten müssen und derjenige, der zuerst gehalten hat, auch zuerst wieder losfahren darf.

Elektrogeräte

Kanadische Steckdosen liefern Stom von 110 Volt mit 60 Herz. Für Elektrogeräte, die einen Spannungsumschalter besitzen, brauchen Sie zusätzlich einen Adapter als Übergangsstück zu den nordamerikanischen Steckdosen.

Einkaufen

Lebensmittel und andere Artikel für die Fahrt bekommen Sie problemlos in den Supermärkten und Shopping Malls der größeren Orte. Genussvolles Shopping findet nur in den Großstädten statt, in denen es sich empfiehlt die Vorräte so gut aufzufüllen, dass man auch eine »Durststrecke« überstehen kann. In den kleineren Orten entlang der Routen ist die Auswahl oft sehr beschränkt.

Beliebte Souvenirs sind die Erzeugnisse der Indianer: Schnitzereien, Schmuck, Mokassins, Skulpturen und Drucke. Wirklich authentische Arbeiten sind meist recht teuer, die *gift shops* der Museen haben oft günstige Angebote an guten Replikaten und Kunstdrucken. Westernkleidung und Cowboy-Hüte kauft man in Edmonton und Calgary.

In Geschäften lautet die Standardfrage des Verkaufspersonals: *Can I help you?* Die Standardantworten sind: *No, thank you, I am just looking* oder *Yes, I am looking for...* Bei Kleidungsstücken fragt man unter Umständen: *Is this my size?* und *May I try it on?* An der Kasse ist die Standardfrage: *Will that be cash or credit card?* (bar oder Kreditkarte).

Eintrittspreise

Die bei den Museen und Sehenswürdigkeiten angegebenen Preise gelten für das Jahr 2003 und für die Hochsaison, in der Nebensaison sind sie oft niedriger. Der zweite Betrag bei den Angaben bezieht sich auf den ermäßigten Preis für Jugendliche, Kinder unter 6 Jahren haben oft freien Eintritt.

Feiertage

An den langen Feiertagswochenenden im Sommer – die meisten Feiertage haben kein festes Datum, sondern werden jeweils auf den nächstgelegenen Montag geschoben – werden in den Urlaubsgebieten, den National- und Provinzparks die Hotelzimmer und Campingplätze knapp. Rechtzeitige Reservierungen sind an diesen Tagen ein Muss! Gleiches gilt für die örtlichen Feste, z. B. in Calgary, Edmonton oder Victoria. Banken, öffentliche Gebäude, Regierungsdienststellen und viele Museen sind an Feiertagen geschlossen. Groß gefeiert werden neben den örtlichen Festen eigentlich nur Victoria Day und Canada Day.

Offizielle Feiertage in Kanada:
New Year's Day (1. Januar)
Good Friday (Karfreitag)
Easter Monday (Ostermontag)
Victoria Day (Montag vor dem 25. Mai)
Canada Day (1. Juli)
Provincial Holiday (1. Montag im August)
Labour Day (1. Montag im September)
Thanksgiving (2. Montag im Oktober)
Remembrance Day (11. November)
Christmas Day (25. Dezember)
Boxing Day (26. Dezember)

Kinder

Der lange Flug über acht oder neun Zeitzonen ist auch für Kinder eine Strapaze. Es empfiehlt sich, wegen der Zeitumstellung besonders zu Beginn der Reise zusätzliche Ruhezeit einzuplanen. Unterwegs gibt es wenig Probleme: Die Fahrzeugvermieter halten spezielle Kindersitze mit Anschnallgurten bereit, in den Hotels und Motels übernachten Kinder im Zimmer der Eltern meist umsonst. Ein zusätzliches Bett kostet nur einen kleinen Aufpreis. In den Restaurants sind Kinder willkommen, es gibt Kinderstühle und oft auch spezielle Kindermenüs, die Hotels in den großen Städten vermitteln Babysitter.

Wohnmobilreisen sind für Kinder ideal. Lagerfeuer, Grillen, Angeln usw. lassen keine Langeweile aufkommen. Es empfiehlt sich, mit Kindern die Tage etwas lockerer zu planen und eventuell Zusatztage einzuschieben, damit sie ausreichend Pausen und Bewegung haben. Allerdings reisen die Kanadier und Amerikaner gern und bevölkern mit Kind und Kegel die Campingplätze, und da Kinder sehr kontaktfreudig sind, finden sie auf dem Campingplatz meist schnell Anschluss.

Maße und Gewichte

Kanada hat schon seit längerer Zeit das metrische System eingeführt: Man tankt Benzin in Litern, benennt Entfernungen in Kilometern und misst die Temperatur in Grad Celsius. Lediglich bei den Kleidergrößen sind die amerikanischen Angaben noch verbreitet.

Notfälle

Bei allen Arten von Notfällen kann man sich telefonisch an die Telefonvermittlung *(operator,* »0«) oder die Notrufzentrale (✆ 911) wenden.

Man nennt Namen, Adresse oder Standort und die Art des Notfalls. Der *operator* informiert Polizei, Rettungsdienst oder Feuerwehr. In den Nationalparks sind die *park wardens* für sämtliche Notfälle zuständig.

Beim Verlust des Reisepasses usw. wenden Sie sich an Ihr Konsulat:

Deutsches Generalkonsulat
World Trade Centre, 704-999 Canada Place
Vancouver, B.C. V6C 8E1
✆ (604) 684-8377, Fax (604) 684-8334
gkvanc@telus.net

Deutsches Honorarkonsulat
– Suite 600, 550 11th Ave.
Calgary, Alta. T2R 1M7
✆ (403) 247-3357, Fax (403) 247-6862

– 201, 8003 102nd St.
Edmonton, Alta. T6E 4A2
✆ (780) 434-0430, Fax (780) 436-1485

Österreichisches Honorarkonsulat
1525 Coal Harbour Quay
Vancouver, B.C. V6G 3E7
✆ (604) 687-3338, Fax (604) 681-3578

Schweizer Generalkonsulat
World Trade Centre, 790-999 Canada Place
Vancouver, B.C. V6C 8E1
✆ (604) 684-2231, Fax (604) 684-2806
www.eda.adminch.ch/canada

Reisedaten

Post

Postämter gibt es auch in den kleinsten Orten des Nordens. Briefe und Karten in die Heimat brauchen mindestens eine Woche. Lässt man sich postlagernd Sendungen nachschicken, müssen sie wie folgt adressiert sein:

(Name), c/o General Delivery
Main Post Office
(Stadt), (Provinz)
Canada

Das **Telefonsystem** ist privatwirtschaftlich organisiert, deshalb findet man in den Postämtern keine Telefonzellen. Telegramme gibt man in den Büros von CN/CP Telegraph auf.

Restaurants

Die Restaurants außerhalb der Städte orientieren sich am Prinzip »solide und reichlich«, besonders im Norden. Steaks und Lachs gehören zum Standardangebot der meisten Lokale. Wildgerichte findet man sehr selten, denn gejagt wird eigentlich nur für den Hausgebrauch, und wegen der vielen Hygienevorschriften findet Wild nur selten den Weg in die Restaurantküche.

Außerhalb der Städte bietet sich ein mittägliches Picknick an, das erspart Zeit und Reinfälle in den *coffee shops* entlang der Straße. Das Schild *food to go* im Fenster eines Restaurants zeigt an, daß man die Gerichte auch zum Mitnehmen verpackt bekommen kann, man hängt dann beim Bestellen an der Theke die Worte *to go* an. Kalte Getränke gibt es auch in jeder Tankstelle.

Die empfohlenen Restaurants auf den blauen Seiten der Tagesinformationen sind nach folgenden Preiskategorien (Hauptgericht, pro Person, ohne Getränke) eingeteilt:

$ – bis 10 can. Dollar
$$ – 10 bis 20 can. Dollar
$$$ – über 20 can. Dollar

Der Restaurantbesucher wartet am Eingang zum Speiseraum beim Schild *Please wait to be seated* darauf, dass ihm *host* oder *hostess* einen Tisch zuweist. Warten bereits andere Gäste, bildet man nach diszipliniert-angelsächsischer Manier eine Schlange *(line).* Im Zweifelsfall fragt man einen der Herumstehenden: *Excuse me, is this a line?* Lines gibt es überall: an der Hotelrezeption, am Bankschalter, im Flughafen, immer da, wo mehrere Leute darauf warten, dass sie an die Reihe kommen.

Two for breakfast/lunch/dinner? lautet die Standardfrage, bevor man zum Tisch begleitet wird. Wer es eilig hat, kann Frühstück oder Lunch auch an der Theke *(counter)* einnehmen, dort geht es schneller. Kaffee wird sofort angeboten, und mit der Frage *»Have you decided?«* oder *»Are you ready to order?«* erkundigt sich die Bedienung *(waiter oder waitress)* nach den Wünschen der Gäste. Wer mehr Zeit zur Entscheidung braucht, sagt: *I will need a little more time* oder *Can you come back in a little while, please.* Nach der Bedienung ruft man mit einem vernehmlichen: *Excuse me, please.* Wer die Toilette sucht, stellt die Frage: *Where are the rest rooms?,* Damen auch: *Where is the ladies' room, please?*

Abends wird man in den besseren Restaurants nach der Reservierung gefragt *Did you make a reservation?.* Wenn ja, nennt man seinen Namen und die Anzahl der Gäste, also zum Beispiel: *Braun, party of four.* Hat man nicht reserviert und die Antwort lautet: *I am sorry we are fully booked,* dann muss man sich für diesen Abend ein anderes Restaurant suchen. Anderenfalls heißt es: *It will be twenty minutes,* oder *I will have a table for you in twenty minutes, do you want me to put your name down?* Die Wartezeit überbrückt man mit einem Drink in der Lounge oder an der Bar.

Drinks gibt es fast immer mit Eis, *on the rocks* (mit Eiswürfeln), *crushed* (zermahlenes Eis) oder *blended* (schaumig geschlagenes Eis). Wer kein Eis möchte, muss das mit *»No ice, please!«* auch bei *soft drinks* (alkoholfreien Getränken) schon bei der Bestellung sagen.

Am Tisch erkundigt sich die Bedienung zuerst nach den Getränkewünschen: *Would you like anything from the bar?* Wein muss man *right away* bestellen, sonst kommt er automatisch mit oder kurz vor dem Essen *(with the meal)*. Vorspeisen heißen *starter* oder *appetizer*, das Hauptgericht *entrée*. Nachtisch *(dessert)* wird gesondert bestellt, nachdem die Hauptspeise verzehrt und das Geschirr abgeräumt ist. Eine Liste gängiger Namen für Speisen und Zubereitungsarten finden Sie im Kapitel »Wortschatz für unterwegs«.

Irgendwann während des Essens wird man gefragt: *How are we all doing?* oder *How is your dinner?* Dann ist ein *great, delicious, excellent, fabulous* oder eine ähnliche Übertreibung fällig, nur nicht *good,* denn das bedeutet, daß man's gerade noch essen kann.

Mit der Frage *Would you care for anything else tonight?* erkundigt sich die Bedienung danach, ob es noch weitere Wünsche gibt oder ob es jetzt an der Zeit ist, die Rechnung fertig zu machen. Nach der Rechnung fragt man mit den Worten: *Could we have the check, please?* Unter Umständen will die Bedienung dann noch wissen, ob man eine gemeinsame oder eine getrennte Rechnung haben möchte: *Will that be together or on separate checks?* Die Rechnung wird oft an der Kasse am Ausgang bezahlt, manchmal auch am Tisch.

Kreditkarten, zumindest Mastercharge und VISA, werden fast überall akzeptiert. Wo das nicht der Fall ist, wird dieser Umstand unübersehbar auf einem Schild am Eingang und auf der Speisekarte verkündet. Das Trinkgeld *(tip)* sollte mindestens 15 % betragen, da die Bedienung überwiegend vom Trinkgeld lebt und nicht vom meist jämmerlichen Gehalt. Wer mit Kreditkarte zahlt, schreibt das Trinkgeld mit auf den Kartenbeleg, anderenfalls lässt man es auf dem Tisch liegen.

Telefonieren

Telefone sind allgegenwärtig: an der Tankstelle, vor dem Supermarkt und manchmal sogar in freier Wildbahn. Allzeit hilfreich ist der *operator* (»0«), meist eine freundliche Dame, die Ferngespräche vermittelt, Vorwahlnummern *(area codes)* bekannt gibt und auch den Preis eines Gesprächs ansagt. Mit dem Vormarsch der digitalen Telefone *(touch tone phone)* werden viele Aufgaben des *operator* – besonders in den Ballungszentren – inzwischen von einer Computerstimme übernommen. Diese Stimme führt die angebotenen Optionen auf und fordert den Anrufer auf, seine Wahl durch Drücken bestimmter Zifferntasten bekannt zu geben.

Um eine Nummer herauszufinden, ruft man die *directory assistance* an. Innerhalb des Bereichs der eigenen Vorwahlnummer wählt man dazu die Nummer »411«, für andere Vorwahlbereiche wählt man »1«, den dreistelligen *area code* und die Nummer 555-1212. Auskunft über gebührenfreie 1-800-Nummern gibt es unter ✆ 1-800-555-1212.

Die Auskunft meldet sich meist mit dem Satz: *Which area code do you wish?,* um sich zu vergewissern, daß man bei ihr richtig ist. Erst danach kann man dann sein Sprüchlein aufsagen: *I am looking for the number of Mr. Joe Brown at 2211 Sunset Boulevard in Calgary.* Eine spezielle Auslandsauskunft gibt es nicht, Nummern außerhalb Nordamerikas vermittelt der *operator* (»0«).

Die Vorwahlnummern für West-Kanada und Alaska sind:

403 Alberta, außer Edmonton und Umgebung
780 Edmonton
604 Vancouver und Umgebung
250 British Columbia, außer Vancouver und Umgebung

Die sog. *toll-free numbers* mit den **Vorwahlen 800, 866, 877 oder 888** sind gebührenfrei. Die im Reiseführer angegebenen Nummern gelten innerhalb Nordamerikas, d.h. sie funktionieren nicht von Deutschland aus.

Über den Ziffern 2–9 auf dem Tastentelefon stehen jeweils drei Buchstaben: 2=ABC, 3=DEF, 4=GHI, 5=JKL, 6=MNO, 7=PRS, 8=TUV, 9=WXY. Damit lassen sich einprägsame Buchstabenkombinationen erstellen, beispielsweise erreicht man unter folgender Nummer den Pannenhilfsdienst des kanadischen Automobilclubs: 1-800-CAA-HELP = 1-800-222-4357.

Das Telefonieren aus der Telefonzelle, dem *pay phone,* kostet für ein Ortsgespräch *(local call)* 25 Cents, die man vor dem Wählen einwirft. Anders als bei uns meldet sich der Angerufene im Privatbereich nicht mit seinem Namen, sondern mit einem kurzen *Hello*. Im gewerblichen Bereich hört man selbstverständlich zuerst den Namen von Hotel, Restaurant oder Firma. Danach ist man selbst an der Reihe: *This is Wolfgang Weber speaking, I would like to talk to…*

Für **Ferngespräche** *(long distance calls)* innerhalb Kanadas wählt man innerhalb des eigenen *area code* eine »1« vor der siebenstelligen Teilnehmernummer, sonst »1«, den dreistelligen Area Code und die Teilnehmernummer.

Für **Auslandsgespräche** *(overseas calls)* wählt man 011-Länderkennzahl-Vorwahl ohne die erste »0«-Telefonnummer. Also z.B. für Frankfurt: 011-49-69-Teilnehmernummer.

Nach dem Wählen meldet sich der **Operator** oder eine Computerstimme und teilt die Gebühr für die ersten drei Minuten mit, die man dann in Form von *quarters* (25-Cents-Münzen) einwirft, bevor die Verbindung hergestellt wird. Spricht man länger, kommt die Stimme wieder und verlangt mehr Geld.

Ein Gespräch nach Europa kostet etwa $ 8 für drei Minuten. Es empfiehlt sich also, einen größeren Vorrat an *quarters* bereitzuhalten oder bargeldlos bzw. vom Hotelzimmer aus zu telefonieren.

Bargeldlos telefonieren kann man von allen Telefonen aus, sofern man eine **Telefonkarte** oder eine **Telefon-Kreditkarte** *(calling card)* hat. Für ein Telefonat mit der Telefon-Kreditkarte wählt man eine »0« und dann die oben genannte Nummernfolge. Danach meldet sich entweder der **Operator** mit: *What kind of service do you wish?* Antwort: *A calling card call, please, my card number is...,* oder ein Gong ertönt, nach dem man seine Kartennummer über die Telefontastatur eingibt. Dies geht in Kanada aber in der Regel nur, wenn man einen Privatanschluss, das Telefon im Hotel oder ein spezielles Kreditkarten-Telefon benutzt. Calling-card-Telefonate vom *pay phone* akzeptieren die Telefongesellschaften nicht.

Telefonkarten werden von verschiedenen Dienstleistungsunternehmen verkauft und sind mit einem bestimmten Dollar-Betrag »geladen«. Man ruft zunächst die auf der Karte angegebene gebührenfreie 1-800-Nummer an. Dort meldet sich eine Computerstimme, fragt nach der ebenfalls auf der Karte angegebenen persönlichen Kennzahl (PIN) und teilt nach erfolgter Eingabe mit, wieviel vom ursprünglichen Kartenwert noch zur Verfügung steht.

Danach wählt man ganz normal wie am *pay phone* mit 1-Area Code-Teilnehmernummer oder international mit 011-Länderkennzahl-Vorwahl ohne die erste »0« den gewünschten Anschluss. Die Telefonkarten kann man auch telefonisch »nachladen« lassen. Die entsprechende 1-800-Nummer ist auf der Karte angegeben.

Vom **Hotel/Motel** aus kann man entweder über den Hotel-Operator telefonieren oder direkt selbst wählen. Die Amtsleitung wählt man meist mit einer »8« oder »9« an (auf dem Apparat angegeben). Die Prozedur für die Direktwahl entnehmen Sie den im Zimmer bzw. auf dem Telefon vorhandenen Instruktionen, sie ist im Wesentlichen die gleiche wie oben beschrieben.

Bei *DD calls (direct dial* = direkt gewählten Anrufen) erscheint die Telefongebühr auf Ihrer Rechnung. Bei älteren Anlagen oder wenn Sie die Null für den Operator mitgewählt haben, weil Sie den Anruf über Ihre *calling card* abrechnen wollen, schaltet sich der Operator der Telefongesellschaft ein, der Sie nach Ihren Wünschen bzw. der Zimmernummer fragt.

Klappt das alles aus irgendeinem Grund nicht, dann rufen Sie einfach den Hotel-Operator oder den *front desk* an und fragen: *How do I make a call to Germany?* Dann fragt man Sie (in guten Hotels) nach der gewünschten Nummer und stellt die Verbindung für Sie her, oder man sagt Ihnen: *Dial 8 and 0.* Dann wählen Sie diese Nummern (es können natürlich auch andere sein), und eine Stimme meldet sich mit: *Overseas operator, may I help you? Yes, I'd like to make a call to Germany, please. What is the number in Germany? The country code is 49, the area code is...* (Vorwahlnummer ohne die erste »0«!) *and the number is... Thank you, and how would you like this billed? Charge it to my room number... (calling card number...).*

Der Operator stellt dann die Verbindung her oder meldet sich mit: *I am sorry, the line is busy* (besetzt) oder *I am sorry, there is no answer* (es meldet sich niemand).

Trinkgeld

Man gibt reichlich und bei jeder Gelegenheit in Nordamerika. Neben den mindestens 15 % für die Bedienung im Restaurant sind in der Bar etwa 50 ¢ pro Drink fällig. Im Hotel bekommt der *bellman,* der Kofferträger, je nach Hotelklasse 50 ¢ bis $ 1 pro großem Gepäckstück und das Zimmermädchen bei mehrtägigem Aufenthalt $ 3–5. Der Taxifahrer erwartet etwa 15–20 % vom Rechnungsbetrag.

Zeitzonen

Die Reiserouten führen durch zwei Zeitzonen:
Alberta = MEZ minus 8 Stunden
British Columbia = MEZ minus 9 Stunden
Wie in Europa gibt es auch hier eine Sommerzeit *(daylight saving time),* somit ändert sich die absolute Zeitdifferenz nicht.

Sprachhilfen

Gängige Abkürzungen

Wer auf der Reise durch Kanada Enttäuschungen vermeiden will, muss sich an den manchmal etwas eigenwilligen Umgang mit der Sprache gewöhnen und die gängigen Abkürzungen und Euphemismen richtig entschlüsseln können.

Auf der Suche nach einer Unterkunft kann man schon von der Straße aus erkennen, ob bei einem Hotel RMS AVL, Zimmer, zu haben sind. Ein unübersehbares Leuchtschild signalisiert mit *vacancy* freie Zimmer. Das Gegenteil wird mit *no vacancy*, oft auch mit einem lapidaren *no* angezeigt.

Hat man sich entschieden und sein DBL oder SGL (Doppel- oder Einzelzimmer) bezogen, zeigt sich bald, ob man richtig gewählt hat. Ein mit *standard* klassifiziertes Zimmer ist zumeist klein und unter Standard, denn sonst hieße es *deluxe. Superior* bedeutet oft nichts anderes, als dass man mit einem etwas größeren Zimmer rechnen kann, in dem genug Handtücher vorhanden sind und dessen AC *(air conditioner* = Klimaanlage) nicht die Lautstärke einer Fabrikhallenentlüftung erreicht. Entsprechend ist eine *junior suite* keineswegs eine Suite, sondern ein größeres Zimmer mit Sitzgruppe und einem Schreibtisch, der möglicherweise neben TV und *DD phone* (Selbstwähltelefon) auch noch Platz für Schreibarbeiten bietet.

Für den Fernseher gibt es gleich ein ganzes Bündel von Möglichkeiten. Ist es ein CTV oder COTV with HBO, dann steht ein Farbfernseher mit Kabelanschluss und (meist kostenlosem) Spielfilmprogramm zur Verfügung. *In-house movies* dagegen, eine Auswahl von sechs bis acht aktuellen Spielfilmen, kosten in der Regel mindestens $ 6 pro Film. CBLTV verspricht Kabelfernsehen mit – zumindest theoretisch – besserer Empfangsqualität. 32 CH (32 Kanäle) kann auch eine uralte Flimmerkiste mit Schwarzweißbild sein.

Bei den Betten ist der Bezeichnungswirrwarr nicht geringer. Ein *twin* ist kein Doppelbett, sondern ein Einzelbett, mindestens einen Meter breit und 1,93 Meter lang. Ein Beinahe-Doppelbett mit den Mindestabmessungen 1,37 mal 1,93 Meter wird *full* genannt. Noch größer sind *queen* und *king* mit 1,52 bzw. 1,98 Meter Breite und 2,03 Meter Länge.

Der Zimmergrundpreis ohne Steuer, die mindestens 6 %, in manchen Städten aber auch 15 % oder 20 % beträgt, steht oft unübersehbar auf der Anzeigetafel schon an der Straße vor dem Hotel oder Motel. Dabei spielt es meist keine Rolle, ob ein oder zwei Personen im Zimmer nächtigen.

Mit T oder EP *(extra person)* wird der Zuschlag für eine zusätzliche Person im Zimmer ausgewiesen. Ausnahmen für Kinder *(kid free)*, die im Zimmer der Eltern übernachten, sind häufig; und TOTs, das sind Kleinkinder, kosten in der Regel nichts, sofern sie kein zusätzliches Bett benötigen. Nicht verwechseln sollte man *kid*, wie Kind, mit der Abkürzung KIT, die eine Einbauküche verspricht.

Den abendlichen Drink nimmt der Reisende nicht in der Hotelbar, sondern in der *lounge*. Zur *happy hour*, der blauen Stunde am späten Nachmittag, gibt es dort oft 2-4-1 *(two for one)*, zwei Drinks zum Preis von einem. Folgt den Drinks ein Restaurantbesuch, hat es meist wenig Zweck, den in den Hotels herumliegenden Werbezetteln zu vertrauen. *Exquisite cuisine* entpuppt sich nur allzu oft als phantasielose Einheitsküche, serviert in dämmriger Umgebung, und *authentic local food* als ungenießbar. Eine bessere Empfehlung ist ein volles Restaurant mit einer Schlange wartender Gäste, die hinter dem Schild mit der Aufschrift *Q here* eine *line* bilden.

Wer beabsichtigt, längere Zeit an einem Ort zu bleiben, wird auf eine *kitchenette*, eine Einbauküche, Wert legen oder gleich versuchen, ein FURN APT (möblierte Wohnung) bzw. ein CONDO (Ferienwohnung) zu finden. Möglicherweise mit OCV *(ocean view)*, also Blick aufs Meer. Aber weder OCV noch OCF *(ocean front)* sind eine Versicherung gegen eine möglicherweise zwischen Hotel und Strand verlaufende Straße, über die der Fernverkehr donnert.

Mit dem INDR POOL, dem Schwimmbad im Haus, gibt es wenig Probleme. Aber ACC TO POOL (Zugang zu einem Pool) kann natürlich auch bedeuten, dass vor dem Badevergnügen ein längerer Fußmarsch zu einem anderen Haus nötig ist.

Wortschatz für unterwegs

Autofahren/Verkehr:

ambulance	– Krankenwagen
brake	– Bremse
bump	– Schlag, Stoß
carburettor	– Vergaser
to charge the battery	– Batterie laden
clutch	– Kupplung
dead-end	– Sackgasse
detour	– Umleitung
dip	– Bodensenke
dip stick	– Messstab für das Motoröl
do not enter	– Einfahrt verboten
engine	– Motor
falling rocks	– Steinschlag
fan belt	– Keilriemen
fender	– Kotflügel
to fill it up	– voll tanken
first-aid kit	– Verbandskasten
game crossing	– Wildwechsel
gas	– Benzin
gas station	– Tankstelle
generator	– Lichtmaschine
handicapped parking	– Parken nur für Behinderte
hose	– Schlauch
ignition lock	– Zündschloss
jack	– Wagenheber
lane closed	– Fahrbahn gesperrt
licence plate	– Nummernschild

to merge – einfädeln
muffler – Auspuff
no passing – Überholverbot
no U-turn – Wenden verboten
right of way – Vorfahrt
spare, spare tire – Ersatzrad
speed – Geschwindigkeit
starter – Anlasser
steep – steil
through traffic – Durchgangsverkehr
tire, tyre – Reifen
transmission – Getriebe
trunk – Kofferraum
to make an U-turn – wenden
valve – Ventil
wheel-nut – Radmutter/-schraube
windshield, windscreen – Windschutzscheibe
wiper – Scheibenwischer
wrench – Schraubenschlüssel
yield – Vorfahrt beachten

Wohnmobil/Camping:
barbecue – Grill
(light) bulb – (Glüh-) Birne
campground – Campingplatz
coin laundry – s. *laundromat*
dump station – Stelle zum Leeren der Abwassertanks
electricity – Elektrizität
full hookup – Anschluss von Wasser, Strom, Abwasser
fuse – Sicherung
garbage – Müll, Abfall
heating – Heizung
hose – Schlauch
laundromat – Raum mit Münzwaschmaschinen und Trockner
motor home – Wohnmobil
oven – Backofen
plug – Stecker
plug in – Steckdose
propane – Propangas
pump – Pumpe
refrigerator, fridge – Kühlschrank
rest room – Toilette, Waschraum
RV Park – Campingplatz nur für Wohnmobile
sewage – Abwasser
short circuit – Kurzschluss
shower – Dusche
spark plug – Zündkerze

Telefonieren:
area code – Vorwahl
to answer the phone – ans Telefon gehen
collect call – R-Gespräch
hold on, please – bitte warten, bleiben Sie dran
local call – Ortsgespräch
long distance call – Ferngespräch
message – Nachricht
to speak up – lauter sprechen

Essen:
bacon – Schinkenspeck
baked potato – Folienkartoffel, in der Schale gebacken
bass – Barsch
beef – Rindfleisch
bread – Brot
broiled – gebraten
chicken – Hühnchen
chive – Schnittlauch
clams – (Mies-) Muscheln
clam chowder – gebundene Muschelsuppe
corned beef hash – Mischung aus Corned Beef und Kartoffelwürfeln
crabs – Krebse, Krabben
duck – Ente
eggs – Eier
– boiled – gekocht
– over easy – von beiden Seiten gebraten
– poached – pochiert
– scrambled – Rührei
– sunny side up – Spiegelei
French fries – Pommes frites
fried – fritiert
game – Wild
grilled – gegrillt
halibut – Heilbutt
ham – gekochter Schinken
hash browns home fried – ähnlich wie Rösti

Sprachhilfen

potatoes – Bratkartoffeln
lamb – Lamm
lobster – Hummer
mashed potatoes – Kartoffelbrei
oyster – Auster
prawn – Steingarnele
prime ribs – Hochrippe (Rind)
raisin toast – getoastetes Rosinenbrot
salmon – Lachs
sauteed – gedünstet
scallop – Kammuschel
seafood – Meeresfrüchte
shellfish – Schalentiere
shrimp – Garnele
sour cream – saure Sahne
steak – Steak
– rare – blutig
– medium – medium
– well done – durchgebraten
swordfish – Schwertfisch
trout – Forelle
tuna – Thunfisch
turkey – Truthahn
veal – Kalb

Allgemeine/spezielle Ausdrücke:

antler – Geweih
bald eagle – Weißkopf-Seeadler
bighorn – Bergschaf
claim – ein Stück Land, für das jemand die Bergbaurechte beansprucht
coach – Reisebus
eh – scherzhaft oft als das häufigste kanadische Wort bezeichnet; wird am Ende des Satzes angehängt, wie z. B.: *You are from Germany, eh?*
elk – (Wapiti-) Hirsch
esker – Geröll- oder Sandhügel
ground squirrel – Erdhörnchen
Hi! – freundliche Begrüßung, man antwortet ebenfalls mit Hi!
hoodoo – durch Erosion herausgebildete, säulenartige Gesteinsformen
moose – Elch
mountain goat – Bergziege, Schneeziege
mountie – siehe R.C.M.P.
outfitter – Wildnis-, Angel- oder Jagdführer oder jemand, der Ausrüstungen für Wildnistouren vermietet
permit – Genehmigung
porcupine – Stachelschwein
potlatch – Indianerfest an der Westküste
powwow – Fest der Prärie-Indianer
ranger – Nationalpark-Aufseher oder Wildhüter
R.C.M.P. – Royal Canadian Mounted Police; Bundespolizei von Kanada
salmon bake – Lachs-Grillparty im Freien
squirrel – Eichhörnchen
steelhead – eine Art Forelle
stetson – Cowboy-Hut
The Cariboos – Bergregion in British Columbia
trail – Pfad
wapiti – Rothirsch
warden – siehe *ranger*
wolverine – Vielfraß

Orts- und Sachregister

(Die *kursiv* gesetzten Angaben beziehen sich auf den Serviceteil, **fette** Angaben verweisen auf ausführliche Erläuterungen.)

Namenregister

Fotonachweis

Alle Aufnahmen stammen von Wolfgang R. Weber, Darmstadt, außer:
British Columbia Archives and Records Service, Victoria: S. 14
City Archives, Vancouver: S. 16
Public Archives, Vancouver: S. 15
Yukon Archives, Whitehorse: S. 17
Christian Heeb/LOOK, München: S. 86
Karl Teuschl, München: S. 264/265

Umschlagvorderseite: Emerald Lake im Yoho National Park
Schmutztiteldia (S. 1): Totempfahl
Haupttitel (S. 2/3): Schwemmland des Sunwapta River in den Rocky Mountains

5., aktualisierte Auflage 2004

Reihenkonzeption: Horst Schmidt-Brümmer, Andreas Schulz
Lektorat: Kristina Linke
Layout und Herstellung: Kerstin Hülsebusch-Pfau, Sandra Penno-Vesper
Reproduktionen: Litho Köcher, Köln
Karten: Berndtson & Berndtson Productions GmbH, Fürstenfeldbruck
Gedruck auf chlorfrei gebleichtem Papier

Printed in Spain

ISBN 3-88973-228-3

VISTA POINT VERLAG
Händelstr. 25–29 · 50674 Köln · Postfach 27 05 72 · 50511 Köln
Telefon: 02 21/92 16 13-0 · Telefax: 02 21/92 16 13 14
E-Mail: info@vistapoint.de · Internet: **www.vistapoint.de**